文化发展智库报告系列

文化产业专题研究报告（2015）

CULTURAL INDUSTRY
MONOGRAPHIC STUDY REPORT 2015

张晓明　闫坤　编

社会科学文献出版社
SSAP
SOCIAL SCIENCES ACADEMIC PRESS (CHINA)

本书由中国社会科学院文化研究中心“文化产业重大课题研究计划”资助

《文化产业专题研究报告（2015）》

各课题组主持人

编　　　　辑　王克明

摘　要

《文化产业专题研究报告（2015）》是一部文化产业专题研究论文集，分上篇、下篇两个部分，共收录了国内文化产业研究领域学者18篇优秀论文。

第一部分收录的论文主要是围绕文化产业领域最新出现的各类重大问题进行的研究，比如出版领域的混合所有制问题、特殊管理股制度问题、文化与金融融合问题等。

第二部分主要是针对支持文化产业发展的财政金融政策进行的专题研究成果。该成果涵盖了支持文化产业发展财政金融政策的历史演变、实证分析、国际经验以及政策建议等。

目　录

上篇：理论探讨与制度建设

下篇：财政金融政策研究与对策

上篇：理论探讨与制度建设

中国文化产业发展状况：数字与结构性缺陷*

一　文化产业概念

迄今各国对文化产业的概念还没有完全统一界定，也没有完全一致的产业统计指标体系；甚至正是它用法的小幅“漂移”（文化产业→创意产业→文化创意产业→创意经济）反映了这个产业渐趋成熟的进程。美国人谈论文化产业可能更多关心版权、媒体与娱乐；而欧洲人谈论文化产业会更多关心艺术原创、文化遗产或者设计。笔者认为文化产业是复制技术（尤其是数码和网络技术）商业应用的结果，同时也是市场经济及市场经济社会发展的结果。这里的关键是相关文化内容复制性地批量生产和商业传播。因此，所有文化产业本质上是媒体，主要是对内容的吸纳（购买）和转换（技术性再编码）、负载、销售，从而客观上促进文化传播、对话和更新。随着对稀缺内容竞争的不断加剧，文化产业的产业链不断向上游延伸，因此参与对原创内容进行创新（再创造）的可能方式也在增加。这样，文化创意产业的产业结构就不同于制造

---

* 本文的一个简要的版本曾在2014年柏林的“文化创意产业论坛”上宣读。

业，除了以大型传媒面对消费者，它还有一个由大批小微企业构成的产业前端，为作为文化创意产业后端的传媒提供格式化（formated）节目或内容。当然，产业后端的传媒也在不断涌现一些新的业态，并逐步淘汰旧的业态（如广播、纸本读物）。这些应该是文化产业的核心部门。

考虑到文化产业的兴起是市场发展的结果，市场失灵仍可能存在，所以一定量的公共服务会成为必要的补充，并与市场主体一起构成国民经济统计中文化产业增加值的范畴。而从国家宏观统计角度看，文化产业增加值不仅包括公共文化服务产品及服务制造与提供的指标，还包括国家文化行政方面的财政投入。近年来，国家对文化产业发展不断增加的政策性投入也计入国民经济统计。这样，当笔者通过这些数据说明国家文化产业发展进步时就需要多一些细心的分析。笔者感叹这个国家还处于“前统计阶段”，即国家不愿意发布各类社会发展数据——真实的尤其是成系统的、可生成新数据的原始数据。现在这种状况开始发生改变，与此同时，这些被谨慎地释放出来的数据仍然是可以被追问的。笔者希望通过对这些不断变大的数据的分析看到我国文化产业核心部门的实质性进步。

二　中国文化创意产业的成长

（一）数据的生成

由于市场化取向的改革本身时间很短，所以中国文化创意产业的历史不长。自1978年算起，市场经济的再次出现只有39年时间。而在媒体领域，实质性的改革步伐迄今没有迈出，即没有向私人部门开放媒体市场。因此中国文化创意产业的发展几乎刚刚起步。

进入21世纪，中国政府认识到全球化进程在加速，技术经济和服务经济的发展推动世界经济出现新的转型；与此同时，文化（表达和交往）对全球发展及国际关系的影响日渐突出。在国内，居民收入的提高和城市化进程也助长了文化需求的增长；而规模庞大的媒体设施也的确像是一种可能带来巨大市场收益的优良资产。因此在对新的10年进行发展规划时，中央政府正面使用了文化产业概念（而在西方马克思主义传统中，它起初是一个负面概念），正式提出要“建立文化产品生产经营机制”，“完善（实际是开始制定）文化产业政策”。中国政府这时认识到，文化产品不仅具有“意识形态属性”，也具有“商品属性”①；而且有些文化产品的意识形态属性强一些，另一些则弱一些。正是这种认识给了改革以新的空间。于是，建立并管好国内文化市场成为一项具有挑战性的改革举措；而传统文化行政管理职能也被赋予做大文化市场、贡献GDP的经济职能。当时，国内有关部门请默多克（Keith Rupert Murdoch）来华演讲，他告诉中国人，美国和英国的传媒产业对其国内生产总值（GDP）的贡献率都是5%。这个数据给中国人留下了深刻印象，也成为日后中国做大文化创意产业的中期目标。

中国国家统计部门则有自己关于文化产业的分类界定。国家统计局在2003年应有关部门要求开始建立中国国内文化产业统计指标体系，并在既有国民经济统计方法、框架与数据基础上剥离并合成（国内）文化产业统计及其数据。

为此，国家统计局开展了两项工作。第一，建立文化产业行业分类（2003年），最终形成一个三层的同心圆模型，三个环分别被称作核心层、外围层和相关层（见图1）。第二，给出中国文化产业第一个年产值数据：2003年，中国文化产业创造了3577亿元的增加值（见图2），占当年GDP的3.1%。到2012年，这个连年统计发布的数据已高达18071亿元，是2003年的5倍多，年均增幅20%以上，大大超过GDP增幅。到2013年，中国文化产业增加值预计达21000亿元，即中国公

① 参见十五届五中全会《中共中央关于“十五”规划的建议》。

民人（年）均文化消费达到1340元上下。其中市场化程度较高的电影产业表现更为突出。中国年票房收入从2003年的11亿元迅速攀升到2013年的217亿元，年均增长幅度超过30%。进入2014年，第一周的国内票房超过11亿元，超过2003年全年数据。

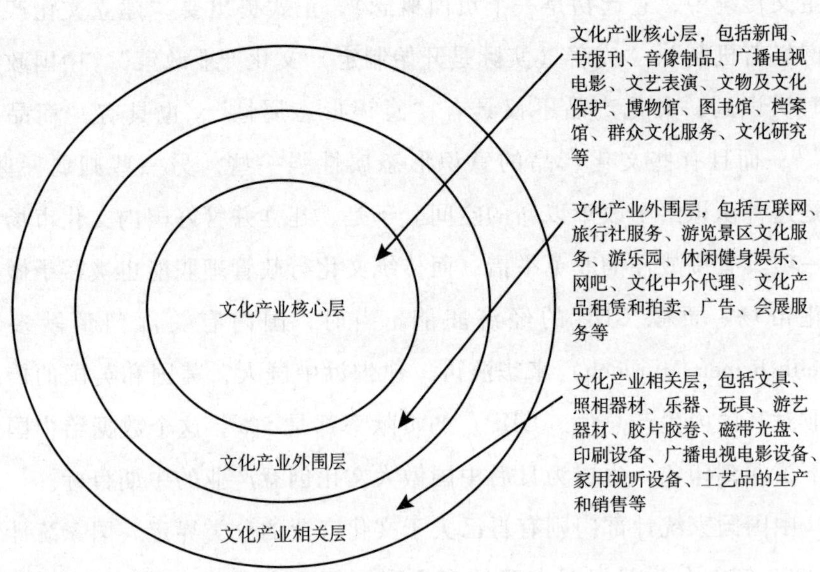

图1　中国文化产业文化产业分类（2003年）

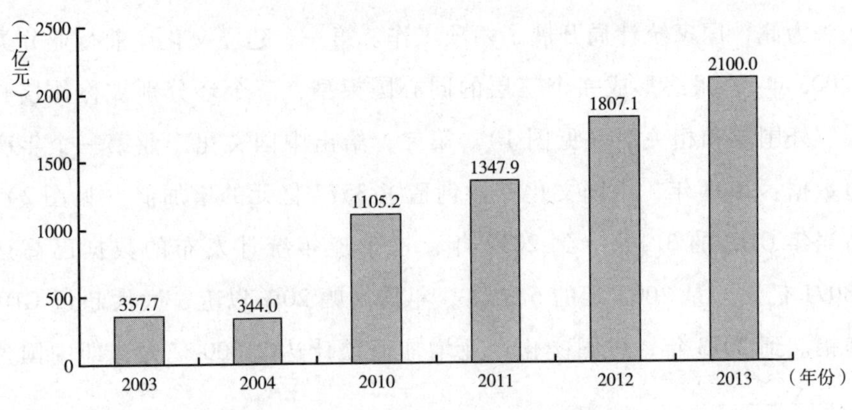

图2　2003～2013年中国文化产业增加值

2012 年，国家统计局修订文化产业分类。新的分类参照了《2009 年联合国教科文组织文化统计框架》，并将上述同心圆结构中的两个内圈合并，还对原有内容进行了少量增删。按照这个分类，中国文化产业包括两个部分、10 个大类、50 个中类、120 个小类及一批延伸项目。新的分类更多关注与数字技术及电信服务相关的所谓“文化新业态”，减少了旅行社服务、文教办公用品制造等项目。显然，新的分类更符合文化创意产业发展实际。

（二）文化体制改革的影响

中国目前的改革是构建社会主义市场经济及相应的社会体制。文化体制改革也是市场取向，改革应该包括两项任务：第一，逐步开放文化市场（允许私人部门进入）；第二，对原有由财政供养的文化生产部门进行区分，让可以提供文化商品的部门转制成为企业，作为经营主体进入市场并与私人部门开展竞争。改革的成功将带来一个国有及民营企业同台竞争，并有适当公共部门作为补充的文化市场；不断丰富的文化产品满足居民不断增长的文化需求。这样，文化产业不仅作为“硬实力”改善中国的经济及产业结构，而且作为“软实力”促进社会交往，提高市民素质，并在创新中提升自身。

从 2003 年开始的为期三年的“文化体制改革试点”在上述两个方向进行了探索。例如民营文化经营企业有所增加；一些从事图书发行业务的民营机构开始影响甚至介入国有出版社的编辑业务。尽管文化产业的核心部门（媒体）并未对私人部门开放，但原有的国有文化部门有了一些“预备性变化”：政府媒体部门将广告业务剥离出去成立专业公司；一些地方报纸通过设立报业集团，让一些都市类或其他副刊成为其相对独立的子报以占领市场；某些出版社合并为大型出版企业；一些演艺团体“转企改制”，其中少数尝试与其他文化单位组合，成为自负盈亏单位；剧场和影院成为单独企业，并组成院线，等等。一些成功经验在试点结束后进行大面积推广。其中最彻底的改革发生在出版领域，全行业绝大多数国有出版机构已经按照“产权清晰、权责明确、政企分开、管理科学”原则转制成为企业。

十多年来，中央政府及地方政府多次出台具有指导性、规划性、扶持性政策文件推动文化创意产业发展，县以上各级行政区域都制定长期发展目标，并对其落实情况进行督促检查。近两年，这些改革及支持文创产业发展的方针、政策、措施还在既定的基础上横向扩张，鼓励其与相关经济部门进行“融合”。例如，以更优惠的条件鼓励金融业向文创产业投资；鼓励文创产业向传统制造业领域渗透，发展中国设计业；鼓励文创产业与旅游业融合发展，等等。而最新政策取向还包括鼓励传统媒体与各种形式的新媒体（通常是在线的媒体新业态）融合。近年来，中国政府也将发展“混合所有制”经济的尝试向文化领域推进，支持有条件的文化企业上市发行股票，实现“资本多元化”。总之，在国家宏观经济部门推动下，中国的文化体制改革进一步深化，中国文化创意产业的规模和业绩平稳增长。可以预见，未来相当长一段时期，中国文化创意产业还将以高于国民经济总体增速的速度持续增长。

三　统计数据的结构缺陷分析

文化创意产业发展方式也带来产业结构问题，数字中也蕴含结构性缺陷，这和文化体制改革目标中的内在矛盾有直接关联。中国文化创意产业发展的政策是由不同取向甚至相互冲突的目标构成的：①把文化产业产值做大，企业做强，并且可以“走出去”参与国际文化贸易。②继续把住文化内容产品的所有市场入口，在文化产品的生产环节和播出环节设置严厉的审查机制，遇到“问题”时不惜“牺牲”生产部门经济利益。要求坚持经济效益与社会效益统一。其实文化产品的社会效益和经济效益通常是统一的，大多数人消费的文化产品也是符合社会发展方向的。同时，任何市场经济国家都有内容管理制度，会对极少数产品内容进行有限度控制。在这样的政策管制下，中国国内的文化产品供给既有短缺，又有过剩①。这是“一脚踩油门，一脚踩刹车”政策所造成的必然结果。

笔者可以通过下述图形简要说明中国文化市场的结构性缺陷，并说明中国文化创意产业发展困境。

在正常竞争市场，文化产品 P 的成交量应是位于供应量（X 轴）与价格（Y 轴）坐标右上方区域中一条向右下方倾斜的曲线 ac，其实现总收入（或增加值）可以由 a、b、c、d 四点连线的围合空间表示（见图 3）。

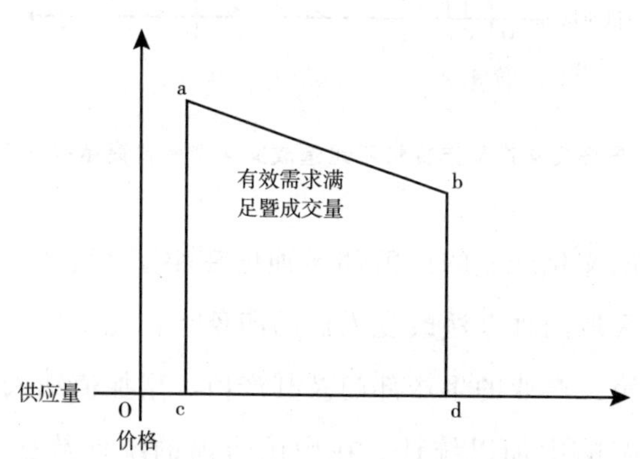

图 3　文化产业增加值总量构成示意

但在内容控制过严的情况下，产品供应品种及数量不足，生产成本增加，生产商预期盈利水平高，导致价格上升，抑制弹性本来就很大的有效文化需求。于是图 4 反映成交量的 a′e 连线、c′f 连线的距离大大短于原本可能的 ab 和 cd 连线（供应量减少），仅剩 a′efc′围合的面积（总

① 参见《中国文化产业发展报告（2012～2013）》总报告部分，社会科学文献出版社，2013。

收入减少，但利润率增加），a′c′的稍稍左移反映供应短缺造成的价格上涨（居民为少量的产品支出更多的货币）。这时居民的文化选择性不足，消费需求未能全部实现，而不能实现的有效需求或者进入银行，或者用于其他消费。

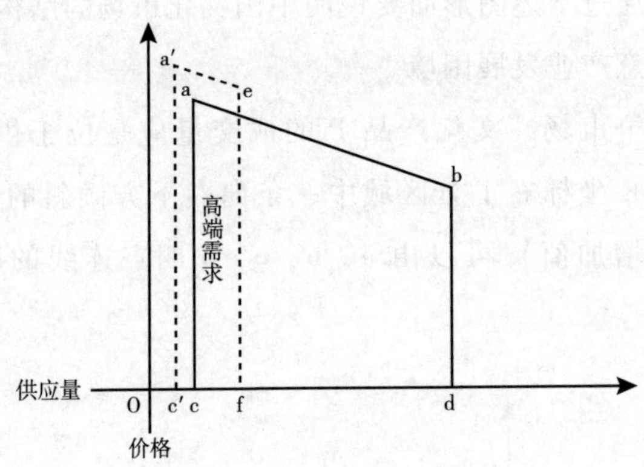

图 4　市场文化产品选择性不足造成文化消费价高量少状况示意

但此时中国文化产业的产值和增加值变小又不是政府希望看到的，于是政府可能采取两种办法改变人们的印象。首先是扩大统计口径，将一部分本属于第二产业的生产部门及其产值、增加值纳入应属于第三产业的文化产业范畴中加以统计。在中国当前的统计数据当中，占 GDP 3.48%（2012 年）的文化产业增加值当中约有 50% 来自传统的制造业（“相关层”）：如办公用品、玩具①、电视机、照相器材等。通过国际比较可以得知，许多国家的文化产业增加值也可能包括一些行政开支或相关制造业数值，如印刷业或电子设备制造业等。在中国，不仅印刷行业创造的增加值占较大比重（包括广告和包装物印刷），而且纸张油墨的

---

① 据说自 20 世纪 80 年代起，中国已成世界最大的玩具生产和出口国，2013 年中国玩具出口 247.32 亿美元，约为世界玩具市场 70% 的份额。按马特尔的说法，这里也有统计口径的问题（参见〔法〕弗雷德里克·马特尔《主流——谁将打赢全球文化战争》，商务印书馆，2012，中译本“序言”第 5 页前后）。

生产也被列入文化产业统计。这样统计口径过大，其结果是使中国文化创意产业产出（四边形 abcd）的文化含量被大大“稀释”。

在中国一些省市，地方政府苦于无力做大当地传媒和艺术原创，也愿意将最初文化产业的名称改为文化创意产业。“创意”两字的增加正是为了将一些“低内容”的行业如设计等列入统计，做大业绩。而国际上也有某些统计指标体系，依据中国文具、玩具、办公用品等（资源消耗型）产品货物贸易出口数据，将中国视为国际文化产业大国①。这也加深了世人对“made in China”的负面印象。

其次是增加公共投入，将财政投入直接改写为 GDP 增加值，以使中国文化产业增长值数据变大。在中国文化创意产业的核心领域，广播电视全行业虽然也是由各地集团公司组成的，但这些全国有公司的运营在很大程度上是由财政拨款支撑的；对基础设施和设备的投入甚至重复投入相当巨大。中国的新闻出版业尽管已完成全行业的“转企改制”，但由于市场不对民营资本开放，私人部门无权参与编辑业务；同时“书号”成为一种严厉的行政管制手段和有价资源，因此它的盈利水平也是很低的，并且目前政府仍然会通过某些项目的公共财政资助对其进行补贴。

公共文化服务体系的构建是社会现代化的标志之一。世界各国均对公共图书馆（档案部门）、博物馆（文化遗产部门）等予以财政支持，中国政府也在这样做。在改革过程中，中国各地的博物馆已全部免费开放，所有运营经费由财政负担。而向基层社会提供的公共文化服务是中国政府更愿意为人称道的。在县及以下行政单位（包括乡镇和村庄），5 个方面的公共文化服务机构、机制被建立起来，包括广播电视村村通、农家书屋、农村电影放映工程、村文化活动室和信息共享工程村级

① 20 世纪 80 年代初新华印刷厂承接国外出版社《圣经》的印制订单是很好的例证，除了 GDP 数据及资源和环境代价，它与中国文化发展没有任何关联。

终端。经过不到10年的努力，中国农村居民的（公共）图书拥有率已从人均0.1册提高到1册，迅速增加了9倍之多。应该说，在经营管理方面，这些新的制度设计比计划经济时期的做法有许多改进，多少考虑到了运营成本及可持续的问题。但其宏观运行体制在很大程度上仍然是计划经济的，因为其预算程序上并没有出现实质性的变化。更为重要的是，这样的公共产品并不受消费者的欢迎，公共文化部门提供的绝大部分图书和老电影显然不受农村居民的欢迎。因此这部分投入在图3当中，又制造了一个新的区域gb′d′h（见图5）。如果不将这部分交易视为完全虚假的，那么就应承认它与abcd之间多少有些重叠；而且它的存在也提供了少许就业机会，但它造成的浪费是巨大的。中国文化创意产业增加值中有很大一个部分（约20%）是极其“不经济”的。

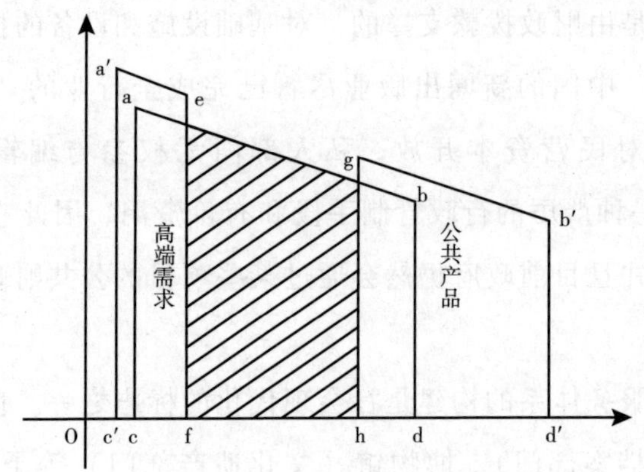

图5　公共文化产品效益低下及稀缺与过剩共存状况示意

政府的不当公共投入还造成了新的产能过剩。近年来，中国各地政府以支持动漫产业发展为由投入了大量资金，从建设产业园区开始，到开办企业，招聘员工，创作脚本，直至完成动画制作。到2013年止，中国动画片的年生产能力已达到26万分钟。这就是说，这个行业每年制作的新片，需要昼夜连续不停地播出半年才放映完一遍。笔者认为，没有哪个国家会需要这么多的动画片在电视或影院里播出。而这部分政策性投入也包含在文化产业增加值当中。人们现在甚至不知道究竟谁应该为这种不负责任的投资行为负责！

概言之，中国文化产业 GDP 是由两个四边形 a′efc′和 gb′d′h 构成的，前者包含了消费者多支出的部分；后者则包含政府多支出的部分；中间带阴影的四边形 eghf 显示了战略性短缺的存在。这里每个部分都反映出一定程度的不合理。

四　深化改革，推动中国文化创意产业发展的机遇

应该承认，人均 1340 元（折合 200 多美元）实在是很低的文化消费水平，遑论其中还有“虚构”的成分。从中国人热衷出境游、抢购国际知名奢侈品、不断更换手机和对网络的依恋来看，他们的文化消费热情是巨大的。从每年 200 多亿的电影票房中有 40% 被少数几部进口大片所夺得，而六成的国产影片根本无缘院线公映来看，中国文化创意产业发展的瓶颈在于内容创新（严格地说是内容进入市场机制的创新）。除了继续在规模上做大，中国文化创意产业还需要弥合图 4 中显示出的消费鸿沟（eghf）。而要做到这一点，只能靠文化体制改革，尤其是大面积开放文化市场。新一届领导集体已经表示出继续全面深化改革的强烈意愿，但他们在进行该决断时仍然显得慎重有余。这里的逻辑是，内容放开导致市场放开。新的领导集体需要尽快建立自己明确的道义表达并获得公众广泛的认同。

改革不应再犹豫。我们知道，中国的改革一直采用“增量改革”的策略，即让新体制下的市场主体显著获益，从而拉动旧体制单位参与市场化转型。这是一种利益驱动，有一定的合理性和可操作性。但这种方式必然造成“双轨制”的现象。而由于文化体制改革的进程过于漫长，持续的“双轨制”就可能带来更多的社会不公及腐败问题。说到底，国有文化单位体制改革的最根本任务“产权清晰”一直没有完成，

合理合法的“出资人”仍然无法真正出现，对此我们要有清醒的认识，要有改革的紧迫感。

数码和网络技术的迅猛进步再次构成了挑战，它们已经完全改变媒体的传播方式。以单向传送、制作播出为特征的广播电视技术已经被互动、实时的网络传播技术所超越。这意味着，每一部电话（终端）都是一个媒体；“消息”是在传播当中形成而不是经过事先编制的。这更像是对文化的对话本质的肯定。在经济全球化乃至已向文化全球化迈进的今天，希望用暴力对信息传输过程进行物理切断，其代价是任何社会都无法承受的。在中国，越来越多的人不是通过电视，而是通过手机、网络了解世界；社会上几乎不再有秘密可言。在这种情况下，对媒体的严密管控只意味着自我放逐。因此，中国政府应该将这样的技术进步浪潮当作推动文化管理体制改革的机遇，更果断地放弃当前文化政策中与第一个方面相冲突的第二个方面，“让市场发挥基础性作用”。

另外，中国社会还蕴含着无尽的创造力。国内各类自我就业的艺术家、专业却未经工商注册的文化创意工作室（如录音棚）正大批地涌现出来。他们每年创造的 GDP 并未被纳入统计。在世界各国这种现象也不同程度地存在。但这正是引导各国经济实现跨越式、可持续发展的有利机遇。尤其在知识经济、创意经济兴起的今天，如何通过公共政策、公共财政的运用，合理且精明地将那些漏统的部分统合进来，已经成为一种清晰可见的文化经济策略。它昭示了一条在政府助力之下，各国文化创意产业做大做强的根本途径。而对于发展中国家来说，这种策略的使用也必然是与其改革即社会的现代转型相伴随的。作为一个动力强劲的新兴经济体，我们希望中国也能为世界、为其他的新兴经济体提供某些新鲜经验。

（章建刚，中国社会科学院哲学研究所研究员）

作为“文化”变革动因的复制技术研究

本雅明曾指出，机械复制替代人工复制成为主流，是“机械复制时代艺术作品”诸多变革的动因。[①] 如果我们借鉴杰姆逊对“文化”三种含义的梳理——一是“个性的形成、个人的培养”，其对位概念是“自然人”；二是“文明化了的人类所进行的一切活动”，其对位概念是“自然”；三是“日常生活中的吟诗、绘画、看戏、看电影之类”，其对位概念是“贸易、金钱、工业”。[②] 除此之外并在第三种含义上，即约等于“艺术”的含义上使用“文化”一词，那么，本雅明的论断就可转换为：复制技术从人工到机械的演进，是彼时“文化”产品诸多变革的动因。如果我们将此论断的时间限定去掉，并在使用“文化”一词时主要指涉文化产品、文化市场、文化产业等相关范畴，那么就可进一步得到一个假设：复制技术是“文化”变革的动因。这显然是一个颇有价值的命题，因为本雅明在 20 世纪 30 年代那个历史节点的上述论断，通过这一假设，将可扩展为一条联通历史、现实与未来的理

---

① 〔德〕本雅明：《机械复制时代的艺术作品》，单世联编选《文化产业研究读本（西方卷）》，上海人民出版社，2011，第 4～28 页。

② 〔美〕杰姆逊：《后现代主义与文化理论》，唐小兵译，陕西师范大学出版社，1987，第 2～3 页。

论道路。

在做过“大胆假设”之后，笔者将通过如下步骤“小心求证”。

一　哲学溯源：从技术本体论，到技术认识论，再到文化技术方法论在复制技术域的展开

此步骤要解决的，是复制技术的哲学定位问题。

（一）工业革命前，从技术本体论到康德抵达的技术认识论边缘

尽管技术现象有悠久的历史，可在工业革命之前，其变革速度很慢，故其哲学意义曾长期被忽视——当然也有例外，如亚里士多德就在《尼各马可伦理学·技艺》篇中强调，技艺是使一种可以存在也可以不存在的事物生成的方法；技艺的原因不在于被制作物，而在于制作者。① 将技术放在主体（制作者）与客体（被制作物）的关系范畴中予以定位，指出其本质（原因）在于主体，这是明显的技术本体论。再如我国的典籍《庄子》中“庖丁解牛”的叙事，则探讨了“道”与“技”之间的关系：“技”之上的“道”，并不能靠逻辑分析确证，而是需要在实际操作活动中不断体悟，逐步趋近。这无疑已是在探讨技术现象发生、发展的规律，露出了技术认识论的端倪。

但在真正的技术认识论出现前，哲学家主要关注的是另一个与“技术”相互缠绕的论题——知识。而且长期以来，我们或者认为技术就是“知识”，或者认为技术是“知识的分支”，是“对知识进行

① 〔希〕亚里士多德：《尼各马可伦理学》，廖申白译，商务印书馆，2003，第171页。

应用”,[1] 尽管目前技术已被令人信服地论证为以一种相互建构的方式与知识“堆积在一起的”。[2]

主宰欧洲千年的柏拉图—基督教式悲观主义认为，我们的知识不仅会犯错误，而且总体上无法改进。例如，阿奎那认为，除了具有一些极不完备的知识之外，我们并不知道上帝的本质；而且，谁也没有足够的知识知道上帝的本质从而证明上帝的存在。[3]

笛卡尔及其追随者，提出了一种与此不同的对人类知识的解释：我们之所以了解外部世界，是因为我们已具有这个世界的知识，而且这种知识就在我们的大脑里。这个观点的依据，是无数明显的先天理念可以存在的方式，与我们在外部世界中的潜在经验清晰地联系、匹配在一起。笛卡尔曾就此论述道：“检视我们赖以认识事物而丝毫不必担心会大失所望的那些悟性作用，应该只采用其中的两个，即直观和演绎。我用直观一词，指的不是感觉的易变表象，也不是进行虚假组合的想象所产生的错误判断，而是纯净而专注的心灵的构想，这种构想容易而且独特，使我们不致对我们所领悟的事物产生任何怀疑……使用演绎的方法：我们指的是从某些已经确知的事物中必定推演出的一切。”[4]

英国经验主义学派洛克等人，则认为知识的来源并无先天基础，“人类一切知识的泉源就是经验”。[5] 这显然对笛卡尔的先验主义知识观进行了尖锐的批评。

中国古代典籍《大学》指出：“致知在格物”。“格物”按程颐和朱熹的解释是“剖析事物”，按王守仁的解释则是“匡正事物”。[6] 按前者

---

① 〔美〕阿瑟：《技术的本质：技术是什么，它是如何进化的》，曹东溟、王健译，浙江人民出版社，2014，第244页。

② 〔美〕阿瑟：《技术的本质：技术是什么，它是如何进化的》，曹东溟、王健译，浙江人民出版社，2014，第69页。

③ 〔英〕罗素：《西方哲学简史》，文利编译，陕西师范大学出版社，2010，第238页。

④ 〔法〕笛卡尔：《探求真理的指导原则》，管震湖译，商务印书馆，1995，第10~11页。

⑤ 〔英〕洛克：《人性理解论》，谭善明、徐文秀译，陕西人民出版社，2007，第11页。

⑥ 冯友兰：《中国哲学简史》，赵复三译，生活·读书·新知三联书店，2013，第413页。

的解释，“致知在格物”属于经验主义范畴；按后者的解释，“致知在格物”则应属于先验主义范畴了。

把经验主义发展到逻辑终点的休谟指出，经验主义对笛卡尔先验主义的批评有其合理性，但经验主义本身在此问题上并非无懈可击：“我们在看到相似的可感性质时，总是谬想，它们也有相似的秘密能力，而且期望它们会生出一些与我们所经历过的结果相似的一些结果来。”① 此言实质上揭示出，在从经验到理论的飞跃过程中，人的先天智识提供了“秘密能力”，而经验中则没有这一飞跃的位置。

在工业革命之前，真正把我们带到技术认识论边缘的是康德。他在《纯粹理性批判》中提出了一个先天知识模型：从逻辑上看，人的理解力一定要比消极接受知识的能力强得多，因为在理解过程中，理解力必然要把自己的特征强加于被理解的事物。也就是说，我们要提供具体的事例和理论之间缺失的联系环节。这就通过物质和精神的互动，解除了休谟所言的“秘密能力”与经验之间的紧张关系，从而在一定程度上解决了知识源泉问题：“问题不在于因果概念是否正确、有用，以及对整个自然知识来说是否必不可少（因为在这方面休谟从来没有怀疑过），而是在于这个概念是否能先天地被理性所思维，是否具有一种独立于一切经验的内在真理，从而是否具有一种更为广泛的、不为经验的对象所局限的使用价值，这才是休谟所期待要解决的问题。这仅仅是概念的根源问题，而不是它的必不可少的使用问题。根源问题一旦确定，概念的使用条件问题以及适用的范围问题就会迎刃而解。”②

但康德体系的麻烦是，它是一个封闭的完全包容在理性领域的体系，从而不能指明它宣称的精神物质的一体化是具体可感的。恰恰在这里，技术作为物质和精神的混合物，生动地补足了康德指出的缺失的联

① 〔英〕休谟：《人类理解研究》，关文运译，商务印书馆，1981，第33页。

② 〔德〕康德：《未来形而上学导论》，庞景仁译，商务印书馆，1982，第8页。

系环节，并将之物化了——无论是一面镜子还是一张照片，仅仅凭其存在，就证明了物质和精神互动的物化，及其具体可感性。这提醒我们，康德对知识的看法有着内在的、开启新的可能的活力。

（二）工业革命后，马克思开启了技术认识论时代

工业革命的发生，把新的议题——变革摆到了人们的面前。先是达尔文以其巨著《物种起源》，研究并揭示了世界的自发变革的原则“自然选择，适者生存”；接着，马克思对由人引发的变革进行了卓越的研究。

马克思认为，人及其技术与自然界的接触点，是劳动——“劳动是人在外化范围之内的或者作为外化的人的自为的生成”；[①] 且“正是在改造对象世界中，人才真正地证明自己是类存在物”[②]，把改造世界而非认识世界作为人的类特征，使马克思超越康德，把我们带入探索技术现象发生、发展规律的技术认识论时代。同时，马克思还提出了异化劳动的概念：劳动者“在自己的劳动中并不肯定自己，而是否定自己，不是感到幸福，而是感到不幸，不是自由地发挥自己的体力和智力，而是使自己的肉体受折磨、精神遭摧残”，从而开启了对技术负面价值的反思议程。

时间进入20世纪，技术作为一个需要考察的认识论问题已无法回避。在杜威看来，不仅存在“自然技术”，也存在“社会技术”，正所谓“社会学是一种技术，政治学也是一种技术”；[③] 技术是一种达到目的的手段，借用这种手段，超越存在论层面上的对象的目的才得以实现；[④] 而技术的失控现象以及负面效应只是局部的，且原因不在于技术

---

① 〔德〕马克思：《1844年经济学哲学手稿》，人民出版社，2000，第101页。

② 〔德〕马克思：《1844年经济学哲学手稿》，人民出版社，2000，第92页。

③ 〔美〕杜威：《杜威五大演讲》，胡适译，安徽教育出版社，1998，第9页。

④ John Dewey. *Art as Experience*, New York: Perigree, 1934: 273.

而在于人本身，在于人们缺乏想象和勇气，因此对掌管重大技术系统的技术精英实行民主控制是至关重要的。①

海德格尔认为："技术不仅是手段，还是一种解蔽方式。"② 古代技术的解蔽是诗性的，而现代技术"摆置着人，逼使人把现实当作持存物来订造。那种促逼把人聚集于订造中。此种聚集使人专注于把现实订造为持存物。"③ 从而造成了现代的生存危机。

（三）文化技术方法论在复制技术域的展开

技术变革造成的现代社会的危机或断裂，引发了对技术作用于实践手段、机制的广泛探讨，即技术方法论的出场。而要探讨技术方法论，我们有必要先引入两个概念：域、域定和一个原理——技术的发展机制。"某种具有共性的外在形式，或者是可以使共同工作成为可能而共同固有的能力，可以定义为一个技术集群，对于这种集群或技术体，我们称之为域"；"工程设计是从选择一个域开始的，也就是要选择一组适合建构一个装置的元器件，这个选择过程，我们称之为'域定'"；④ 技术有两种发展机制："内部替换（internal replacement）和结构深化（structural deepening）。内部替换是指用更好的部件（子技术）更换某一形成阻碍的部件；结构深化是指寻找更好的部件、材料，或者加入新组件"。⑤

鉴于本文此步骤的目的——为复制技术进行哲学定位，笔者有必要将视域从技术方法论缩小至文化技术方法论，即仅聚焦与文化创作、生

① John Dewey. *The Public and Its Problems*, Athens Ohio: Swallow Press, 1980: 126 - 206.
② 〔德〕海德格尔：《海德格尔选集》，孙周兴选编，上海三联书店，1996，第931页。
③ 〔德〕海德格尔：《海德格尔选集》，孙周兴选编，上海三联书店，1996，第937页。
④ 〔美〕阿瑟：《技术的本质：技术是什么，它是如何进化的》，曹东溟、王健译，浙江人民出版社，2014，第76～78页。
⑤ 〔美〕阿瑟：《技术的本质：技术是什么，它是如何进化的》，曹东溟、王健译，浙江人民出版社，2014，第147页。

产、传播、消费、再生产相关技术作用于实践的机制。而文化技术方法论的展开，是从本雅明对复制技术的“域定”（在此笔者认为科学研究与工程设计的选择过程相似）开始的。

1. 本雅明将其文化技术方法论研究“域定”于复制技术，并分析了该域的第一次结构深化——从人工复制到机械复制

在本雅明之前，文化技术方法论尚未出现于人们的视野。本雅明对此现象的解释是：伴随着工业革命，资本主义生产方式出现，“上层建筑的转变要比基础的转变慢得多。它花了半个多世纪方在文化的各个方面表明了生产条件的变化。只有在今天我们方能说明这种变化的形式”。[①] 可见，在本雅明的视野里，文化技术方法论以研究对象的身份出场了，而他对此研究对象分析的突破口，则选在了“复制技术域”——“在1900年左右技术复制达到了一种标准，这使它不但能够复制所有流传下来的艺术作品，从而导致它们对公众的冲击力的深刻变化，而且还在艺术的制作程序中为自己占据了一个位置。”[②] 也就是说，本雅明将自己的文化技术方法论研究进行了“域定”。

本雅明接着分析了“复制技术域”第一次显著的“结构深化”，即由人工复制发展到机械复制。希腊人只知道铸造和冲压两种复制技术，那时青铜器、陶器和钱币是仅有的可批量复制的艺术品；远在印刷术使手稿变得可复制之前，绘画艺术就通过木刻而成为一种能够“机械复制”的东西了；中世纪，在木刻之外产生了镌刻和蚀刻；19世纪，则出现了平版印刷和第一次把手从最重要的工艺功能中解脱出来的照相术。以平版印刷（1814年滚筒式蒸汽动力印刷机出现）为标志，复制技术进入了一个根本性的新阶段，即在文化生产环节突破人类身体技能

① 〔德〕本雅明：《机械复制时代的艺术作品》，单世联编选《文化产业研究读本（西方卷）》，上海人民出版社，2011，第4页。

② 〔德〕本雅明：《机械复制时代的艺术作品》，单世联编选《文化产业研究读本（西方卷）》，上海人民出版社，2011，第6页。

局限的阶段。[①]

在这一新阶段，“凋萎的东西正是艺术作品的灵晕”。[②]“灵晕”（Aura）是指艺术品的原真性（Echtheit）、膜拜价值（Kultwert）和审美上的距离感等。机械复制通过破坏“灵晕”而改变了人工复制的创作传统，如电影制作就要涉及导演、演员、制片、摄影、美工、录音等不同工种以及后期剪辑、特效、洗印等多个制作环节，从而改变传统艺术作品的膜拜价值为展示价值，改变传统艺术作品审美上的距离感为震惊等全新审美感受。本雅明指出，机械复制技术实现了艺术的大众化、民主化，可以服务于进步政治，但也可能导致艺术的肤浅化，并可能被用来支持压迫性的政治制度。

2. 麦克卢汉分析了复制技术域的第二次结构深化——“新组件”电拟复制

如果说以照相术（1839 年实用照相机出现）为代表的机械复制技术体现了人类对光现象的深度把握，那么以录音、电视扫描为代表的电子模拟复制技术（不妨称为“电拟复制”），则体现了人类对电现象的深度把握。人类于 19 世纪末掌握了复制声音的技术，[③] 1920 年世界上第一家商业广播电台——美国 KDKA 广播电台出现，20 世纪 30 年代广播在美国、德国、苏联、英国等国家迎来了发展的“黄金时代”；1884 年德国人尼普科夫发现电视扫描原理，1939 年美国推出世界上第一台黑白电视机，并于 1953 年设定全美彩电标准，进而于 1954 年推出彩色电视机，电视开始深入千家万户。以录音、电视扫描为代表的“电拟复制”技术，在文化传播环节突破了地理空间的局限，从而作为“新

---

① 〔德〕本雅明：《机械复制时代的艺术作品》，单世联编选《文化产业研究读本（西方卷）》，上海人民出版社，2011，第 5～6 页。

② 〔德〕本雅明：《机械复制时代的艺术作品》，单世联编选《文化产业研究读本（西方卷）》，上海人民出版社，2011，第 7 页。

③ 〔德〕本雅明：《机械复制时代的艺术作品》，单世联编选《文化产业研究读本（西方卷）》，上海人民出版社，2011，第 6 页。

组件”构成了复制技术域的第二次结构深化。

麦克卢汉正是从媒介传播这一突破口，对此次结构深化进行了分析：媒介是“人的延伸”，像书籍是人视觉的延伸、广播是人听觉的延伸、电视等电子媒介是人中枢神经系统的延伸一样。而且，“任何媒介（人的任何延伸）对个人和社会的任何影响，都是由于新的尺度产生的；我们的任何一种延伸（或者任何一种新的技术），都要在我们的事物中引进一种新的尺度……人的工作的结构改革，是由切割肢解的技术塑造的，这种技术正是机械技术的实质。自动化技术的实质则与之截然相反，正如机器在塑造人际关系中的作用是分割肢解的、集中制的、肤浅的一样，自动化的实质是整体化的、非集中制的、有深度的”。[①] 另外，电子媒介重构了时间与空间，整个世界成为一个新的“地球村”，人类社会的发展经历了部落化—非部落化—重新部落化的历程。

3. 莱文森分析了复制技术域的第三次结构深化——“新组件”数字复制

文字的数字复制技术，早在19世纪30年代就通过电报的发明而出现了，但声音数字复制技术在20世纪70年代才开始发展，影像数字复制技术更是在20世纪90年代中期才开始实用化（1994年卫星数字电视开播）；恰逢其时，可大规模传播数字化文字、声音、影像的互联网技术也于20世纪90年代中期开始民用。所以，数字复制时代即数字复制作为“新组件”进入复制技术域的第三次结构深化，全面启动于20世纪90年代中期。与以电视扫描为代表的“电拟复制”阶段相比，数字复制时代的核心变迁显现于两个环节：在文化创作环节，人类想象力的局限被突破，技术体已经能够自主“拟像”；在文化消费环节，实时

---

① 〔加拿大〕麦克卢汉：《理解媒介——论人的延伸》，何道宽译，商务印书馆，2000，第33页。

移动互联（如Google眼镜等可穿戴设备）突破了受众原来的时间、空间局限。

被称为“数字时代麦克卢汉”的莱文森，就数字复制时代的文化创作和消费提出了自己的看法。例如，他继麦克卢汉提出“地球村”概念之后，提出了“地球脑”概念：“地球上的任何人挖掘思想对话的能力，为思想对话做贡献的能力，远远没有完全实现……一个名副其实的‘地球脑’（global mind）的创生引人注目、前途无量，这个‘地球脑’是真正的地球脑，而不是比喻意义上的‘地球脑’；调动智能的能力，在任何地方、任何时间表现智能的能力，都生机勃勃、气势如虹”。[①] 而就文化消费而言：“媒介的发明和传播过程也就是选择数量的增长过程……正如媒介及其进化的许多关键侧面一样，手机既是选择数量增长的反映，又是负担增长的缩影”。[②]

而且，莱文森认为，媒介演化总体上呈现“人性化趋势”，即人是媒介的“自然环境”，人要对技术和媒介做出理性选择。所以，媒介的发展机制可以描述为“补偿—补救”：“因特网及其体现、证明和促进的数字时代，是一个大写的补偿性媒介。这是电视、书籍、报纸、教育、工作模式等的不足而产生的逆转，差不多是过去一切媒介之不敷应用而产生的逆转……在新千年里，许多媒介集中、结合起来，以助于解决过去媒介面对的各种问题，这当然不是偶然的。数字媒介使传播速度加快、省时省力。于是，有意发明的媒介和歪打正着解决问题的媒介之间的差异为之缩小，数字传播提升了人的理性把握，在这一点上，一切媒介都成为立竿见影的补偿媒介”。[③]

总之，上述文化技术方法论在复制技术域的展开显示：文化技术演

---

① 〔美〕莱文森：《莱文森精粹》，何道宽编译，中国人民大学出版社，2007，第222页。
② 〔美〕莱文森：《莱文森精粹》，何道宽编译，中国人民大学出版社，2007，第282页。
③ 〔美〕莱文森：《数字麦克卢汉——信息化新纪元指南》，何道宽译，社会科学文献出版社，2001，第288页。

进的主导机制是结构深化，虽然内部替换（如印刷术中激光照排替换铅字排版）也具有重要意义。

二 历史梳理：以复制技术域的演进为线索，看现代文化市场是如何形成的？

此步骤要解决的是复制技术的历史作用问题。英国学者威廉斯的研究指出，文化生产经历了“资助”（patronage）、“专业市场”（professional market）、“专业公司”（professional company）三个时代；美国学者赫斯蒙德夫则在借鉴威廉斯研究成果的基础上，提出自20世纪50年代以来，由于文化生产的劳动分工越来越复杂，因此宜用“专业复合”（professional complex）概念来取代“专业公司”，以更恰当地描述当前文化生产中占统治地位的形式。[①] 文化生产是文化市场的基础性因素，所以上述两位学者的研究，以及德国桑巴特、法国鲍德里亚、美国考恩等学者的相关研究，为本文对现代文化市场形成历史的描述，提供了基本概念和视野。

至于推动现代文化市场形成的动力机制，虽然有技术、经济、文化等复杂的因素，但本文倾向于借鉴20世纪七八十年代以来逐步成型的“演化经济学”观点，即每隔一定时期出现的新技术集群（与本文前述概念“域”契合）是社会演化和经济增长的根本动力。[②] 而文化作为给新技术集群提供支撑结构的子系统之一，其现代市场的形成显然也应在此“技术—经济范式”的覆盖之下，所以，要探究现代文化市场形成的历史动因，我们必须回答一个问题——文化生产的通用技术是什么？

面对这个问题，我们显然又与本雅明相遇了——他将这个问题的答

① 〔美〕赫斯蒙德夫：《文化产业》，张菲娜译，中国人民大学出版社，2007，第57~59页。

② 〔英〕弗里曼、〔葡〕卢桑：《光阴似箭——从工业革命到信息革命》，沈宏亮主译，中国人民大学出版社，2007。

案“域定”在了复制技术上。以复制技术域的演进为线索进行梳理，并借鉴其他相关研究成果，笔者大致可以将现代文化市场的形成过程，分为如下四个发展阶段。

（一）“人工复制”与前现代供养制阶段

从人类早期的摹画、摹写、制模及铸造到19世纪平版印刷、照相术出现以前，人类的复制技术一直没能突破自己身体的物理局限，就算是手动印刷机其实也没能突破这一局限。明确此点，有助于解释为什么印刷术在公元600年左右就出现在中国，木制凸版印刷机1439年就在德国被制造了出来，而前文化市场阶段的“供养制”作为主流体制一直延续到了19世纪。

因为“人工复制”技术使文化生产高度依赖身体技能，而相关生产技能与农业等一般生产技能相比又高度稀缺，导致“几个世纪以来，一直是数目很小的作者面对成千上万的读者”的局面；[①] 更为关键的是，人工复制没能突破人类身体的物理局限，“数目很小的作者”在一定的时间、空间，实际上也只能“面对”数目很小的读者；这就要求“数目很小的读者”具有很强的经济能力，才能“供养”得起他面对的文化创作者。

虽然对文化创作者实施“供养”的人，被18世纪作家塞缪尔·约翰逊在《英文辞典》中定义为“通常是一个以傲慢态度施舍资助、获得阿谀奉承的回报的坏蛋”，[②] 但他们中的一些人还是颇有眼光的，“例如，西班牙的腓力四世便雇用了委拉斯开兹作为自己的宫廷画师，与之类似，法国的路易十四宫廷支持了莫里哀，德国的魏玛、克滕和莱比锡

---

① 〔德〕本雅明：《机械复制时代的艺术作品》，单世联编选《文化产业研究读本（西方卷）》，上海人民出版社，2011，第18页。

② 〔美〕考恩：《商业文化礼赞》，严忠志译，商务印书馆，2005，第84页。

等城市雇用了约翰·塞巴斯蒂安·巴赫担任它们的乐师"。[①] 所以，"供养"的效率往往取决于"供养"者。

只是，因可提供资助的人一般情况下寥寥无几，故文化创作者如果找不到具有同情心的"供养"者，便无法从事自己的事业。结果"大多数作家依赖赞助，要么是受到政府喜欢的奴仆，要么是富有贵族的儿子，女性作家或少数民族作家得到的机会甚少"[②]。值得注意的是，在各种"供养制"模式中，家庭化的"供养"是具有比较优势的模式。例如，在19世纪的法国，大多数重要艺术家（至少在其事业的某些阶段）是依靠家庭资助为生的，"这份名单上的人包括德拉克洛瓦、柯罗、库尔贝、修拉、德加、马奈、莫奈、塞尚、土鲁斯-劳特累克、莫罗"；[③] 在18世纪的中国，古典小说的巅峰之作《红楼梦》，实质上也是在家庭化的"供养"模式下产生的。

所谓"供养制"，是指诗人、画家、音乐家等被政府、贵族或富裕的亲友资助、保护、支持的一种体制。这种体制直到19世纪早期在东西方都还占据着统治地位，在今天也还通过诸如介入文化链条的"非营利机构"等，继续保持着对文化市场的影响。

在"供养制"阶段，可供流通的文化产品和服务非常昂贵。例如，"在美国殖民地时期的1760年，一本低档教材的价格是一双上等皮鞋的两倍；购买一套斯摩莱特的《英国通史》的钱可以买到80双皮鞋、6头牲畜或30头猪；普通劳动者工作两天，才能挣到购买一本教材的钱，要工作144天才能挣到购买一套斯摩莱特编写的《英国通史》的钱。"[④]

与产品和服务高昂的价格相适应，此阶段相关产品和服务的消费及评价，也并非依据其自身的价值，而是处在少数有权有势者的控制之

① 〔美〕考恩：《商业文化礼赞》，严忠志译，商务印书馆，2005，第48页。
② 〔美〕考恩：《商业文化礼赞》，严忠志译，商务印书馆，2005，第93页。
③ 〔美〕考恩：《商业文化礼赞》，严忠志译，商务印书馆，2005，第23页。
④ 〔美〕考恩：《商业文化礼赞》，严忠志译，商务印书馆，2005，第67页。

下——常常是被政治精英所操纵。“供养”者慧眼识珠奖励优秀文化产品和服务的想象，大多数情况下是一种神话，“供养”者之外的消费者被创作者等相对忽视，却是实情。

另外，文化监管因素在这一阶段也是不容忽视的。在第一个现代化国家英国，“历史学家习惯把英国新闻史概括为报业反抗王室及政府压制逐步走向独立的斗争史，而这部斗争史的主线，是由‘星院法’的废除、特许出版制的终结和‘知识税’的废止等标志性事件构成的。”① 可见，在前文化市场阶段的后期，西方文化监管逐渐放松的趋势是明显的。而在东方的中国，文化监管虽因朝代更替的因素而有强弱之分，但总体而言，在封建制发展后期的元明清等朝代，对文化的监管有强化趋势。东西方在迈入现代前于文化监管方面的这种差异，是双方以不同速度形成现代文化市场的原因之一。

在以“供养制”定义、以“人工复制”技术支撑的此阶段，由于整个文化链条局限于人类身体技能，所以文化得以积淀的时间长度，往往成为衡量文化产品和服务水平的尺度。此阶段的领先国家是四大文明古国，尤其是唯一的文明没有中断过的中国。

（二）“机械复制”与文化产业阶段

在19世纪的复制技术域内，以平版印刷、照相术为代表的“机械复制”新组件出现了，人类文化链条首先在生产环节突破了人类身体的物理局限。这导致可供流通的产品和服务的数量、种类急剧增加，价格大幅下降——以大规模生产和消费为特征的文化工业/产业（两者在西文中往往有单复数区别）出现了。其典型标志是廉价大众化报纸，如美国的《太阳报》（1833年）、《纽约先驱报》（1835年），法国的《新闻报》（1836年）、《世纪报》（1836年），英国的《每日电讯报》（1855年）等相继创办。

① 唐亚明、王凌洁：《英国传媒体制》，南方日报出版社，2007，第28页。

“廉价报纸”因其“廉价”而有意将新的收入来源——文化营销者广告商引入。例如，美国第一张获得成功的“廉价报纸”——《纽约太阳报》就在创刊号上宣称：本报的宗旨“是在每个人都能支付的价钱下，将一天中发生的所有的新闻奉献在公众面前，同时也给刊登广告提供一个便利的工具”。[①] 可见，文化生产者开始有消费者本位（关注消费者购买力）的意识，这是文化生产者主要从消费者身上赚钱的自然结果；而且，从《纽约太阳报》的宗旨来看，文化生产者亦已开始顾及文化营销者——广告商的利益。

从消费者变迁的角度看，廉价大众化报纸把随工业革命出现的“蓝领阶层”纳入日常文化消费者的行列；“牧师、邮政人员、经理、市政官员、簿记员以及来自日益壮大的中产阶级的其他人为了自己欣赏音乐而购买钢琴”；[②] 文化消费者规模整体上扩大了，但因为阶层更加复杂，消费者品味的“高雅”和“粗俗”也开始有了分野，而这种分野导致了文化产品、服务进一步分裂为“大众”的和“精英”的。“精英”知识分子对“大众”文化产品、服务的“沉沦”非常悲观，“其中最悲观、最有影响的是法兰克福社会学派主要成员阿多诺，他创造了‘文化工业’一词，描述大规模生产范式对艺术作品的影响”。[③]

在此阶段，成功的文化创作者不仅开始获得“独立的职业地位”，[④] 人数逐渐增多，且其行列中出现了不少女性的身影。“在19世纪出版作品的英国小说家中女性占了一半”。[⑤] 正是“供养制”衰落——因男性比女性拥有更好的政治、经济关系而曾几乎独占被“供养”位置，和技术进步导致的材料费用下降——“在19世纪，妇女突然可以利用她

---

① 〔美〕阿特休尔：《权利的媒介》，黄煜、裘志康译，华夏出版社，1989，第53页。

② 〔美〕考恩：《商业文化礼赞》，严忠志译，商务印书馆，2005，第173页。

③ 〔英〕弗里曼、〔葡〕卢桑：《光阴似箭——从工业革命到信息革命》，沈宏亮主译，中国人民大学出版社，2007，第305页。

④ 〔美〕赫斯蒙德夫：《文化产业》，张菲娜译，中国人民大学出版社，2007，第58页。

⑤ 〔美〕考恩：《商业文化礼赞》，严忠志译，商务印书馆，2005，第82页。

们的空余时间作画，不用在材料上支付过高的费用”，[①] 导致了文化创作者中女性数量的稳步上升。另外，文化创作者在此阶段获得了更多的自由：“在19世纪末期……摄影设备的价格急剧下降，冲印照片也变得更加容易了。摄影者们很快用上了手持相机，而且拍摄之后再也不用立即冲洗照片了”；而且，“印象派画家没有要求法国沙龙立即接受自己，抽象表现主义画家们即使在只有佩吉·古根海姆一个人愿意买画时也能够继续其创作活动”；可见，无论在创作手段上，还是在创作品味上，文化创作者的自由度也增加了。

而且，文化监管因素在此阶段也发生了变化——“在19世纪中叶，自由主义的理论渐趋成熟，自由主义的新闻体制也在西方各国先后确立。”自由主义理论化产生了一些文化监管方面的基本操作原则：“政治上和经济上的独立性原则，新闻自由的界限问题上的（社会控制）法制化原则，以及传递信息内容上的市场化、多样化原则。”[②] 尽管许多西方学者也承认，所谓“新闻自由”其实只是报业主等有产者的自由，但时至今日，自由主义理论及其操作原则仍在左右着西方的文化监管，相关政府政策习惯于采取无为而治的策略。

文化产业阶段的领先国家有英国、美国、德国、法国等。由于廉价大众化报纸的出现，除技术因素外，还需要教育普及等基础性条件，所以我国真正意义上的廉价大众化报纸是在改革开放后的晚报热、都市报热中才出现的，比领先国家晚了近一个半世纪。

（三）“电拟复制”与地缘文化产业阶段

以录音、电视扫描为代表的“电拟复制”技术，以“新组件”的身份构成了复制技术域的第二次结构深化——在人类文化链条的传播环

---

① 〔美〕考恩：《商业文化礼赞》，严忠志译，商务印书馆，2005，第26页。

② 唐亚明、王凌洁：《英国传媒体制》，南方日报出版社，2007，第34页。

节突破了地理空间的局限。这使超越国家界线的"地缘文化市场"(geoculture market)出现,从而为文化企业大型化和跨出国门,在有众多文化联系的一定区域内发展("地缘文化产业"的出现)提供了可能。关于"地缘文化市场",赫斯蒙德夫曾做过这样的形象描述:"一个生活在英国的印度裔妇女可能会感觉到自己是母语为英语的地缘文化市场的一部分,她会对英国、美国和澳大利亚的大部分节目感到亲切。然而,她也可能感觉自己属于一个由印度本土和阿拉伯湾等地的印度移民社区所构成的地缘文化市场。"① 依托"地缘文化市场"的"地缘文化产业"滥觞于20世纪初,但到20世纪50年代以后急剧扩张。自那时起,"地缘文化产业"经过大型化、集团化(横向一体化)、纵向一体化等发展历程,市场集中度越来越高,逐渐形成了三类基于协同效应的大企业居于统治地位的局面:媒介集团(the media conglomerate),拥有一系列核心媒介利益,如新闻集团;休闲集团(the leisure conglomerate),除了对媒介感兴趣以外,还对酒店、主题公园等其他休闲项目也很感兴趣,如迪士尼公司;信息/传播公司(the information/communication corporation),即媒介、电信和计算机公司之间相互合并、收购,并在相关市场参与深层次集中化运作。②

在大型企业中工作的文化创作者(如记者),即便"在日常工作中表现得相对自主(所有者和执行者赋予他们自主权),他们也不能摆脱为公司追逐特殊利益而工作的压力;而且,他们的日常自主权也是由他们所为之服务的组织的总体利益决定的"。③ 而文化创作分散的、去中心化的本质,决定了在接近创作的领域,小公司虽然所占市场份额较小、不占统治地位,但相对于大企业在复制、营销等环节有比较优势而言,

① 〔美〕赫斯蒙德夫:《文化产业》,张菲娜译,中国人民大学出版社,2007,第212页。

② 〔美〕赫斯蒙德夫:《文化产业》,张菲娜译,中国人民大学出版社,2007,第164~165页。

③ 〔美〕赫斯蒙德夫:《文化产业》,张菲娜译,中国人民大学出版社,2007,第191页。

它们在将原创纳入产业方面有一定优势，所以仍有继续生存的空间，且其中的文化创作者更具自主性（当然也会承担保障更少等风险）。

但是无论如何，文化创作者的自主性都得受制于一种新崛起的要素——文化营销者，因为在“地缘文化产业”阶段，文化消费者将大量的注意力开始转移到商品上，广告等营销业务的重要性空前提高，广告主本位（关注消费者注意力）意识开始在一定程度上取代消费者本位（关注消费者购买力）意识，成为此阶段文化生产者、营销者的主导意识。广告等营销业务成为大型文化企业盈利的重要形式，广告本身也成为一种重要的文化形态。

从消费者变迁的角度看，随着西方发达国家“白领阶层”（如专业人士、管理经理、技术人员等）开始在数量上超过流水线上工作的“蓝领阶层”，一种消弭了“高雅”和“粗俗”界线的“流行”意识开始主导文化消费者的品位。“消费逻辑取消了艺术表现的传统崇高地位”，文化被系统世俗化，被“去魅”了。“这是一种疯狂的野心——取消、超越整个文化的大事记录。”①

文化监管因素在地缘文化产业阶段发生的变迁是：因为用来传播广播讯息的频率非常有限，所以即使在美国这样有很强反管制传统的国家，人们还是普遍接受了政府对波段的分配。只有如此，广播公司的波段之间才不会相互重叠。电视出现以后，因最初也依赖无线电波传输节目，故大多数国家对电视也进行管制。但是，到了20世纪80年代，新自由主义兴起，且新的电缆、卫星技术克服了电磁谱资源有限的问题，致使市场特定管制形式的合法性受到质疑，结果许多崇尚国家控制、国家所有权传统的国家，也启动了市场化、自由化政策。在管制政策的这一轮变迁中，大型文化企业的利益被有意识地移入了。这一点一直没有

① 〔法〕鲍德里亚：《消费社会》，刘成富、全志钢译，南京大学出版社，2008，第104～105页。

被足够重视。

此阶段领先国家有美国、德国、苏联、日本等。广播在新中国成立后的20世纪50年代开始普及，电视则在改革开放后的20世纪80年代才开始普及，比领先国家又晚了二三十年。

（四）“数字复制”与全球文化产业阶段

20世纪90年代中期，以文字、声音、影像的数字复制技术为代表的“新组件”大规模进入复制技术域，开启了该域的第三次结构深化历程——相关技术在文化创作环节，突破了人类想象力的局限，开始能够自主“拟像”；并在文化消费环节，通过实时移动互联（如Google眼镜等可穿戴设备）突破了原有时间、空间的局限。这导致了一系列重大的变迁。

首先，作为文化产品的文字、音频（如一首乐曲）、视频（如一段动态影像）在生产、传播成本方面原来由低到高的梯度被打破了，曾经生产和传播成本最高的视频产品，变为最简单、最便宜的文化产品形式。试想一个尚不具备读写能力的小孩，现在完全可能用iPhone拍一段视频，然后上传到视频网站上，但我们不可能指望这孩子同时也能写出一段故事。这意味着，阻挡地缘文化产业发展为全球文化产业的最后一个障碍——语言文字，在相当程度上已被跨越，以全球文化产业定义的全球文化市场，已成为技术发展的内在逻辑要求。

其次，文化生产与消费的边界开始模糊，工作与休闲的边界开始模糊，继“蓝领阶层”“白领阶层”之后，“创意阶层”（又称“无领阶层”）开始崛起：“我们的创意思想反过来也决定了我们的休闲爱好。因为我们通过自己的创意对经济发挥作用，也由此将自己定义为‘创意人’。”[1] 这导致文化生产和消费成为社会的中心，创意成为人类最根本的经济资源。

面对上述变迁，文化创作者开始发展起一种受众欲望本位意识，即

---

① 〔美〕佛罗里达：《创意阶层的崛起》，司徒爱勤译，中信出版社，2010，第200页。

关注对受众欲望的刺激、挖掘；文化生产、营销者的主导意识则开始由广告主本位（关注消费者注意力）意识，向“信息受众量”本位（关注抢占足够受众数量）意识转移，因为虽然“足够数量”并不能保证创造出价值，但它开始成为新兴的以全球文化产业为内在逻辑要求的创意经济创造价值的前提。[①]

全球化和融合的趋势（包括文化形态、相关公司产权、传播系统的融合等）[②]，对文化监管构成了相当大的压力。一方面，一国之内文化市场阻碍兼并、融合的政策壁垒有被削弱的趋向；另一方面，国际政治机构如欧盟、东盟、世贸组织等的重要性不断加强。但是，在现实市场发展中，为了避免美国文化产业成为全球文化产业，保护文化多样性，一些国家如加拿大、法国等对国际政治机构对全球文化产业发展方向的影响提出了质疑，并采取了切实的保护本国文化产业的措施。

值得注意的是，在2008年6月底，我国互联网网民数量达到2.53亿，首次大幅超过美国，跃居世界第一。迈特卡尔定律（Metcalfe's Law）指出，网络的价值与网络使用者数量的平方成正比。[③] 按此定律推理，2008年以后我国网络的价值已是世界第一，这使我国具备了在全球文化产业阶段成为领先国家的基础。

三　经济启示：如何在“数字复制”与全球文化产业阶段，令我国文化产业实现“蛙跳”

此处要解决的是，在当下“数字复制”与全球文化产业阶段，“复

① 〔美〕艾文斯、沃斯特：《裂变：新经济浪潮冲击下的企业战略》，刘宝旭等译，上海远东出版社，2000，第148页。

② 〔美〕赫斯蒙德夫：《文化产业》，张菲娜译，中国人民大学出版社，2007，第263～264页。

③ 该定律是由以太网的发明人罗伯特·迈特卡尔（Robert Metcalfe）提出并以其名字命名的。

制技术是‘文化’变革的动因”这一命题对我国文化产业发展有何启示的问题。

当下，一些文化产业发展现象成为我国相关研究者必须回答的问题。比如同样以广告为主营收入，2000 年才成立的百度，为什么能在 2013 年超越央视；同样以文学原创为产业主业，在众多文学类出版社、杂志社生存艰难之际，为什么 2008 年成立的以起点中文网为核心的盛大文学，在 2010 年的营收能达 3.93 亿元，而 2011 年更是达到了 7.01 亿元。[①]

上述问题的一个延伸性问题是：2000 年才在国家重要政策文件中获得“正名”的我国文化产业，能否像百度、盛大文学一样，在相对短的时间内“蛙跳”式超越原强势对手——美欧日等国的文化产业。

（一）“两种机会窗口”理论：“蛙跳”机遇在新兴技术体系所供“窗口”（域结构深化早期）

在对美国、德国于 19 世纪下半叶“蛙跳”式发展进行解释时，美国经济学家佩蕾丝（Carlota Perez）提出了“两种机会窗口”理论。[②]

该理论指出，“第一种机会窗口”是指当某种技术体系（“域”）在先进国家趋于成熟后，落后国家就具备了劳动力成本低廉的比较优势。在这种情况下，由于先进国家已占据技术创新的制高点，落后国家凭借劳动力成本优势进行的追赶，只能是有限进步，并无法缩小与先进国家在技术、经济方面的差距。

“第二种机会窗口”是由处于酝酿阶段的新技术革命（“域”结构深化早期）所提供的，这是落后国家“蛙跳”的真正机遇。在“第二种机会窗口”期，虽然新技术最初出现于先进国家，但因该技术体系

① 资料来源：盛大文学 2012 年 6 月向美国 SEC（证券交易委员会）提交的 F-1/A 文件。

② Perez Carlota：Technological Change and Opportunities for Development as a Moving Target，in *Cepal Review*，No. 75，2001，pp. 109-130.

处于早期阶段，相关科技知识大多属于“公共知识领域”，其“默会性”程度及对经验、技能的要求都很低，故处于此阶段的新技术革命将所有国家“拉回到同一起跑线上”。如果落后国家在这个阶段能够以更快的速度进入新的技术体系，就可以有效地缩小与先进国家之间的技术差距，进而实现经济“蛙跳”。

19世纪下半叶，已引领水力机械化、蒸汽机械化两次技术革命的英国，受困于旧技术经济范式的锁定效应，被更加适应电气化新技术经济范式的美国、德国“蛙跳”式超越。目前的所有发达国家，是通过“第二种机会窗口”在英国之后相继跃入发达国家行列的。

佩蕾丝提出的“两种机会窗口”理论，属于“技术—经济范式”的演化理论，[①] 为我们揭示了18世纪70年代以来人类社会发展的规律性。而文化产业的发展（19世纪机械复制作为“新组件”构成第一次复制技术域结构深化后），显然也应在此“技术—经济范式”的覆盖之下。这就意味着，始于20世纪90年代中期的“数字复制”与全球文化产业阶段，是文化产业一个新的“技术—经济范式”的启动，目前世界正处于这一新技术体系发展的早期（“域”结构深化早期）；而且，从上述进入“数字复制”新技术体系的速度绩效等方面看，我国文化产业已具备实现“蛙跳”的可能性。

要抓住机遇，促成这种可能性变为现实，政府相关部门显然应在文化产业生产要素、产业结构提升方面做更多的工作。

例如，当前文化产业最重要的生产要素是创意劳动，而加强教育、培训以激发“数字原住民”（在我国一般指“90后”）的创意能力，[②]

---

① ［美］佩蕾丝：《技术革命与金融资本：泡沫与黄金时代的动力学》，田方萌等译，中国人民大学出版社，2007，第21页。

② 著名教育游戏专家Marc Prensky于2001年首次提出“数字原住民”（Digital Natives）和“数字移民”（Digital Immigrants）概念，将那些在网络时代成长起来的一代人称作“数字原住民”。

无疑有助于提升此要素禀赋。另外，随着年轻人开始在文化消费市场上占据主导地位，进入其内生性文化视野当中，而不是用“数字移民”的文化视野来臆测其指向，越来越成为当下文化产品扩大市场占有率的重要因素。当“90后”能够把“二十四史”及浩繁“野史”中丰富的中国故事，精致地转化成其喜闻乐见的文化产品（如动漫、游戏等）时，我国文化产业的要素禀赋和市场（包括国内、国际市场）将会出现一种不一样的景象。

再如，在为文化产业结构升级提供正外部性方面，科研的作用越来越凸显，所以宜充分利用现有政策性资金（如“国家文化产业发展专项资金”等），鼓励“数字复制”与全球文化产业阶段新技术体系相关知识的传递和商业应用。具体来说，可资助文化产业相关研发项目，支持定期举办政、产、研多方参与的国家级高端论坛，为有关新知识的扩散和向商业转化建立渠道。

（二）“比较优势”理论：我国的比较优势在于人工、数字复制两个阶段的内容及“规模”等

在研究发展中国家经济增长问题的过程中，林毅夫与其合作者提出了“比较优势”战略理论：“一国最具竞争能力的产业、技术结构（或产业区段）是由其要素禀赋结构决定的”；“遵循‘比较优势’发展，会使整个经济具有竞争力、经济发展速度加快，资本积累的速度将远高于劳动力和自然资源增加的速度，要素禀赋结构也会得到较快的提升。”①

那么，我国文化产业的“比较优势”在何处呢？

麦克卢汉曾指出：“任何‘媒介’的内容都是另一种媒介。文字的

---

① 林毅夫、孙希芳：《经济发展的比较优势战略理论——兼评〈对中国外贸战略与贸易政策的评论〉》，《国际经济评论》2003年第6期。

内容是语言，正如文字是印刷的内容，印刷又是电报的内容一样。”[①] 莱文森则进一步指出：“过去的一切媒介是因特网的内容”。[②] 而任何复制技术，从文化传播环节来看，其实都是一种媒介。这样，麦克卢汉、莱文森上述论断的一个推论就是：如果说文化产业是内容产业，那么过去各种复制技术所定义的文化市场发展诸阶段所创造的内容，都是当下“数字复制”与全球文化产业阶段文化产业的内容。

基于本文以复制技术域的演进为线索，对现代文化市场形成过程中四个发展阶段的分析，当下中国文化产业的内容特点呈现为：“人工复制”与前现代供养制阶段内容在世界范围内有比较优势；“机械复制”与文化产业阶段、“电拟复制”与地缘文化产业阶段的内容和先进国家相比比较落后；而“数字复制”与全球文化产业阶段的内容又一次具备了领先的基础。

上述推论，在我国近年大力推动的中华文化“走出去”工作中，得到了相当程度的实践印证。我国文化产品“走出去”后真正能有“市场”的，主要是“人工复制”与前现代供养制阶段的内容（或其依托不同阶段复制技术的转化形式），如介绍气功、中医、菜谱、旅游景点等内容的图书，舞剧《丝路花雨》[③]，杂技综艺舞台剧《龙狮》[④] 及传统戏曲等[⑤]，这些都是能够展示深厚传统文化积淀的演艺项目。

而且，我国在“数字复制”与全球文化产业阶段的内容也开始具

① 〔加拿大〕麦克卢汉：《媒介即时讯息》，单世联编选《文化产业研究读本（西方卷）》，上海人民出版社，2011，第304页。

② 〔美〕莱文森：《数字时代麦克卢汉——信息化新纪元指南》，社会科学文献出版社，2001，第53页。

③ 刘玉琴、胡妍妍：《丝路飘落花和雨》，《人民日报》2011年12月22日，第24版。

④ 孙奇茹、王国平：《“龙狮”缘何“舞动”欧美?》，《光明日报》2011年10月9日，第1版。

⑤ 赵少华：《中国文化走出去：左手传统，右手创新》，《人民日报》（海外版）2010年3月22日，第7版。

备一定的竞争力。例如，“2011 国际数码互动娱乐展览会，苏州蜗牛推出了全新 3D 网络游戏产品《九阴真经》。目前，该游戏已在全球 20 多个地区完成版权销售，分成收入保守预估将超过每年 2000 万美元。”[①] 再如，“截至 2011 年底，中国知网累计出口实洋超过 4300 万美元，2011 年出口收入达到 730 万美元，占全国出版产品出口总额比例超过 23%”。[②]

这就客观上要求我国的大、中、小型优势文化企业，要将内容生产向中华文化在“人工复制”与前现代供养制阶段内容的转化、再造（类似韩剧《大长今》所做的工作），及在“数字复制”与全球文化产业阶段内容的创作、传播（如我国一些优势游戏企业目前所做的工作），做方向上、结构上的倾斜。只有如此，才能为中华文化形成实在的“软实力”，并真正地“走出去”，奠定产品和市场基础。

另外，在“数字复制”与全球文化产业阶段，“规模”作为一种竞争因素的地位越来越高，像前述“信息受众量”本位、迈特卡尔定律等均与“规模”因素息息相关。所以，宜尽快组织政、产、研各方力量，加大力度充分利用、转化我国网民数世界第一等诸多“规模”方面的比较优势。这方面有值得我们借鉴的榜样，如在“电拟复制”与地缘文化产业阶段，美国正是利用其世界最大电影市场的“规模”比较优势，一方面有能力在国内市场收回高额的电影生产成本；另一方面有余力以低价倾销的方式支配国际市场；结果，在 1979 年，非社会主义世界电影租金毛收入的 70% 以上，都进了美国的腰包。[③]

① 薛颖旦、徐宁：《文化走出去，赢得共鸣更要赢市场》，《新华日报》2011 年 10 月 13 日，第 A02 版。

② 王玉梅：《中国知网：推动学术文献规模走出去》，《中国新闻出版报》2012 年 3 月 23 日，第 3 版。

③ 〔美〕赫斯蒙德夫：《文化产业》，张菲娜译，中国人民大学出版社，2007，第 222 页。

（三）“价值链”理论：生产性、消费性文化服务业价值链应水平最大化、垂直最小化

在研究与企业相关的竞争和战略时，波特提出了“价值链”概念：“企业的价值链是一个交互依存的活动系统，由联结点衔接。当执行某项活动的效益会影响其他活动的成本或效益时，联结点就会出现，并造成原本应该形成最大效应的个别活动出现取舍效应”。[①] 此后，许多经济学家指出，价值链不仅存在于单个企业之内，还可将“价值链”概念扩展至行业价值链、产业价值链等。

从价值链的角度来观察，前述百度超越央视，及以起点中文网为核心的“盛大文学”能在众多文学类出版社、杂志社生存艰难之际高速发展等现象，可在相当程度上得到解释。

央视对其广告客户的“门槛”要求相当高，所以其广告服务只面向部分行业的部分机构——基本是大型机构；而百度对其广告客户几乎没有“门槛”要求，所以其广告服务是面向所有行业的所有机构。在更多的价值链条上找到了自己的位置，无疑是百度的广告收入能超越央视的主要原因。所以，在“数字复制”与全球文化产业阶段，央视、百度这类文化企业的价值链条，应“水平最大化”，即将跨行业、跨企业、跨商品的水平价值链最大化，面向所有行业的所有机构提供服务。

文化产业可分为生产性文化服务业、消费性文化服务业。前者是指主要通过提供中间性产品，满足生产性需求的文化服务业，如创意设计、广告会展业等；后者是指主要用来满足人们最终消费需求的文化服务业，如出版、演艺业等；所以，同样以广告为主营业务收入的央视和百度，都应属于生产性文化服务业（当然，央视从意识形态等其他角度看，还有更为复杂的性质）。而由于央视可算作“电拟复制”与地缘

---

① 〔美〕波特：《竞争论》，高登第、李明轩译，中信出版社，2003，第72页。

文化产业阶段的典型代表，百度可算作“数字复制”与全球文化产业阶段的典型代表，所以比较两者价值链的不同，对探讨当下生产性文化服务业的价值链走向具有典型意义——生产性文化服务业价值链应“水平最大化”。

另外，因为同样以将文学原创纳入产业为主业，所以文学类出版社、杂志社和以起点中文网为核心的“盛大文学”，都应属于消费性文化服务业；文学类出版社、杂志社可作为“机械复制”与文化产业阶段的典型代表，以起点中文网为核心的“盛大文学”可作为“数字复制”与全球文化产业阶段的典型代表；这样一来，比较两者价值链的不同，对探讨当下消费性文化服务业价值链的发展趋势也具有了典型意义。

从垂直价值链的环节来看，文学类出版社、杂志社的产品送达消费者，都要经过分销商、书店等中间环节；而在起点中文网等文学网站，创作者则直接面对消费者，绝大部分中介环节被取消了。从对产品内容起主导作用的角色来看，文学类出版社、杂志社的产品内容由创作者、生产者（编辑等把关人）主导，即出版社、杂志社生产什么，消费者就只能读什么；但起点中文网等文学网站的作品内容则由消费者主导，即只有消费者爱读的内容题材，创作者才有机会去创作。目前创作主要集中于玄幻、仙侠、言情、军事等有限的通俗题材，其产品表现出针对年轻“数字原住民”的显著的“定制”特征。上述差异很好地解释了在众多文学类出版社、杂志社生存艰难之际，“盛大文学”却能高速发展的现象。可见，当下消费性文化服务业价值链的核心趋势之一——“垂直最小化”，即创作者直接面对消费者生产“定制”产品，中间环节被最小化了。

所以，打破国有、民营界限，以法律、法规等政策资源，扶持若干像百度一样的生产性文化服务企业价值链“水平最大化”，及若干像起点中文网一样的消费性文化服务企业价值链“垂直最小化”，以促进我国文化产业占据产业价值链先机，尽快形成我国具有先进商业模式的大型文化企业集团；同时，注意引导大量中小文化企业进行适合自己的专业化选择和转型。这是促成我国文化产业“蛙跳”亟待采取的措施。

（宋革新，中国社会科学院哲学研究所博士后、中国轻工业出版社编辑；张晓明，中国社会科学院哲学研究所研究员；章建刚，中国社会科学院哲学研究所研究员）

论国际传媒产品文化差异减少的生产模式*

模式就是从不断重复出现的事件中发现和抽象出的规律，是解决问题形成经验的高度归纳总结。核心地讲，模式是解决某一类问题的方法论，是从思维上提供一种理论方法，不是具体操作的程序。它具有宏观性、指导性与前瞻性等特征。有了模式的指导，生产者在具体的生产实践中，就会根据实际情况制定优良的设计方案，以达到事半功倍的效果。传媒生产模式就是在生产传媒文化产品过程中的具有规律性总结的指导方法，它能规整传媒产品的本质、特征、定位与指向，以避免生产的无效率。对于中国传媒产业而言，在针对国外市场（尤其是欧美等发达国家市场）而进行的传媒生产中，减少文化差异的生产模式较多，本文主要剖析以下三种，即“ABC”模式、“混搭”模式与“纯通适文化”模式。

一　“ABC”模式

此处 ABC 是 American Born Chinese 的缩写，中文意思是香蕉人。

* 本文系中央文资办文化产业重大课题子课题“影视产业走出去与国家全球文化战略”研究成果。

最初意指出生在美国的华人。这些移民后代自小就受美国文化、美国教育的熏陶，其思维方式、价值观是完全美国化的，徒具中国人黄皮肤、黑头发的外形而已。现在，这个概念泛指海外华人的第二代、第三代子女，即在人种特征上具有华人形貌，而持有其他国家的文化价值观的华裔，都称之为香蕉人。“黄皮其外、白瓤其内”“黄皮白心”“夹缝中的人”“中文盲”、“边缘化”等是对ABC描述最多的词语，带有一定的贬义。石瑞勇认为，“香蕉人的主要特征可以概括为‘外黄内白’、‘外中内西’。这些年轻华裔都具有中国人的血统和特征：都是龙的传人，一样的黑头发、黑眼睛、黄皮肤。他们却只会说英语，信仰美国社会的价值理念，长着一颗‘白心’”。①

潘荣成对《上海之吻》中的香蕉人Liam Liu进行了分析，认为其矛盾之处就是文化身份的冲突问题。作为具有中国人特征的人却具有西方文化思维方式，结果都不被两种文化的人接受。由此说明文化身份的重要性，尤其是作为核心部分的思维方式与价值观。正如斯图亚特·霍尔在《文化身份与族裔散居》中所说，文化身份一方面代表一种共有的文化，反映共同的历史经验和共有的文化符码，有一定的稳定性、相似性和连续性；另一方面，它又具有不稳定性、差异性和断裂性。“种族、阶级、性别、地理位置影响‘身份’的形成，具体的历史过程，特定的社会、文化、政治语境也对‘身份’起着决定性作用。”② 当然，香蕉人在文化身份上并不是非此即彼的，他们虽然具有西方文化价值观，却很难成为真正的西方人。比如《喜福会》中林冬所说，“华裔移民都有两张‘面孔’，这两张面孔代表了华人的双重身份：既非中国人，也非真正的美国人；或者正好相反，既是中国人，又是美国人”。③

本文对ABC的分析，并不是从社会学角度来研究香蕉人的文化认

① 石瑞勇：《华裔“香蕉人”现象剖析》，《当代青年研究》2008年第2期。

② 潘荣成：《从〈上海之吻〉谈香蕉人的文化身份问题》，《电影文学》2011年第7期。

③ 张静：《探讨美国华裔文学中“香蕉人”的文化认同》，《现代交际》2011年第3期。

同矛盾问题，而是想从中提炼一些思路，成为传媒产品“ABC”生产模式的理论基础。首先，文化价值观是判断一个人群体归属的标准，而非血统、人种特征。我们看到，尽管华裔在外观上与中国人并无二致，但他们却没有任何中华文化因子，说的是西方语言，拥有的是西方文化价值观，属于地地道道的美国人。其次，ABC也有好处，可以成为中美两国文化交流的中介与桥梁，他们既非纯粹的美国人，也非传统意义上的中国人。但是，他们的双重特征，可以减少国际交流中的文化差异，有利于不同文化价值观的相互认可。

为此，笔者所说的“ABC”生产模式，是指在产品的核心精髓上，体现的是产品输出国的文化价值观；在产品的形式甚至内容上，可以完全是东道国的文化血统与特征。从语言、历史与习惯、故事题材到内容呈现的生产者等，都可以是东道国的。这样，传媒文化产品就可以最大化地减少文化差异的障碍，为东道国消费者所接受。在消费者的不断接受中，实现东道国受后对产品输出国文化价值观潜移默化的认可。这种生产模式，不仅适用中国生产者，也适用世界各国。凡是在文化价值观与产品形式或内容上刚好分属输出国与东道国的生产，我们都可以称之为“ABC”生产模式。

这种生产模式成功的案例较多，主要被美国等西方国家运用，中国尚未出现这种生产模式的成功案例。《功夫熊猫》《末代皇帝》就是这种模式的成功案例。在《功夫熊猫》中，文化元素、故事题材等都取自中国。熊猫是中国的国宝，功夫（虎、鹤、蛇、猴、螳螂）是中国传统的武术文化，还有风景、饮食（包子与面条）、风俗（舞龙和放鞭炮）、名字阿宝、神龙大侠等，都是中国文化元素，是正宗的“黄皮”，但其体现的却是美国的思维方式与文化价值观，表现的是美国人的自主、自立、自信的独立精神和典型的美国式的个人英雄主义的“白心”。但是《功夫熊猫》凭借这个“黄皮”进入中国市场，几乎没有文化差异障碍，不仅获得巨大的经济效益，而且实现了美国文化的对外扩张。据统计，《功夫熊猫1》以1.9亿元人民币[①]，在2008年的进口片排行榜上高居首位；《功夫熊猫2》更是乘势而上，以6亿元人民币的票房收入[②]，在2011年上半年所有上映影片中独占鳌头。

《末代皇帝》也是“ABC”生产模式的典型，影片几乎是纯粹的中国元素，但是，却没有传播中国真正精髓的优秀文化价值观。观众看到的是丑陋的中国人的形象，体现的还是西方人傲慢、高人一等的文化价值观。《花木兰》《国王与安娜》等影片也是如此。此外，好莱坞还有很多文化素材来源于其他国家的影片，如《木乃伊》是来自埃及文化，迪士尼出品的《小美人鱼》《卖火柴的小女孩》是改编自丹麦作家安徒生的童话，《寻找理查》《罗密欧与朱丽叶》《哈姆雷特》则是改编自英国戏剧家莎士比亚的作品。这些影片毫无例外都体现美国文化价值观这个“白心”，借用东道国文化这张“黄皮”，减少了文化差异障碍，获得了经济效益，同时也实现了美国文化价值观的扩张。

对于中国传媒业而言，在运用“ABC”生产模式作为方法论，进行传媒生产的实践时，要确保一个前提，即不论使用多少东道国文化元素，必须是“中国制造”的传媒产品，这样才能促使中华文化价值观得到东道国消费者的最大认可。

二 “混搭”模式

“混搭”一词来源于服装时尚界，英文原词为Mix and Match。其意是指把各种以往不可能出现在一起的风格、材质、色彩等时装元素搭配在一起，以形成新的和谐整体。“混搭”似乎有点无厘头，但它是主题

---

① 数据来源于人民网，http：//henan. people. com. cn/news/2009/01/07/354562. html，2011年11月29日。

② 数据来源于新华网，http：//news. xinhuanet. com/ent/2011 - 07/13/c_ 121658518. htm，2011年11月29日。

的。围绕这个主题，进行自由与个性化创新，以期混合出多样化的效果，创造出意想不到的、彰显个性与丰富视觉效果的潮流作品。在服装时尚界，皮草混搭薄纱、晚装混搭牛仔、男装混搭女装、朋客铁钉混搭洛丽塔长裙等，已是司空见惯。韩国的叠穿法被称作“混搭”哲学的基础课程，它的核心主要是穿出节奏感。

实际上，“混搭”现象并不是现代人发明的东西，也不是仅限于服装时尚界。它自古就有，并且充斥于建筑、艺术、运动、传媒、计算机、饮食等各个领域。“混搭”也被扩展为将传统上由于地理条件、文化背景、风格、质地等不同的元素进行搭配，组成有个性特征的新组合体。

在时间上，中国古代社会就存在“混搭”现象，郑板桥擅画竹，在以竹子为主题的画中，经常混搭上兰草、岩石等物；旧社会穿中式服装戴礼帽拄文明棍的也常有。在空间上，各个行业“混搭”的现象随处可见。在建筑方面，有人民大会堂、北京的民族文化宫等，尤其是各地的中欧结合的房地产楼盘，更是“混搭”的天堂。在音乐方面，中英文杂陈的歌曲比比皆是，经典的有《北京人在纽约》的主题曲，当人们听完“在梦里你是我的唯一”时，接下来的“Time and time again, You ask me”，使听者如饮甘露，欣喜无比。在绘画方面，徐悲鸿的作品，把中西结合的优势发挥得淋漓尽致。在戏剧方面，云南与俄罗斯合作的芭蕾舞剧《小河淌水》，把少数民族的音乐和故事与俄罗斯的芭蕾舞完美混搭在一起，以不朽经典成为“中俄国家年”的重点项目；国家大剧院的歌剧《西施》，把西方歌剧与中国古代绝色美女西施的题材混搭在一起，使该剧成为大剧院的保留节目；由港金集团打造的百老汇舞台剧《梦·云南》，把百老汇与云南民族文化，时尚的艺术表现形式（如踢踏舞）、国际一流的舞台技术效果和现代交响乐、电子乐与民族音乐，美国人与中国人，美国飞虎队老兵与中国抗战等进行混搭，赢得了观众认可，成为在云南艺术剧院长期演出的剧目。在运动方面，“无论是项目混搭，有氧无氧混搭，还是动静混搭，都更具趣味性和全面性，可以同时具备塑形、减脂、增肌、健体等效果”。① 在语言方面，“引进阿拉伯数字却用汉语数字的读音，用拉丁字母作为汉语拼音符号，口语和文章中夹杂诸如引擎、马达、康拜因、拷贝、沙发、席梦思、WTO、GDP 等外来词汇和外文字符，香港人说话则是直接夹杂英语”，这都体现了混搭的效果。② 在计算机方面，“代表了互联网应用方向的云计算混搭上火热的移动互联网，被称作破坏性创新的云计算，在宽带移动互联网上，将成为一种绕不开的趋势”。③

在传媒方面，2009 年《义乌商报》改版，学者指出“都市风情版是时尚感 + 本土化 + 服务性的一个混搭”④，认为“混搭”是县市报时尚报道的王道。哈文的《咏乐汇》，把访谈、娱乐、人生等混搭在一起，网友评价说“四不像”，李咏说“四不像的也有个名字，叫麋鹿，我的这个节目就叫跨界，‘混搭’也是一种风格”。⑤ 美国的电视娱乐节目也是“混搭”的乐土，*Jon and Kate Plus 8* 是纪录片与娱乐的混搭，是以一对生育了 8 个孩子（一对双胞胎、一组六胞胎）的夫妻（韩国丈夫、美国妻子）为主角，记录他们的家庭生活。“娱乐本身并没有法则，从某种程度上说，一切皆可娱乐。大胆跨界、创意混搭，多元化引进节目制作的风格与元素，已是综艺节目不可忽视的生存之道。”⑥ “英国电视业中的‘MIX&MATCH’十分盛行，跨界寻找灵感的电视节目给人耳目一新的感受，也获得了成功。主要是娱乐元素与严肃题材的混搭，包括娱乐元素‘混搭’新闻调查，代表作有‘Watch Dog’；娱乐元素

① 吕斌：《运动混搭更时尚更健美》，《保健医苑》2008 年第 10 期。

② 百度百科，http：//baike. baidu. com/view/195381. htm，2011 年 11 月 29 日。

③ CNSN：《互联网混搭云计算：破坏性创新时代》，《电子商务》2010 年第 5 期。

④ 陈颖颖：《县市报时尚报道：“混搭”才是王道》，《新闻实战》2011 年第 4 期。

⑤ 赵允芳：《“混搭”也是一种风格》，《传媒观察》2009 年第 5 期。

⑥ 万莉：《融合、混搭与多元化：美国电视娱乐节目发展的启示》，《视听界》2010 年第 1 期。

'混搭'纪录片，代表作有'Pineapple Dance Studio'；娱乐元素'混搭'科普节目，代表作有'Spring Watch'"。[①] 电影业上，美国梦工厂的《牛仔和外星人》，也是西部片与外星人故事的"混搭"之作，正如编剧罗伯特·奥希所说，"这是2011年夏天最独特的电影，既不是漫画超级英雄题材，也不是续集大片，你无法忽视影片用'混搭'注册的片名，这会是二十世纪五十年代B级片能够实现的最好版本，影片将西部与科幻片两种类型片的元素精妙地合二为一"。[②]

除了以上所述不同行业之内的"混搭"外，行业之间也颇多"混搭"。以传媒为例，美国整体流行"混搭"风。[③] 拉斯维加斯太阳马戏团cirque du soleil水秀，将传统歌舞秀和高台跳水、花样游泳等奥运比赛项目加以结合，是歌舞与高难度体育表演项目的混搭。纽约1频道进行电视与电台的混搭，在众多大台、大制作的挤压下仍生存得很好。《纽约时报》成功实施了与电视、网络的混搭。视频网站Hulu，是迄今为止传统电视、电影工业与互联网接轨最成功的案例。这些混搭，为传媒业发展提供了新的方向与空间。

喻国明认为，对于中国传媒业来说，跨界与"混搭"是拐点之后最令人振奋的一种发展业态。"'跨界'是对固有的业态边界的打破：传播者角色的跨界、传播渠道的跨界、传播内容的跨界、产业资源的跨界、媒介市场的跨界……'混搭'是（指）人们在传播要素、市场要素的使用和配置上产生了一系列跨界之下的令人耳目一新和深具想象空间的种种搭配模式。其价值在于：一是激活原有的'沉默价值'，形成范围经济的服务格局；二是拓宽原有的市场边界，谋取更大的市场版

① 赵薇薇：《英伦电视节目的混搭之风》，《视听界》2011年第3期。

② 电影发疯：《变陈腐为诡谲：神马混搭出位之作》，《电影世界》2011年第4期。

③ 万莉：《融合、混搭与多元化：美国电视娱乐节目发展的启示》，《视听界》2010年第1期。

图”。[①] 从艺术审美来看，“‘混搭’在社会学的视角下是短暂的，也是模糊的。设计师如何能够为他的作品贴上‘混搭’标签，显然需要一定的设计艺术功底和创作力。从艺术纯与不纯双向的角度来思考，‘混搭’就是要呈现‘混沌’之美”。[②]

对于传媒业而言，要采取“混搭”的生产模式，需要注意以下几个问题。

第一，“混搭”是有基调的组合与搭配。“‘混搭’是有纪律的狂想，看似漫不经心，实则出奇制胜。混搭虽然是多种元素共存，但不代表乱搭一气，也就是说设计师是否能用混搭的方式来造境成功，关键还是要确定一个有‘基调’的混搭，以一种风格为主线，其他风格做点缀，分出有轻有重，有主有次，才能成功地造境”。[③] 对于中国传媒产业而言，在国际文化贸易中，其“混搭”生产的产品应该体现中国基调。

第二，构成“混搭”的材质无远弗届。顾名思义，之所以需要进行混搭，是因为同类材质已不能进行有创新的生产，无法生产出满足消费者需求的产品，必须不拘一格，借用各个领域不同（甚至是截然不同）的材料与元素进行组合，达到意想不到的结果。

第三，“混搭”追求开放与创新，不循规蹈矩。“混”就意味着对所有既成规则的突破与解构，“搭”意味着通过一个主基调把这些看似无序的材质联结起来。在传媒文化生产中，只有不断推陈出新，才能生产出消费者喜闻乐见的产品。

第四，“混搭”对不同材质的构成数量是有所限制的，这些有限的材质要体现自己的个性风格。服装时尚中的“混搭”，一般不超过四种元素。正如喻国明所说，“时尚界人士告诫我们，要依据自己的情况和

① 喻国明：《跨界的发展与混搭的价值》，《新闻战线》2011 年第 2 期。

② 夏杰：《“混搭”审美》，《消费导刊》2009 年第 3 期。

③ 夏杰：《“混搭”审美》，《消费导刊》2009 年第 3 期。

个性来选择混搭的模式，搭出自己的风格是最好的，并且色彩搭配全身上下最好不要超过三种颜色，要不就成调色板了。做时尚是这样，做传媒也是这样”。[①]

第五，对于传媒文化业来说，创意是把“混搭”材料整合成和谐体的主线。传媒生产面对的文化元素极其丰富，全世界的精神财富都可以为我所用。如何把文化元素和劳动者混搭在一起，需要在考察研究这些文化元素的基础上，产生一个能把它们聚集起来的创意，用创意这根主线把所有材质混搭在一起。

第六，国际传媒产业的“混搭”不仅是为了创新，更重要的是为了减少文化差异。在一国传媒生产中，譬如美国娱乐节目，其之所以采取“混搭”生产模式，是围绕传媒发展“问题单”解决方案的种种创新，是对传播要素与市场要素进行无界限的组接与整合，以新产品满足消费者不断上升的精神需求。对于国际传媒生产来说，这只是一个基础。“混搭”更重要的目的是把不同国家的传播要素、市场要素进行联结与组合，造成你中有我，我中有你的态势，从而减少文化差异，实现东道国消费者对输出国文化价值观的最优化认可。

有鉴于此，对于国际传媒产业而言，“混搭”生产模式主要有以下几种类型。

（一）劳动者+劳动者

此种“混搭”类型以及以下两种混搭类型，都有一个共同的前提，即不同国家材质之间的混搭，至少是两个国家（包括产品输出国与东道国），当然也指两个以上国家。事实上，说得更确切些，应该是不同文明之间的混搭。之所以这样说，是因为我们侧重的是文化价值观的认可，这并不否定每个国家独立的文化特性。“文明是放大了的文化，与

① 喻国明：《跨界的发展与混搭的价值》，《新闻战线》2011年第2期。

文化一样都包括价值观、准则、体制和思维模式。"[①] 根据亨廷顿的看法，目前世界有五种主要文明，即中国文明、日本文明、印度文明、伊斯兰文明与西方文明。以西方文明为例，它主要包括经济发达的欧美国家，只要其中一国的劳动者与非西方文明"混搭"生产，其产品就可以大致适用其他国家。这样一来，便于进行分析研究及生产实践。

劳动者之间的"混搭"是指传媒产品由输出国和东道国劳动者合作生产的。一般来说，凡是人的因素参与生产，都称之为劳动者。首先，可分为个体与集体两类。个体是指单个的人，包括记者、编辑、演员、导演、剧作家、音乐人等；集体是指由个体的人形成的组织，包括报社、电台、电视台、电影公司、发行公司、公益组织、行业协会，乃至政府与国家。其次，"混搭"既可指同一行业个体之间的混搭，如电影演员与电影演员之间的混搭，也可指不同行业个体之间的混搭，如演员与音乐人、演员与导演之间的混搭。最后，集体的"混搭"既指同一媒体公司之间的混搭，如《末代皇帝》就是意大利扬科电影公司、英国道奥电影公司、中国电影合作制片公司混搭制作的，也指不同类型媒体的混搭，如上文说到的纽约时报与电视、网络的混搭，还指媒体公司与非媒体公司的混搭。

对于中国传媒业来说，劳动者"混搭"较为成功的案例如《黄河绝恋》，是由中国演员宁静与美国演员 Paul Kersey 的混搭；《龙争虎斗》是中国演员李小龙与美国导演 Robert Clouse 的混搭；《尖峰时刻》是中国演员成龙和美国演员克里斯·塔克、汤姆·威尔金森与美国导演布莱特·拉特纳的混搭；《金陵十三钗》是好莱坞影星克里斯蒂安·贝尔（蝙蝠侠）与中国著名演员佟大为等的混搭；《2009 魅力·中国鸟巢夏季音乐会》是宋祖英、周杰伦、郎朗、多明戈的混搭；北京 2008 奥运

① 〔美〕塞缪尔·亨廷顿：《文明的冲突与世界秩序的重建》，周琪等译，新华出版社，2010，第20页。

会开幕式主题曲《我和你》是中国歌唱家刘欢与英国歌唱家 Sarah Brightman 的混搭。这些传媒产品，减少了文化差异障碍，有利于东道国消费者的最大化接受。

（二）劳动对象 + 劳动对象

劳动对象是人们把自己的劳动加在其上的一切物质资料。马克思把劳动对象分为两类，“一是未经人的协助而天然存在的自然界物质，如矿藏；另一类是经过人们加工的原材料，如棉花、钢铁等”。[①] 劳动对象是劳动的吸收器，它吸收了由劳动资料传导来的劳动者新追加的劳动，变成了具有新的使用价值和价值的新商品。在传媒产业中，劳动对象可从两个层面去认识。一是指信息（知识）、资讯、广告、娱乐等已经加工过的产品，它们可以通过媒介这个载体进行混搭，最终呈现出来的是不同类型的媒体产品，如图书、报纸、期刊、广播、影视、互联网等。二是指构成信息、资讯、广告、娱乐等的自然物质与人类文化，人类文化包括精神文化、物质文化、制度文化与行为文化，当然，还包括表现这些物质与文化的语言符号，在这些不同类型的文化中，还可以再细分，这里不再赘述。

在国际传媒产业生产中，劳动对象 + 劳动对象“混搭”的案例也比较多。《千万次的问》是中英文不同语言的混搭。《国王与安娜》《李小龙传奇》等是不同国家文化的混搭。央视国际频道等是不同类型新闻、资讯、娱乐的混搭。互联网更是“混搭”的天堂，它集所有内容于一体，但又体现自身的个性特色，如新浪、中国网络电视台、雅虎、YouTube 等。可以说，新媒体将是劳动对象“混搭”生产的最佳表现平台。

---

① 张昆仑：《论劳动对象在生产力决定生产关系中的地位和作用》，《河南大学学报》（哲学社会科学版）1989 年第 3 期。

（三）劳动者+劳动对象

这种类型是劳动者与劳动对象的交叉混搭。它又包括劳动者+劳动对象、（劳动者+劳动者）+劳动对象、劳动者+（劳动对象+劳动对象）、（劳动者+劳动者）+（劳动对象+劳动对象）等不同方式。劳动者+劳动对象是指传媒生产者是输出国的，劳动对象是东道国的，或者相反，总之是不属于同一个国家的。随着国际合作的日益加深，这种方式已不多见。（劳动者+劳动者）+劳动对象，是指不仅有分属输出国与东道国的劳动者和劳动对象的混搭，而且有分属输出国与东道国劳动者之间的混搭，这种方式较多，代表作品如《末代皇帝》《红河谷》《黄河绝恋》《花木兰》等。劳动者+（劳动对象+劳动对象），是指不仅有分属输出国与东道国的劳动者与劳动对象的混搭，而且有分属输出国与东道国劳动对象之间的混搭，如《功夫熊猫》，宋祖英的北京鸟巢、维也纳演唱会等。（劳动者+劳动者）+（劳动对象+劳动对象），是指有分属两国的劳动者与劳动者的混搭、劳动对象的混搭，以及基于这两种“混搭”的混搭。这种传媒“混搭”生产方式是将来发展的趋势。随着经济全球化、文化全球化的深入发展，传媒生产“混搭”将无所不包。

总之，这三种“混搭”类型只是从生产力构成要素方面进行宏观的勾勒，具体混搭形式丰富而精致，不拘一格。但凡在新创意的串联下，把不同甚至截然相反的材质加以混搭，生产出为国内外市场喜闻乐见的传媒产品，减少文化差异，实现东道国消费者最大化接受的目的，我们就可以说，这种生产对于国际传媒产业运营是有效的。

三 “纯通适文化”模式

“纯通适文化”生产模式，是指在传媒产品的生产中，不论是内容形式还是核心精神，其使用的素材全部是本国文化元素，当然，这要保证一个前提，即这些素材必须是表现全人类基本价值观念的文化。也就是说，要使用本国的通适性文化进行生产，从而可以促使传媒文化产品为东道国消费者所接受。虽然通适性文化体现的是全人类的基本价值观，但由于承载这些价值观的材质是中华文化，因此，也能发挥传播中华文化价值观的作用。

那么，什么是通适性文化呢？“越是民族的越是世界的”说明文化具有通适性的一面。[①] 尽管每个国家、民族在自身的历史形成过程中，由于地域、语言、思想、心理的不同，拥有与其他民族不同的丰富灿烂的文化，但这些文化都是人类改造实践的认识与经验。这些认识与经验是普适性的东西，是关于自然与社会的哲学思考。“文学的民族性与世界性是同一枚硬币的两面，是同一事物呈现出的两种属性，而这两种属性又是同一的，即越是民族的，就越是世界的，越是世界的，越是民族的。首先，丧失了民族个性的作品，特别是不优先关怀民族自身的生存与发展的作品，不可能形成对人类的真切关怀。缺少民族个性，便丧失了文学的本质特征。所以，文学的民族特性的发展愈鲜明、愈丰富、愈充分，就愈具有世界性。其次，民族文学唯有置于世界性的文学交流之中，才可能得以发展与繁荣，民族文学的特性才可能得以保存与发扬，才可能以自身的不断发展、丰富，不断成熟而赢得世界意义和世界地位。同理，文化的繁荣是离不开各民族的文化个性的。”[②]

经济效益推动了文化的传播，越是民族的文化，在世界中越拥有市场。无论是在澳大利亚的悉尼奥运会，还是韩国的汉城奥运会以及希腊的雅典奥运会开幕式中，展示最多和最吸引人的并不是高新科技，而是

① 刘建华：《文化安全语境中的民族文化资源与传媒产品》，《新疆社会科学》2011 年第 4 期。

② 《如何理解越是民族的就越是世界的》，http：//wenda. tianya. cn/wenda/thread? tid = 5b8a80ad352e2fca，2010 年 3 月 27 日。

他们所表现的民族文化。2008 北京奥运会的开幕式上，彰显中华民族文化的“长卷”“梦幻五环”“太极”“点燃圣火”“飞天”等为全球观众所喜欢，并产生巨大的社会与经济影响。民族文化一旦进入传播，就会不断向外文化空间拓展，从而产生巨大的经济效益。

民族文化的通适性其实指的是其基本价值，是人类对世界的一般看法与人类生存的基本规律吻合，反映了人类发展各个阶段对自然与社会改造的经验。当然，由于世界民族发展的阶段与进程不同，其民族文化存在两个层面的差异。第一个层面是空间方面的差异，第二个层面是时间方面的差异。也正是这些差异，又成为各民族交流与沟通的基础。

空间层面的差异，是由于地理位置与社会环境的不同，存在活动于其中的人类也因此形成彼此不同的空间，及在此范围内的民族与民族文化。马克思主义人学理论包含着三重空间的思想，它们分别是自然空间、社会空间和历史空间。这三重空间是联系在一起的，构成了人的活动空间的总体。人的空间是由人的活动所建构起来的，或者说，人的空间是存在于人的活动之中和作为人的活动的结果而出现的。人类社会的发展是对人的理想的空间形态的追求，而人对人的空间的建构在何种意义上能够成为自由自觉的活动，取决于对这三重空间的认识。正是因为这三重空间，各个国家与民族之间存在差异，但又必然需要交流和沟通，每个民族的自然空间、社会空间与历史空间的形成发展无非是人类与自然及社会合力的结果，因此体现于其上的各民族文化必然也具有通适价值，为其他民族所借鉴。

时间层面的差异，由于不同国家、不同民族进化与社会发展阶段的不同，导致其对社会的认识处在不同的阶段。这与历史空间有相似之处。有些民族处于人类社会的青壮年时期，而有些还处在童年时期。从全球视角来看，整个人类社会就如同一条小溪般，有些在上游，有些在中游，有些甚至在下游。当然，有些民族的文化具有通适性并不是说其处于人类社会发展的某阶段，而是指其感悟与认识实践的方式独特，有基本的人类价值。就中国而言，在新中国成立之初，全国各族人民处在社会发展的不同阶段，汉民族进入社会主义初级阶段，而在西部地区，如云南的独龙族、傈僳族等，还处在人类社会发展的原始阶段，西藏则处于人类社会的农奴阶段。由于各民族所处社会阶段的不同，因此其对自然与社会的认识就不同，原始社会的民族文化必然是人类原始的文化，如创世纪、神话小说等。于是，一些先进民族的童年文化就可以在原始民族文化中找到活的记忆。从这个意义上来说，如果把不同的民族文化做个拼接，我们就能在同一空间看到人类社会发展不同阶段的文化。也正是这样，各民族文化才具有全球性的通适价值，也才会被传播，为不同民族所接受，从而具有很高的经济价值，有利于彰显本民族的个性与特色，也奠定该民族屹立于世界民族之林的位置。

民族文化的通适性，强调的是一个文化中的某些成分对整个人类社会而言，可以是相通的、适用的。但这和一些理论家所鼓吹的普适（或者“普世”）价值是存在区别的。我们应该从两个方面去观察“普世”价值问题。首先，这个世界并不存在大一统的普适价值观，某些国家总是认为自己的一套观念体系是最适合全人类的，并强迫其他国家采用这套体系，这是不可取也是行不通的。其次，“应当正视某种超越国界、超越民族的普适价值观的存在，重视人类共同的价值追求，这样，可以减少冲突，加强交流，有利于世界团结。当然，保持中华民族价值观的独特性，并不是让自己的文化像古董一样与外界隔离。基本来说，我国在价值观建设方面，需要相机协调民族性与普适性”。[①]

正是因为进行“纯通适性文化”生产，2008 北京奥运会开幕式、2010 上海世界博览会、李小龙系列电影、《卧虎藏龙》《星球大战》《泰坦尼克号》《巴顿将军》《云南映象》《谁动了我的奶酪》《世界是

① 《如何理解越是民族的就越是世界的》，http：//wenda. tianya. cn/wenda/thread？tid = 5b8a80ad352e2fca，2010 年 3 月 27 日。

平的》《于丹论语心得》、谭晶在英国皇家阿尔伯特音乐厅演唱的山西民歌《大红公鸡毛腿腿》等传媒产品，才得以克服文化差异的障碍，畅销世界，在满足消费者精神需求的同时，也起到传播产品输出国文化价值观的作用。

（刘建华，中国社会科学院文化研究中心博士后，中国新闻出版研究院副研究员）

国有文化产业战略布局问题及特殊管理股问题研究

一　国有文化企业战略布局调整问题研究

马克思生产资料所有制理论指出，生产资料所有制决定并支配着人们在生产过程中的地位。从经济体制的角度来说，我国的生产资料公有制决定了在我国文化产业的资本布局中，国有文化资本应占据主导地位；国有文化企业是国有文化资本的基本载体和投入的主要目标，其重要职能在于为社会提供公共文化产品和服务，满足人们多样化、多层次的文化消费需求。同时，根据公共产品理论，由于存在市场失灵，市场在提供公共产品时是缺乏效率的，因此政府需要承担相应的职能，而国有企业是政府直接生产公共产品的依托和载体，对传播社会主义核心价值观，巩固和壮大主流舆论负有公共责任。由于公共文化产品涉及资本、区域、城乡、类型与行业等诸多方面的战略布局问题，因此合理调整我国国有文化企业战略布局，有利于贯彻落实国家文化发展战略和规划，充分发挥国有企业在社会主义文化建设中的引领和引擎作用。

（一）国有文化企业战略布局的现状与存在的问题

近年来，我国国有文化企业得到了迅猛的发展。根据《国有文化企业发展报告（2013）》的统计数据，2003～2011年，国有文化企业数量年均增加446.6家，2012年增加487家，总数逾万家；截至2012年，国有控股文化企业资产达1.69万亿元，实现利润677亿元，资产收益率为3.5%，主营业务收益率为0.2%。同时，文化产业作为重要的产业部门，将成为我国新的经济增长点和支柱产业。根据北京大学文化产业研究院发布的《2014中国文化产业年度发展报告》，2013年中国文化产业增加值预计2.1万亿元，约占GDP的3.77%，对社会经济的拉动作用进一步加强。

但是，目前我国国有文化企业在战略布局上还存在着诸多问题。第一，国有文化企业的盈利能力与资产规模不相符。国有文化企业的资产规模虽然较大，但利润较低，没有起到国有企业应有的排头兵作用；截至2012年，我国文化及相关产业资产总计5万亿元，营业利润共计3499亿元；其中，国有控股资产为1.69万亿元，占比34%，而其营业利润为677亿元，占比仅为19.34%。与之相对应，私营控股资产为1.56万亿元，占比31%，其营业利润为1440亿元，占比达到41.15%。相比于私营文化企业，国有文化企业的盈利能力与其资产规模明显不相符。第二，国有文化企业的创新能力不足。创新能力不足是国企的通病，在我国规模以上文化制造企业中，有2116家企业开展了R&D活动，其中国有控股文化企业仅占6%，远低于私人控股公司的62.75%，参与研发活动的积极程度不高。第三，国有文化企业在文化产业的具体领域分布不均衡。目前国有文化企业主要集中在新闻出版等传统领域；在文化的新业态中，国有企业占比较低，有些几乎是空白，如全国99.9%的动漫公司都以民营为主，而网络游戏、视频网站这些领域中甚至没有国企的影子；国有文化企业在新兴产业领域的疲软局面会严重制约其未来的发展。第四，国有文化企业的营业收入地区分布不均衡。与经济发展相同，国有文化企业的布局也呈现出“东高西低”的态势，这在人均营业收入上体现得最为明显：在全国各地区的人均营业收入中，上海（318 万元/人）显著高于其他地区，北京、广东、安徽、山东等五个地区高于全国平均水平（132 万元/人），人均营业收入东西部差距巨大。可以看出，现阶段我国国有文化企业布局不合理，迫切需要对国有文化企业的战略布局进行调整。

（二）国有文化企业战略布局调整的分析框架

从以上国有文化企业战略布局的现状与存在的问题可以看出，国有企业布局涉及资本布局、区域布局、城乡布局、类型布局和行业布局，对于这些布局的合理性可以从宏观、中观和微观三个层面衡量。首先，在宏观层面上，功能布局是指对全体国有文化企业在经济功能和社会功能中的倾向性，即国有文化企业是以经济利益为主要目的，还是以提供公共文化产品和传播社会主义核心价值观为主要目的；空间布局包括国有文化企业的区域布局和城乡布局；类型布局是指在全体国有文化企业中，中央大型企业与其他企业的比例。其次，在中观层面上，资本布局是指在文化产业中国有文化企业中的国有资本占据的地位以及国有资本与私人资本的比例关系；环节布局是指国有文化企业在文化再生产各环节中的资本和数量分布；行业布局则是指国有文化企业在文化产业各行业（如传媒、动漫和网游等）的资本和数量分布。最后，在微观层面上，只涉及资本布局和行业布局，其中资本布局解决的是企业内部的资本结构问题，即企业是实行完全公有制还是混合所有制；行业布局是指企业的经营范围问题（见图 1）。

（三）国有文化企业战略布局调整的指导思想与主攻方向

中国文化领域正在发生深刻变革，在新的形势下，国有文化企业在发展产业和繁荣市场方面应发挥主导作用。这种主导作用体现在其特殊定位：一方面，国有文化企业是贯彻国家文化发展战略和规划的执行者；另一方面，国有文化企业是文化市场经济变革和发展的引擎。由于

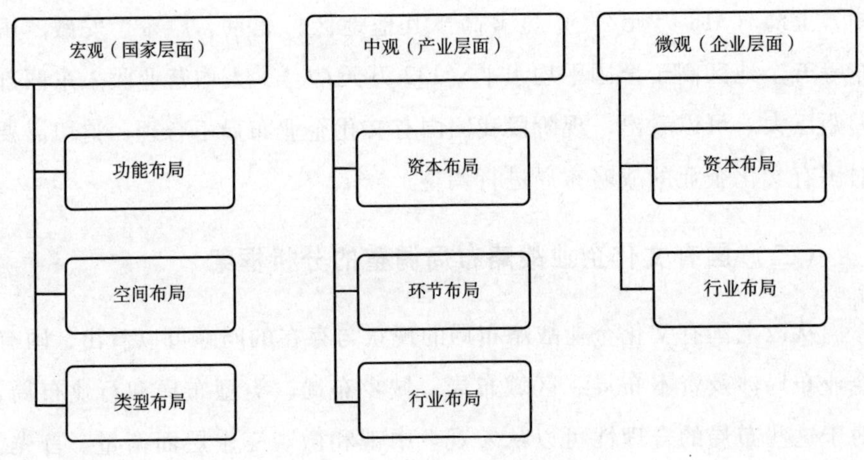

图 1　国有文化企业战略布局

信息传播具有快速度、远距离、广覆盖的特点，文化产品在时间和空间上的影响被急剧放大，可能对某一社会群体甚至整个社会产生强烈的正外部效应或负外部效应。因此，国有文化企业应具有引导舆论，引领文化发展方向的职能。文化产业作为重要的产业部门，未来将成为我国新的经济增长点和支柱产业。国有文化企业作为国有文化资本的基本载体和投入的主要目标，应当担负起提供更多的公共文化产品和服务，满足人们多样化、多层次的文化消费需求，推动社会主义文化繁荣发展的使命。

当前，我国国有文化企业布局不合理，需要进行战略调整，主要有以下两个主攻方向。一是集约化发展。文化产业发展的市场活力来自中小文化企业，但文化产业发展方向和整体实力则取决于规模文化企业；应打破国有文化企业地区间封锁和行业间壁垒，引导文化资源和要素向优势企业适度集中，推动国有文化企业跨地区、跨行业、跨所有制兼并重组及融资上市。二是战略布局新兴业态。文化产业新业态是在原有业态自我扩张和融合其他产业（尤其是互联网产业）的基础上形成的，如网络视听、数字出版等。国有文化企业布局战略新业态，需要在人才、技术、内容、资本四方面实现突破。

（四）国有文化企业战略布局调整的前提条件

国有文化企业战略布局的调整与国有文化资产管理体制密不可分，国有文化资产的管理体制决定着国有文化资本战略性调整的方式与方向，也决定着国有文化企业战略布局调整的承载主体与实施能力。目前，我国现行国有文化资产管理体制存在一系列问题，主要体现为政府职能交叉，权责利不明；管理条块分割，融资受阻；政企不明，管办不分；出资机构不明确；监管法律缺失，政策缺乏保障等。因此，国有文化企业战略布局合理调整需要具备以下前提条件。第一，完善文化管理体制。合理协调政府内部涉及文化资源的各个机构之间的关系；推动党政部门与所属文化企事业单位理顺关系；建立党委领导、政府管理、行业自律、企事业单位自主运营的文化管理体制；理顺文化行政部门与所属文化企业、事业单位的关系，推进政企分开、政资分开、政事分开、政府与市场中介组织分开，实现政府从“办”文化向“管”文化转变，由直接管理向间接管理转变。第二，推进产权制度改革。明确改革的大方向是国有文化资产管理的企业化和市场化，改革的着力点则在于产权制度的改革，明确产权主体，完善法人治理结构，建立现代企业制度；规范政府职责权限，避免政企不分和政府过多干预国有文化企业经营活动的情况，促进国有文化资产的市场化发展。第三，推动国有文化企业公司制改造。推动国有文化企业的公司制改造，抓紧建立和完善能够适应市场需要的企业法人治理结构；完善国有文化资本出资人制度和运营体制；按照国有文化企业负责人承担的责任、取得的业绩等进行合理的评价，体现差别，逐步杜绝“高水平大锅饭”现象。第四，建立国有文化资产保障机制和监督机制。完善国有文化资产管理保障机制，首先要加大文化立法力度，形成与国家法律法规相互配套、协调统一的国有文化资产管理的法律框架。建立党委和政府监管文化资产的管理体制；充分运用法律制度、社会力量等多种手段加强对监管机构、国有文化企事业单位的监督。第五，文化传承环节的合理分配。中央文资办主任高书生（2014）指出，从社会再生产引申提出文化传承是文化再生产的过程，可分为创作、生产、传播和消费四个环节，它们相互依存，互为条件；国有文化企业应理顺各个环节之间的关系，在这四个环节上进行合理分配，形成良性互动，从而引领并推动各个环节的发展。

（五）国有文化企业战略布局调整的推动主体与具体实施方式

国有文化企业战略布局调整离不开市场和政府的协调配合，国有文化企业的推动力取决于市场拓展和政府引导。一方面，产业竞争力的强与弱，归根结底是由市场决定的；另一方面，加强服务型政府的建立，构建有序、开放与法治相结合的文化体制，按现代企业制度构建文化产业组织，鼓励创意企业发展，完善产业促进政策。国有文化企业战略布局调整的具体实施方式主要包括三个方面。第一，国有文化企业的兼并重组。国有文化企业数量多、实力较强、上市企业数量增长迅速，在这样的大背景下，国有文化企业理应成为文化产业整合并购的主要力量。国有文化企业的并购方式主要为行业内整合的深入和跨领域的整合并购。第二，发展混业经营。在党的十八届三中全会“积极发展混合所有制经济”“鼓励发展非公有资本控股的混合所有制企业”“推动文化企业跨地区、跨行业、跨所有制兼并重组”精神的指引下，将来国有文化企业的发展趋势应该是走出分业经营，从分业经营转向混业经营。第三，向混合所有制转型。国有文化企业通过跨地区、跨所有制整合双方优秀的出版资源、人才资源以及市场渠道资源，建立科学的企业治理结构，促进出版资源在全国范围内的流动，有效地扩大国有资本的带动力和影响力，不断激发混合所有制经济的活力和创新能力，进一步探索文化企业混合所有制经济的发展道路，推动文化产业向规模化、集约化、专业化方向发展。

（六）国有文化企业战略布局调整的综合支撑体系设计

国有文化企业战略布局调整的综合支撑体系设计，可以借鉴法国、德国、新加坡、日本、巴西等国的先进经验。具体可以包括以下四个方面。第一，产业结构调整方面。须寻求与其他产业的最大融合，在自身发展的同时带动其他产业的发展，主要表现在文化产业与信息产业之间的彼此带动，文化产业与旅游业、餐饮业、服装业、体育健身业之间的相互推动上；文化产业及其相关产业的这种结构调整和重组将促成一些新型的文化产业部门，推动文化产业的进一步发展。第二，体制结构改革方面，可借鉴新加坡的淡马锡模式。改革的方向，一是政府尽量不干预企业运营；二是董事会有权决定公司的经营等事宜，并在投资决策、资金使用等方面享有完全自主权；三是直属子公司独立经营，自负盈亏，而董事会作为政府代表对其实施监控；四是直属子公司以下各层次的公司完全依照市场规则运营。第三，资源结构布局方面。应考虑“倾斜生产方式”与“环状持股模式”的推广。“倾斜生产方式”本质上是资源使用的倾斜。支持文化企业的发展，对其所需的资金、技术等资源应给予一定的倾斜；“环状持股模式”是指数家企业之间相互持有股票，有利于企业间的合作，共谋长期稳定的发展。国有大型企业之间持股可以参考这一模式。第四，人才结构优化方面。要注重通过机制创新促进技术创新与人才培养。一方面，政府应制定政策促使企业增加研发投入、培养人才，如设立科技创新基金，给予税收优惠等；另一方面，充分发挥科研机构联结高等院校和生产企业的桥梁作用，鼓励企业研发人员与科研机构人员、大学教师交叉流动与组合，促进人才素质的提高。

二　国有文化企业特殊管理股问题研究

特殊管理股是《中共中央关于全面深化改革若干重大问题的决定》

对重要国有传媒企业实行的一项制度创新。在国有文化产业中实行特殊管理股制度，就是尝试通过特殊股权结构设计，使国有股在融资过程中始终保证最大的决策权和控制权，以解决企业经济效益和意识形态管理之间的矛盾。特殊管理股为何提出，其经济学本质是什么，国家和民营资本的利益该如何平衡，未来该如何推进这项制度有效前行，需要提供哪些外部条件，国家在实施过程中需要注意哪些事项，这些问题值得深入研究。

（一）特殊管理股的战略意图和经济学本质

1. 特殊管理股与文化企业的特殊性密切相关

文化产业的特殊之处在于它不仅有产业属性，而且与意识形态密切相关。首先有意识形态，然后才有产业属性，这意味着文化产业需要协调经济效益和社会效益这两种不同属性效益的矛盾。虽然社会效益和经济效益并不必然冲突，但是经济效益服从效率原则，社会效益服从的则是公益原则，当效率原则与公益原则发生冲突的时候，文化产业的意识形态属性要求其对于经济效益的追求必须考虑社会效益，这也正是文化体制改革和其他领域本质的差异。因此，对于文化产业，需要从一开始就明确区分公益性产业与经营性产业，前者是事业体制，公益原则优先，不应该变成企业，而应由政府鼓励与支持；后者则是经济效益优先，应该实施企业管理，政府无须干涉，只需要通过税收管理即可。

2. 特殊管理股的战略意图是进一步推动市场开放

特殊管理股所面临的最根本的问题是，在当前市场日益开放这个特殊的环境体制中，怎样既能建立一个较好的市场竞争环境，又能实现内容监管，所以特殊管理股的目的是要不断推动市场开放。从这个意义上讲，政府文化机构的管理形式经历了三个阶段：第一个阶段是传统的文化事业单位计划体制，完全通过行政体制去管理人事、资产和导向，这是一种计划式的管理方式；第二个阶段与双轨制有关，经过了很长时间的有限准入、有限开放的方式，放开传统文化传媒机构部分产业化功能，传媒机构可以既有企业功能，同时又是事业单位；第三个阶段是一个推向全面开放的阶段，如何形成市场体系以及怎样建立和健全市场体系是亟待解决的问题，特殊管理股正是在这样一个竞争性的市场环境下提出的，其目的是通过资本的股权控制、通过现代企业制度成熟的做法来处理好内容监管的体制性需求和市场竞争环境之间的矛盾。

3. 特殊管理股的经济学本质是“同股不同权”

特殊管理股解决的是企业经济利益与国家意识形态之间的矛盾。究其本质，特殊管理股属于“同股不同权”的范畴，其经济利益和意识形态控制权力偏离了原始 1:1 的比例。从国家层面提出文化产业实行特殊管理股制度可以解决两个重要的问题，一个是“重要事项发言权”，另一个是“多元化治理结构”。前者强化了国有股东在企业决策中的发言权，以确保舆论导向的正确，而后者转变了国有股一股独大的治理结构，把大量的股本金让给民营资本，国家仅保留特殊管理股，以此来激发国有传媒企业活力。

4. 特殊管理股的意义在于意识形态的管理

特殊管理股有两个重要意义。第一个意义在于改革发展管理是三位一体的，改革推进发展，改革的目的是发展，但是改革的步伐受制于管理，因此特殊管理股的意义在于解决文化管理的问题，其实就是意识形态管理的问题。第二个意义在于特殊管理股把意识形态的管理从外在的内化为企业的制度，过去意识形态的管理依靠行政手段，其本质还是“办文化”的理念和思路，而特殊管理股制度作为市场化的方式和手段，更能充分发挥市场机制的决定性作用，能够真正实现向“管文化”的转变。

（二）国外实施特殊管理股的案例和启示

国际上通行的特殊管理股制度有两种模式。一是金股制，政府只持有一股金股不干涉日常运营，没有收益权或其他表决权，但在某些特殊事项上享有否决权。二是一股多权制，即每股享有若干表决权，也称多权股，这种股票通常是向特定的原始股东发行的，其目的在于保证原始股东对公司的控制权，以限制公司外部的股东对公司的控制，或限制外国的股票持有者对本国产业的支配权。我国公司法有同股同权的规定，因此一股多权制实施较为困难，本着不改变市场制度的理念，特殊管理股的研究可以着重于金股制方面。

金股赋予政府的特殊权利是控制权而非管理权，是否决权而非表决权。持有金股的政府，对公司股东大会和管理层通过的有关公共利益和国家安全的重大决策，可以行使最终否决权。政府可以动用也可以不动用否决权，而且现实中很少动用，但是赋予政府否决权具有威慑作用，使股东和管理层在决策时不得不考虑政府的意图。

金股的特殊权利是通过专门的法律法令赋予的，并在公司章程中明确加以规定，以制约政府的权力。原则上，否决权的权限范围很窄，通常限于公司管理层变更、资产处置或导致控股权变更的股权转让等。而且，大多数国家只有有关政府部门部长或其代表才能行使这种否决权。这种严格的权限限定，以及政府很少行使这种特权，可以降低由于设置金股而造成的不确定性，增强对战略投资者的吸引力，降低由此造成的股价低估程度。

引入金股一般是在改制后期，即政府基本上已经或打算退出该公司，最起码政府不是最大的股东，不具有控股权。金股代表的是公共利益，可能与政府作为普通股股东的利益不一致。如果政府是大股东，还行使普通股股东的权利，就会存在利益冲突问题。因此，在多数案例中，政府只是象征性地持有一股金股，而不再持有普通股。

金股具有过渡性质，设置金股大多是临时性的过渡措施。金股一般规定有效期限，到期后转化为普通股。对于没有明确期限的金股，法律一般规定政府可以根据自己的判断，在认为特权没有必要时撤销金股。

金股的特殊权利一定程度上削弱了普通股股东的权利，设置金股可能降低国有股转让价格，增加出售难度，所以不是所有改制公司有金股安排。在 20 世纪 80 年代西方国家私有化初期，很多公用事业领域的公司改制都采用了金股。但随着对政府在经济中作用认识的改变，金股主要用于国防、卫生等少数行业的国有公司改制。

（三）特殊管理股实施的一些措施

特殊管理股的实施在《关于全面深化改革若干重大问题的决定》中仅限于重要的国有传媒企业，而国有企业改革的目的在于将企业完全交给市场，让市场在资源配置中起决定性作用。在这种情形下，国有传媒企业的股权结构可能经历以下三个阶段。第一阶段：完成首次公开募股，使文化企业成为国有绝对控股的上市公司。第二阶段：培育国内投资者，政府向国内投资者转让股份，逐渐形成以国内投资者为主的核心股东层，并向公众出售部分股份，使文化企业成为国有相对控股公司。第三阶段：继续通过公开发行方式减持国有股，政府不再处于控股地位，甚至完全退出，使之成为民营的股份公司。

第一阶段可以实施文化资源入股的模式。也就是将国有或公共文化资源或文化权益进行资产化打包，与各类社会资本合作组建新的文化企业，文化资源的股权由国有文化资产管理部门按照特殊管理股模式行使对文化企业的特殊管理权。文化资源入股的意义至少有四个方面：其一，可以有效推动国有或公共文化资源的整合与利用；其二，这种模式是实现文化创意与相关产业融合发展的有效路径；其三，这也是吸纳社会资本进入文化发展领域的重要方式；其四，这种模式有利于理顺权责关系保证市场作用的发挥。

第二阶段和第三阶段可以安排金股的设置。第二阶段设置金股，问题在于控股的政府说了算，所有者缺位造成内部人控制，内部治理结构很难真正得到完善，同时也会降低对战略投资者的吸引力，为此可以借鉴金股概念来解决上述问题。政府作为特殊的股东，不行使表决权，退出文化的管理，让位于政府选择的战略投资者，作为交换，政府可以对前文提到的重大事项决策拥有否决权，来保证政府对文化的控制权。到第三个阶段再宣布正式持有金股，来保证和巩固国内战略投资者在核心股东层中的主体地位，并使管理层逐渐适应新的治理结构和经营环境，从而把文化企业改造成核心股东相对稳定的具有国际竞争力的市场参与者。

（李涛，“文化产业重大课题研究计划”课题组成员；苏治，“文化产业重大课题研究计划”课题组成员）

现代国家文化治理与激发非营利组织活力

一　培育非营利组织参与现代国家文化治理的重大意义

（一）非营利组织是现代国家文化治理体系的重要组成部分

党的十八届三中全会《决定》首次提出要“培育文化非营利组织”，这是推进国家治理体系和治理能力现代化的总目标在文化领域的一项重要战略部署。现代国家治理体系最重要的特征是治理主体多元化，政府不能做、不便做和做不好的事情应赋权给文化非营利组织承接，发挥其在政府和市场之间的桥梁和纽带作用。政府的主要职责在于制定规则和严格监管，理顺文化治理结构，完善文化治理体系。

（二）文化非营利组织是实现社会效益与经济效益相统一的重要载体

文化非营利组织是不以营利为目的、排斥利润分配请求权的社会组织。这包含两层含义：其一，文化非营利组织的使命和目标是创造社会价值；其二，文化非营利组织可以创造经济价值，但不能在组织成员之间进行利润分配，盈利只能用于扩大再生产。因此，文化非营利组织是能够充分实现“把社会效益放在首位，社会效益与经济效益相统一”的组织形态，是实现我国文化健康、持续发展的重要载体。

（三）文化非营利组织形成的文化公域，有利于文化的价值融合与互鉴

2014 年 3 月 27 日，习近平主席在联合国教科文组织总部发表重要讲话时强调，文明是平等的，人类文明因包容才有交流互鉴的动力。我国是一个历史悠久、统一的多民族国家，文化遗产丰富、区域文化形态多样，但在文化的价值层面也存在一定的隔阂甚至冲突。文化发展自有其内在动力，需要一定程度的自治，政府主导的文化事业与市场主导的文化产业实际上难以在价值层面包容、整合中华文明按其主动选择的方式传承发展。发展文化非营利组织是实现文化自治的前提和基础。因此，从长远来看，国家文化治理要有一定的张力和自主空间，为文化按照自身规律发展、多民族文化的深层次融合留有空间。

二　当前我国文化治理存在的三大问题

（一）文化事业、文化产业“二分法”的发展思路存在结构性缺陷

这种缺陷主要体现在以下四个方面：其一，商业文化与公共文化越来越成为两条平行线，难以互相借力，而文化非营利组织发展空间则受到双重挤压；其二，资本的趋利性将导致更多资源向消费娱乐产业聚集，不以赚钱为目的的文化产业发展不起来，而政府包揽公共文化服务不仅负担重而且效率低；其三，我国幅员辽阔、人口众多，区域文化形

态多种多样，不同人群对文化的需求和层次差异巨大，“二分法”缺乏适应性与灵活性，难以满足多样化的文化需求，特别是弱势群体的精神文化需求得不到有效满足；其四，三大部门“两头大、中间小”损伤文化发展的整体性和协同性，群众文化自治能力较弱、志愿参与度较低，影响文化发展后劲。长此以往，将导致群众文化缺乏活力、公共文化服务事倍功半、商业文化过度泛滥、文化价值偏离主流等问题。

（二）片面追求“文化GDP”而忽视其社会价值

发展文化，根本目的是满足人民群众的精神文化需求，发扬传承中华民族文明，使其永不断流。切勿因过度关注文化产业，急于推动其成为国民经济支柱性产业而违背其发展初衷。文化产业说到底是以刺激文化消费为根本目标，价值追求具有片面性。中央要求坚持把社会效益放在首位，社会效益与经济效益相统一，然而在当前体制机制下实际上无法实现统一。文化非营利组织这一能够推动文化GDP与文化社会价值双赢的组织形态却恰恰被忽视了。当前，打好文化体制改革攻坚战，应将培育发展文化非营利组织放在首位。

（三）文化非营利组织的主体地位尚未真正确立

党的十八届三中全会《决定》，虽然首次提出培育发展“文化非营利组织”这个概念，但对文化非营利组织的定位却仅停留在参与公共文化服务体系建设的层面，而文化非营利组织作为与政府、市场并列的社会第三部门，其重要的“枢纽”功能尚未受到充分重视。文化非营利组织过度依附政府，有数量、缺质量。截至2013年底，全国共有文化类社会组织3.88万个，占总体社会组织数量的7%（见图1）。而在双重管理体制下，一方面，文化非营利组织的业务主管单位包括部委、军队、人民团体、事业单位等机构，有的机构甚至干脆“一套人马、两块牌子”，在人、财、物不独立的情况下，自主性、专业性无从谈

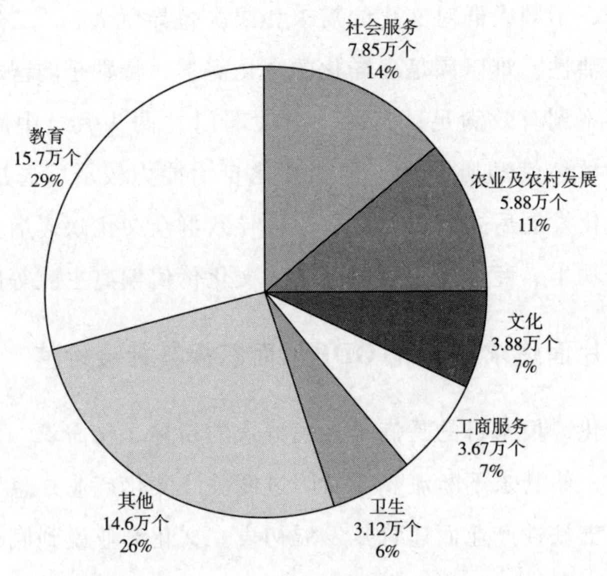

图1　全国各类业务领域社会组织数量及比例（截至2013年底）

资料来源：国家民间组织管理局。

起；另一方面，草根文化非营利组织因找不到业务主管单位而无法在民政部门注册，只能在工商部门注册或者没有合法身份，因而对之缺乏有效的监管，能力和信誉难以保证。实际上，文化非营利组织是协同政府治理、弥补文化市场缺陷、调和文化价值冲突不可或缺的核心主体。当前，中央应加紧确立文化非营利组织的主体地位，激发其参与文化治理的活力。

三　培育非营利组织参与国家文化治理的对策和建议

（一）对文化非营利组织实行分类管理

当前中央对四类社会组织直接注册的具体分类并未明确，地方具体执行时各有不同。为了促进文化非营利组织发展，考虑到文化的意识形态特殊属性，建议中央出台具体政策明确对全国文化非营利组织实行分类管理。一是文化类社会团体继续实行“双头管理”体制；二是文化类基金会、民办非企业单位直接登记注册，不再需要主管单位前置审批。

（二）加快官办文化社会团体与行政机关脱钩，通过一业多会“去垄断化”，切实增强行业自治能力

2013 年 6 月 1 日起施行的《文化部社会组织管理暂行办法》（文办发〔2013〕25 号）第十七条（四）款规定“社会团体的理事长（会长）和法定代表人中应至少有一位为文化部系统工作人员（包括离退休人员）”，与 2013 年 3 月 26 日发布的《关于实施〈国务院机构改革和职能转变方案〉任务分工的通知》（国办发〔2013〕22 号）中“逐步推进行业协会商会与行政机关脱钩，强化行业自律，使其真正成为提供服务、反映诉求、规范行为的主体”的改革方向相冲突，文化部应服从国务院改革部署和改革时间表的要求，取消第十七条（四）款之规定，加快行业协会在人、财、物方面与所属行政机关脱钩、自主运营。同时，通过一业多会“去垄断化”，激发文化非营利组织的发展活力、增强行业自治的能力。

（三）宽进严管，完善过程监管和问责机制

建立对文化非营利组织法定代表人问责制度，完善监管体制，年检不能停留在纸面上，需调动行业协会力量加强行业自治。要在文化非营利组织培育生长期就实行最严格的管理，谨防成熟定型才发现“长偏长歪”，否则要付出巨大的改革成本。

（四）出台具体扶助政策推动文化非营利组织专门人才职业化发展，落实志愿服务抵税政策及荣誉奖励政策，扩大文化非营利组织社会参与面

当前急需文化非营利组织专业管理人才和广大群众广泛参与的志愿

者队伍，可以通过以下四个方面着手建设：其一，加强社会工作专业高职、本科学历教育，通过减免学费、引导社会投入奖学金等举措培养文化非营利组织后备人才，鼓励高校、科研院所增设文化非营利组织研究专业方向；其二，规范执业资格认证体系，加强职业培训，逐步实现文化非营利组织专职人员执证上岗；其三，完善文化非营利组织从业人员薪酬福利体系，出台鼓励政策吸引一批高级管理人才发展文化非营利组织；其四，落实文化非营利组织志愿服务抵税政策，鼓励离退休人员，特别是具有较高文化艺术造诣的专家学者参与公共文化志愿服务，完善对参与文化非营利组织志愿服务人员的精神荣誉奖励机制，增强社会认可度。

（五）培育外向型文化非营利组织，协同政府推动中华文化"走出去"

设立专项资金，鼓励文化非营利组织进行国际文化交流，对在海外传播民族文化、传统文化艺术的文化非营利组织给予特别资助。对在文化艺术、传媒科技领域取得较大国际影响和突破的文化非营利组织和个人进行物质和精神荣誉奖励。

（潘娜，"文化产业重大课题研究计划"课题组成员）

新华网探索实施特殊管理股制度建议

从国际上已有的特殊管理股制度模式来看，并无一定之规，都是依据各自“特定”的国家战略而实施的“特殊”制度安排，不必也不可简单照搬。比如，英国的“金股”模式是与保守党激进的私有化资本主义国家制度相表里，新加坡的“报业管理股”制度则体现了强调公共责任的新加坡模式。中国共产党十八届三中全会提出要在已转制的重要国有传媒企业探索特殊管理股制度，这是在社会主义市场经济体制条件下深化文化体制改革、解放和发展文化生产力、提升国家文化软实力的具有中国特色的战略性安排，其特定意义明显。

其一，这是对中国特色社会主义市场经济制度的丰富。迄今为止，中国的改革就是一个不断探索特殊市场经济制度的进程，即在吸纳一般市场经济制度普遍经验的同时，尊重中国历史文化，坚持中国特色的自主发展道路。

其二，这是对中国文化体制改革逻辑的延续和深化。从改革开放初的事业单位企业化运营，到文化体制改革快速推进的分类改革，从国有传媒企业主营业务分离的剥离上市到内容价值一体化的整体上市，这些实践本身就是中国式文化传媒市场化发展的特殊探索。

其三，这是一种包容式发展的文化自信与自觉。在市场经济体制和大信息化环境中，以人民为中心，包容各种创造力的文化建设与发展道路是与时俱进的合理选择。探索特殊管理股制度体现的正是这种开放、包容的文化自信与自觉。

其四，这是巩固和提升主导意识形态影响力的重要战略路径。在新的发展语境中，我们的意识形态工作，应当团结所有可以团结的力量，把握核心价值，积极发挥市场作用，将耳提面命的保姆式训导转变为促进利益共享和价值共识的自为行动。

特殊管理股制度不是普适性制度，如同一国两制，是特事特办的特殊战略性制度设计，必须精心选择实施的范围和对象。特殊管理股制度的探索需要依据我国经济文化发展的特定国情，进行审时度势的战略审视和精准定位。按照党的十八届三中全会的要求，探索实施特殊管理股的对象至少要具备三个条件：文化传媒行业，市场主体资格，地位重要、影响重大。基于此，比较有代表性的看法是认为出版传媒行业会成为特殊管理制度优先尝试的领域。笔者认为，特殊管理股制度探索的国家战略核心应当是如何在市场经济环境中优化和强化意识形态管理。从这个战略视野来看，互联网新媒体领域的战略重要性和紧迫性要明显强于传统出版传媒领域。在我国，传统传媒业已经是一个很成熟的特许经营领域，意识形态管理也稳定有序。而互联网新媒体则是一个蓬勃发展的开放经营新业态，如何实现新旧媒体的融合发展，如何强化和深化意识形态管理，这无疑是我党在新时期需要认真对待和解决的重要战略命题。从实施的可行性和效率来分析，传统媒体的治理模式已经根深蒂固，权益资源与管理结构调整的阻力与惰性很难避免；互联网新媒体是一个新兴的领域，国有互联网新媒体往往是传统重要媒体的增量延伸，治理模式比较市场化，调整的弹性和空间都比较可观。

鉴于上述认识，本文建议可以优先考虑在新华网开展特殊管理股制度的试点。具体建议及理由主要有三点。

其一，实施基础好，影响深远，战略意义显著。作为国家级最重要的互联网新媒体之一，新华网的公司化治理已经比较成熟，已经进入上市准备阶段，社会的关注度极高，如果能实验特殊管理股制度，不仅对文化体制改革的深化有显著的推动作用，而且对我国互联网管理新政也会起到有益的传播效应。新华网实施特殊管理股制度，可以将新华社的内容优势与社会资本的市场优势充分融合，将内容管理与资本监管贯通，扬长避短，在互联网时代实现文化内容价值与市场经济价值的互利融合。同时，这种实验也有利于实现中国主流文化传媒的国际化。

其二，文化安全有保障，充分掌握内容主动，积极发挥资本能动作用。新华网的内容源头是新华社。实施内容特殊管理股权模式的新华网，在国家的文化安全方面不仅有新闻采编权这样的规范性安全防火墙，也有新华社这样的源头性安全保障。从内容产业的角度来看，传统文化传媒是内容的源头，需要政府的滋养和保护；新媒体是数字化内容价值实现的产业之流，需要社会资本的积极参与。掌控内容的源头，设置好内容监管的制度防火墙，以增量的内容资源与社会资本对接，这种基于增量文化资源价值的特殊管理股模式，可以使政府在掌握内容主动的前提下，有效整合和实现文化资源价值，同时充分发挥社会资本的市场创造力。

其三，树立国家新闻网站品牌，增强与商业网站的竞争力，促进国有传媒企业发展。在中国的互联网新经济发展得如火如荼和新旧媒体融合的关键时期，新华网推行特殊管理股制度，这对于中国重要文化传媒企业的改革与发展具有显著的样本意义和对标价值。这样的探索，就是释放改革红利，既可以给国家新闻网站注入巨大的品牌无形价值，也通过股权安排为其吸纳海量有形资产，从根本上增强对商业网站的竞争力。从国有传媒企业的发展壮大来看，尝试特殊管理股制度的新华网可以与人民网等形成差异化竞合关系，增强国有传媒企业的竞争活力；与此同时，新华网与人民网也可以形成鲜明的对标，对其社会效益、经济效益的绩效进行不同治理模式的比较与分析，为建立中国特色的现代国家传媒企业管理模式提供实践经验。

从操作层面来看，新华网探索实施特殊管理股制度，需要做好以下四个方面的基础工作。

其一，研究制定专门的法令。新华网实施特殊管理股制度，其地位和性质类似于新加坡报业控股有限公司（Singapore Press Holdings Ltd.）的管理股模式。新加坡特殊管理股制度的实施严格依照《报章与印务馆法令》，将国家传媒的公共管理置于法制化的体系中。新华网是我国最重要的国家传媒之一，针对这个层级的市场化媒体进行特殊制度安排的公共管理有国际成例可循，通过人大专门为此立法符合现代国家治理需求。研究制定专门的法令，不仅可以为我国在特殊管理股制度方面的探索提供法制保障，也可以为进一步的新闻传媒立法探索有益经验。

其二，衔接或调整现有公司管理法规。这项制度创新涉及的企业管理法规主要是《公司法》和《证券法》。“同股同权，同股同利”是我国现行《公司法》《证券法》遵循的基本市场原则之一。在不做重大法规调整的情况下，对于未上市的国有传媒股份制企业，多重股权结构的特殊管理股制度安排可以通过特别协议来规定；对于上市的国有传媒企业，可以考虑进行优先股试点。以新华网为例，未来上市可以通过两种优先股模式探索特殊管理股制度：一是发行较大比例的社会优先股，社会资本享有优先受益权，但不参与权益性管理；二是发行国家优先股，国有股不参与日常运营管理，但对于公司重大决策及内容管理拥有一票否决权。

其三，建立多重内容监管防火墙。传媒企业特殊管理股的“特殊”之处就在于内容监管，即在不坚持国有股独大或绝对控股的情况下，意识形态管理依然能够有效实施。这是特殊管理股制度是否可行的基线。因此，建立多重内容监管防火墙，这是在新华网这样重要的国家媒体开展特殊管理股制度实验的关键性制度架构。主要有三个层面：一是专门法令规定的内容监管，二是互联网新闻内容采编监管，三是新华社的内容源头监管。

其四，完善对国有文化传媒资产的价值评估。文化传媒企业的价值往往不以实体资产为主，品牌价值、特许经营权、社会公信力、专业人才团队等无形资产构成其核心价值。探索实施特殊管理股制度，在大规模引入社会资本的过程中，如何合理评估和有效保护国有重要传媒企业的无形资产，这无疑是一项极为重要的基础工作。在这个问题上，美国的很多做法值得借鉴。比如，美国互联网企业所实行的倾斜创始人权益的 A、B 股制度，其实质就是后进投资人承认创始人对企业发展具有重要无形价值的利益博弈。从 2013 年开始，美国将科技创新、文化创意等无形资产的研发投入计入 GDP 的统计中，为无形资产的评估提供了制度保障。

（魏鹏举，中央财经大学文化经济研究院院长、教授）

图书出版业的混合所有制

党的十八届三中全会通过的《关于全面深化改革若干重大问题的决定》中，提出“积极发展混合所有制经济”。混合所有制成为国有企业改革的一个方向。

在图书出版业，出版社和出版集团因为要确保出版权的特许经营，混合所有制的情况极其少见。但在出版社或出版集团的二级单位中，已经有不少混合所有制企业。根据这些混合所有制企业的股份情况，笔者将其分为三类：国有经济绝对控股；国有民营经济各占50%股份；民营经济绝对控股。

1. 国有经济绝对控股

在国有经济绝对控股的案例中，绝大多数是国有经济占51%的股份，民营经济占49%的股份。

2008年，北方出版集团以其全资子公司万卷出版公司的名义，出资2000万元，并购杭州贝榕图书公司，成立万榕书业，万卷出版公司占51%的股权。原贝榕公司总经理路金波占49%的股权，并出任新公司总经理。

2009年4月，江苏凤凰出版传媒集团下属的江苏人民出版社，与北京共和联动图书有限公司共同注入1亿元，合资组建北京凤凰联动文化传媒有限公司。原共和联动图书有限公司总经理张小波继续担任新公司总经理。

2011年1月，北京出版集团通过其下属的北京教育出版社，与北京九州英才图书策划有限公司共同合作，组建京版北教控股有限公司。双方共投资1亿元，注册资金6000万元，北京出版集团占51%的股份，原九州英才图书策划有限公司总经理刘强出任新公司总经理。

2. 国有民营经济各占50%股份

早在1995年，美籍华人孙立哲的万国集团公司与机械工业出版社各投资25万美元，注册华章图文信息公司，双方各占50%股份。当时这是打政策擦边球的例子，但没有引起政策风险，等于政府默认了这种存在。

2004年，人民邮电出版社与新华信息咨询公司一起合资成立北京普华文化发展有限公司，并各占50%的股份。公司致力于经管图书的策划和出版。

甚至一些出版集团与民营公司的合资中，也有双方各占50%股份的案例。只是为了避免政策风险，对外宣传仍是国有资本占51%的股份。

3. 国有经济相对控股或参股，民营经济绝对控股

这明显不符合目前的出版政策，他们的股份基本不对外公布。但企业的本质是追求效率和利润，资本结构也在寻求更有效率、更符合市场规律的模式。

2003年，长江文艺出版社与金丽红、黎波合作成立北京图书中心，长江文艺出版社投资，金丽红、黎波以经理人身份加盟。为了更好地激励职业经理人，保证长远发展，2006年，他们注册北京长江新世纪文化传媒有限公司。长江出版集团占26%的股份，长江文艺出版社占20%的股份，金丽红、黎波等公司管理层占54%的股份。

2009 年 12 月，重庆出版集团、重庆五洲书韵图书发行有限公司、重庆国鹏文化传媒有限公司三方共同成立重庆五洲文化传媒集团。注册资金 8000 万元，重庆出版集团相对控股，但另外两家公司的实际控制人均为徐登权，这样一来，民营经济是绝对控股。

四川少儿社资深编辑颜小鹏 2006 年加盟贵州人民出版社后，由贵州人民出版社、东方昆仑广告公司，以及公司管理层出资在北京注册远流经典公司，出版社绝对控股。但当时各方就认识到，公司要健康长远发展，应该让职业经理人持有较大股份，只是当时颜小鹏没有那么多资金。三年后，公司运营良好，2009 年公司调整股份，颜小鹏的股份提高到 30% 多，贵州人民出版社以 37% 相对控股。

还有的出版社只是参股民营公司。小熊图书是一家品牌的教辅公司，公司为民营经营方与广西接力出版社的合资公司，接力出版社占约 15% 的股份。小熊图书用出版社的书号要更优惠一些，因为要定期给出版社分红利。

出版业的混合所有制企业中，除了股份，还有一些其他方面的不同。比如，在混合所有制公司股份的折算上，有的是以资源入股，有的完全以现金入股。

早年，北方出版集团并购榕树下、智品、邦道后成立合资公司，民营一方多是以资源入股的。以万榕为例，北方出版集团出资 2000 万元，占 51% 的股权；路金波以旗下作者资源和品牌资源入股，占 49% 的股权。

而北京出版集团与九州英才成立的京版北教控股公司，则是完全以现金折算股份。双方共投资 1 亿元，注册资金 6000 万元，双方都以现金入股，不讲无形资产。

再如，混合所有制公司的业务权力方面，也有两种情况，笔者将其类比为打工的“小媳妇”和代为打理家务的“上门女婿”。

原来国有资本与民营资本共同成立的混合所有制公司，更像一个打工的“小媳妇”。国有出版机构原有的业务不变，只是给新公司提供一些资源（主要是书号）和资金，新公司依托原来的民营公司独立运营，国有出版机构对新公司有严格的业绩考核，如万榕、凤凰联动、博集天卷等都是如此。

近年来，一些国有出版机构开始请民营公司作为“上门女婿”代为打理家务，如北教控股、天域北斗、五洲传媒。国有出版机构将自己原有的一些部门和业务，委托新公司来管理运营。比如北京出版集团将北京教育出版社和北京电子音像社的人员和新业务，均交由北教控股公司管理运营。中国地图出版社将社内除教材之外的一般图书业务和编辑人员，一并交予其同天域北斗共同成立的新公司。重庆出版集团原来的教辅出版团队，也交由五洲传媒管理。

综合以上分析，国有出版机构希望借助民营企业的原因主要有两条：一是民营企业有更为符合市场需求的产品和渠道；二是民营企业高效灵活的经营管理机制。目的则是做强做大，在争“双百亿”和上市中有更好的业绩。

近年来，一批国有出版集团进入或准备进入股市。已上市的集团募集了大量资金，需要有新的业绩增长点；未上市的集团则希望增加销售额以提高其市盈率，而仅靠集团内部的出版社已经很难满足，于是，行业内优秀的民营公司成为他们并购重组的对象。

同时，国有出版集团虽然转企，但体制弊端不可能一下子改变，经营效率依然不高。一些集团与民营合资，希望引入新机制，解决过去国有企业的弊端。

对于民营书业来说，最主要的目的无疑是资源与资本。

首先是政策资源（书号，及与此相伴的政治安全）。由于我国的专用出版权政策，民营企业从事出版活动，必须与出版社“合作出版”。一家大中型民营企业每年为出版社支付的书号成本，少则几百万元，多的达上千万元。尽管买卖书号已成为公开的潜规则，但每年仍有因此受到查处的例子。与国有企业合资后，民营出版公司书号问题迎刃而解，企业发展也有更多的安全保障。

其次是资本。所谓资本，即企业发展所需的资金。国有出版机构除了有稳定丰厚的教材利润和系统教辅利润，在各种项目基金、文化地产、上市融资等方面也获得更多支持。尤其是近年来，各地出版集团化后，主管部门进一步升级，集团向政府争取资源的砝码加大。国有企业实力的壮大，对民营企业形成较大的挤压。民营企业与国有企业合资后，一是可获得更为宽裕的资金支持，二是也可分享一些政府专门支持国有企业的产业政策。

这些混合所有制企业集中于大众出版领域，因为大众畅销书经营不稳定，缺少现金流，在利润较为稳定的教育出版领域，一流的企业更愿意独立经营。

无论国有企业还是民营企业，都期望双方的合作可以优势互补，以国有的资金与资源，加上民营的市场与机制，做强做大。从实际效果来看，一些混合所有制企业确实获得了较快的增长，为国有企业贡献了较好的业绩。这些增长，未必是单品效率的提高，主要在于产品和产品线的扩张和对其他民营企业的再并购。国有企业对这些混合所有制企业有严格的业绩增长要求，一旦增长不能满足预期，它们就可能抛弃混合所有制企业，业界已经有几起这样的案例。

这些混合所有制企业，更像是国有出版企业所雇用的长工，服务于国有企业的业绩增长，但并不必然激活国有体制内的出版社（他们仍有较多政策资源和垄断利润）。同时，这些混合所有制企业利用国有资源和资本的不断扩张，对同行业其他民营企业也形成一定的冲击。

（鲍红，中国新闻出版研究院副研究员）

文化产业收益权金融化与融资模式

——以知识产权证券化为例

传统的金融资金参与文化企业知识产权融资活动的方式主要有两种：第一种方式是银行担保贷款。它发轫于20世纪90年代的日本，是在日本政策性银行培育创业型企业的过程中产生的。日本兴业银行、横滨银行、住友银行等商业银行创新贷款模式，向其中具有众多专利技术或自主知识产权产品的企业，提供知识产权担保融资。这种质押模式有效缓解了大批创业型企业的资金饥渴症，推动了新一轮知识创新浪潮。第二种是风险投资（Venture Capital）。它往往以高新技术领域内发展前景好但缺乏资金的创业型企业为投资对象。1997年，韩国政府将电影业列入风险投资行业后，风投公司填补了当时国内大企业撤资后的空缺，迅速成长为韩国电影产业的“孵化器”和“引擎”。

除此之外，对于文化产业而言，还有一种新的知识产权金融化方式，那就是知识产权证券化。它是指发起人通过对具有可预期现金收入流量的知识产权（称为基础资产）中风险与收益要素加以结构性重构形成资产池（asset pooling），再转移给一个特设载体（Special Purpose Vehicle，SPV），由后者面向资本市场发行一种基于该基础资产的可以出售和流通的权利凭证，并据此实现融资的过程。

美国是最早探索知识产权证券化的国家。1997年，英国超级摇滚歌星大卫·鲍伊卷入一场政府的税务纠纷，急需大量现金。当时的美国银行经过慎重考虑，破天荒地以其25张个人专辑的版权收入作为担保，发行了10年期利率7.9%、总额度为5500万美元的债券，也就是著名的“鲍伊债券”。这是人类历史上第一次知识产权证券化的实践。2003年上半年，美国药业特许公司把13种药物的专利权打包组建成一个知识产权资产池，通过瑞士信贷发行了2.25亿美元的投资债券，并得到了著名金融评级公司穆迪和标准普尔的高度赞许，给出了信用度比较高的“AAA”级评级。目前，从美国的实践来看，知识产权证券化的基础资产非常广泛，不仅包括音乐版权、电子游戏、电影、药品专利，还包括时装品牌、专利诉讼的胜诉金等。

2002年5月，菲奥迪特公司为意大利的足球劲旅“帕尔玛队”实施了一项涉及9500万欧元的资产证券化行为，以其预期体育转播权和门票收益打造知识产权资产包，发行了A、B两种债券。随后，英国的阿森纳队等几支球队也纷纷加入知识产权证券化行列。2002年，日本颁布了《知识产权战略大纲》，正式确立“知识产权立国”的国家战略，也开始将大量专利打包，开展知识产权证券化融资。2002年4月，日本经济产业省发表公开声明，将对生物和信息技术领域企业的专利权实行证券化经营，大力促进其专利成果转化为竞争性商品，实现产业化发展。

作为一种新兴的知识产权融资工具，知识产权证券化也引起了众多国际组织的广泛关注。WIPO、联合国贸发委员会（UNCITRAL）、经合组织（OECD）普遍认为知识产权证券化将是21世纪的一个“新潮流”。不仅如此，2006年底，美国的证券市场还涌现出一种新型指数——Ocean Tomo 300 TM企业专利评估指数。该指数由Ocean Tomo公司与美国证券交易所联合发布，对300家拥有一批优质专利的公司进行评估，投资者可根据该指数的变化情况来购买股票。Tomo指数的出现，进一步推动了知识产权证券化的广泛传播。

一 知识产权证券化的操作流程

从本质上来看，知识产权证券化是一种基于知识产权的结构性融资，是现代金融、现代技术、现代经济三者互相渗透和融合的产物，是人类经济由现代工业经济过渡到后工业经济和知识经济时代的一种制度创新。它根源于人类巨大的金融需求，依托富有创造性和增值性的人类智慧财产——知识产权，成就于现代技术对金融供给能力的强大支撑。它的出现不仅创造了一种新的金融需求和供给相互平衡的模式，还最大限度地激活和承兑了知识产权和智慧经济，对身陷金融压迫之中而又极富有创造天赋的智者和创新者，无疑是一份福音。

一般而言，知识产权证券化的基本前提是，专利权、商标权和版权等以及由其所衍生出来的特许使用权，必须能够产生可预期的、比较稳定的、可控制的现金流，否则就会因为市场风险过大而难以操作。因此其具体操作步骤还相当复杂，需要我们谨慎把握。

总之，知识产权证券化不同于普通的资产担保证券，因为作为基础资产的知识产权具有很强的特殊性，担保行为是通过比较复杂的资产池组建、破产隔离、信用评级等程序完成。同时，知识产权证券化也不同于知识产权担保融资，因为它是以资产信用为支撑进行结构性融资，不是采取抵押贷款合同的形式，而且融资对象不是传统银行，而是资本市场。知识产权证券化还不同于风险投资，因为它的主要目的是从资本市场获得固定收益，不会介入公司经营管理，也不会稀释股东股权。因此，这种方式适合于技术比较成熟的中小企业；而由于它不是为了获得股权增值，实现风险资产倍增，所以也不适合处于草创阶段的中小企业。但无论如何，作为一种崭新的融资模式，知识产权证券化在技术市场与资本市场之间搭起了一座桥梁。

二 知识产权证券化对破解我国文化企业“融资难”的意义

由于先天不足，绝大多数中小文化企业在企业成长过程中面临资金匮乏的问题。尽管我国已经在深交所建立中小企业板和创业板，帮助一批盈利能力强、具有一定核心竞争力的文化企业顺利地在资本市场融资，但是，和全国几十万家中小文化企业相比，这毕竟是少数。而大批中小型高科技企业，仍面临资金少、融资难的发展瓶颈。这些中小型高科技企业，主要还是依赖传统的银行或信用社贷款。据统计，2005 年中关村企业周转资金总量达到 1200 亿元，其中银行借贷资金为 300 亿元，民间借贷资金为 300 亿元，各占四分之一[①]。

然而，换一个角度来看中小科技企业和文化企业，人们就会有不同的发现。进入 21 世纪以来，在我国有效专利发明中，职务发明的比重在逐渐上升。2010 年，我国一跃成为世界第二大专利申请国，职务发明专利比重从 2006 年的 70.1% 上升到 2010 年的 81.3%。在这些职务发明中，有相当一部分是由中小文化企业取得的。此外，在接近 20% 的非职务作品中，不少是由中小文化企业的个人或者小微企业所独立研发的。但是，由于这些中小科技文化企业缺乏资金实力，常常难以将其研发的专利成果转化为商品，更遑论实现规模化发展了。

由上可见，我国的中小文化企业一方面缺乏发展资金，面临各种各样的融资“玻璃门”和“弹簧门”；另一方面，中小企业握着不少具有市场应用价值的专利权、著作权、数字版权、影视改编权、影视转播权、网络传播权等，但又没有办法以此进行专业化生产、产业化经营。

---

① 王小兰、赵弘：《提升民营科技企业创新能力——中关村发展蓝皮书》，社会科学文献出版社，2005。

因此，加大对中小文化企业特别是小微企业的知识产权证券化力度，至少有三方面的意义，可以起到“一石三鸟”的作用。

第一，知识产权证券化可以在一定程度上缓解我国中小文化企业的融资难问题，帮助其尽快突破资金瓶颈，建立更为牢固的资金链条。具体而言，可以通过第三方机构设立一个独立的、常设的 SPV，为广大中型企业和小微企业构建专门的知识产权资产池发行证券。这能够在很大程度上帮助企业以“脱媒”的方式实现融资。

第二，知识产权证券化有助于形成一种激励机制，鼓励中小文化企业积极研发自主知识产权的产品，进一步提升市场核心竞争力。

第三，知识产权证券化也可以形成一种倒逼机制，促使小微企业在创业过程中减少侵权盗版行为，增强创造自主品牌的责任感，将更多时间和资源用在自主知识产权产品的研发和推广上。

三　当前我国文化企业知识产权证券化的基本路径

（一）制定设立 SPV 的法律法规

2000 年以来，日本陆续修改了《证券法》《信托业法》《破产法》《资产证券化法》等法律，从法律上解决了知识产权资产证券化的依据和技术问题。由于现有《企业法》和《企业债券治理条例》的相关条款的局限，SPV 公司也不能通过发行债券来购买知识产权的基础资产，导致在现有的法律框架下知识产权还不具备“真实出售”的可能性。此外，现有的《公司法》也没有规定 SPV 的设立条件，它在设立程序与资本金的要求上与一般公司还不相同。我国应借鉴日本立法经验，加快修改和完善相关法律法规，对知识产权的定价、评估、抵押、转让、信托、承销、合同变更、上市交易等做出系统规定，对资产评估机构、机构投资者、证券承销商从事知识产权证券化评估和投资的权利做出明确界定。

（二）设立 SPV 实体

知识产权证券化的先决条件是通过第三方机构设立一个独立常设的 SPV 载体。借鉴美国“鲍伊债券”和日本专利权证券化的经验，我国有必要设立一个专门面向中小文化企业的 SPV 公司，通过它构建基于专利权、版权、预期收益权、影视改编权、影视转播权、数字传播权等的知识产权资产池，再通过资产评估、上市发行等方式探索知识产权证券化。

（三）建立知识产权价值评估机制

知识产权证券化过程中的最大难题，就是如何清晰、准确地界定作为基础资产的知识产权所能够产生的现金流；也就是如何使拟证券化的知识产权的价值既不高估，也不低估，既能够为特定载体公司所认可，也能够为广大投资者所认可。由于知识产权评估涉及面比较广泛，预期市场价值相对模糊，简单地像开展资产评估一样来评估知识产权的价值，似乎不够严谨。因此，有必要建立一个公开、公平、自由竞价的知识产权交易市场，让其在有效的市场竞争中形成比较合理的价格预期。与此同时，还要完善知识产权证券的信用评级机制，确保资信评估机构独立、公正、客观地评估。

（四）完善知识产权证券化的税收政策

我国对于创新型企业给予了许多税收方面的优惠政策，但很少有针对知识产权证券化过程的优惠政策。SPV 公司也要缴纳按现行税法规定的所得税、印花税以及营业税等税赋。如果对 SPV 公司征收比较高的所得税，就导致知识产权证券化的交易成本大大提高。按照现有税收制度，企业知识产权证券化融资行为所带来的全部收益，应该记为损益，同时要缴纳相应的所得税。但是，由于 SPV 公司的资产转让或出卖行为不属于通常意义上企业的经营范围，这种被转让或出卖的资产就得不到相应的抵税，从而加大了企业的本金负担。对此，在 1997 年，美国财务会计准则委员会曾经颁发了一个公告（第 125 号），明确规定，按照国际通用的税收中性原则，资产证券化的全部收益和全部损失，要作为税务征收部门的计税依据，并相应地免征或少交税。有鉴于此，我国也应该合理地借鉴美国的相关经验和做法，对现行税法和相关税务管理规定予以专门修订，切实地减少或免征这种 SPV 公司在草创之初的相关税种，待其成长到一定规模后逐步征税，或者按照税收中性原则进行公平计税。

（何奎，“文化产业重大课题研究计划”课题组成员）

关于我国探索建立文化艺术银行的思考

随着文化与金融合作的不断深入，成立“文化银行”等专业文化金融机构的呼声日益高涨。“文化银行”究竟是什么，相较一般银行有何特点，可以在哪些方面有所作为，政府是否应考虑这一设想，本研究围绕这些问题进行了初步思考。

一　文化银行的定位与功能

当前，我国文化与金融合作硕果累累，但也存在一定程度上的“市场失灵”，表现就是组织机构的分散性、业余性、投机性。一是力量分散，各自为政，难以在整体上贯彻国家的文化战略、政策与意图；二是对文化领域不熟悉，惯于以金融思维、经济思维来看待文化问题；三是受投机性影响，或对冷热门领域、骨干企业与小微企业、知名艺术家与青年艺术家的态度“冰火两重天”，或在政策的推动下将文化类业务视作“面子工程”。

这些问题反映出深化文化与金融合作的瓶颈，在于缺少以把握文化特殊性为前提，从政策角度介入，定位于弥补市场失灵和缺陷，可以作为贯彻落实国家的文化战略、政策与意图抓手的专业文化金融机构。本文所研究的国家层面的“文化银行”就是这样的机构。

文化银行是一种将银行资源整合与价值融通的原理运用在文化领域的政策性平台，定位为通过更好发挥政府作用让市场机制最大限度地发挥积极作用。因此，文化银行主要是在市场不能有效形成价格的领域，尤其是具有文化特殊性的领域进行宏观调控，并提供平台性的公共物品，实现文化信贷、文化金融产品、文化要素、艺术品等资源的优化配置。

（一）文化信贷资源的优化配置

这一功能主要通过艺术家信贷、文化企业信贷、文化消费金融、文化资产抵/质押贷款等业务实现。目前，这些业务主要由银行承担，一些银行还下设了专门机构，在国外比较具有代表性的是荷兰特里多斯银行（Triodos Bank）下设的“文化银行”，在国内包括民生银行文化产业金融事业部、潍坊银行文化金融事业部等总行层面的专营机构，也包括北京银行文化创意专营支行、无锡农商行太湖文化支行等专营支行。

（二）文化金融资源的优化配置

这一功能主要通过银行发行、代销将文化资源（如艺术品）作为标的理财产品，或开展文化类基金管理业务实现。目前我国商业银行自行开发文化相关理财产品的较少，大多选择代销基金、信托等公司的文化类金融产品，如债券、基金、信托、保险。其中，最具代表性的就是2011年前后曾掀起热潮的艺术品信托[①]。此外，银行也可通过设立基金

① 艺术品信托一度是银行代销的主要理财产品。自2009年国投信托有限公司联合保利文化、中国建设银行共同推出“国投信托·盛世宝藏1号保利艺术品投资集合资金信托计划”以来，艺术品信托进入发展上升通道，2011年，有18家机构发行了45款艺术品信托，发行规模超过55亿元。但随着2012年下半年艺术品市场步入调整期，艺术品信托也面临巨大的兑付压力，并引起了监管机构高度的重视。据了解，从2013年下半年开始，监管机构以窗口指导的方式，表示不鼓励艺术品为标的的理财产品进行发售。2013年，新发行的艺术品信托为9款，发行规模约为16亿元。

管理公司的形式管理基金，如荷兰特里多斯银行的“文化产业基金”（又名“财政创新投入计划”）、“艺术场馆文化发展基金”，中国银行的中国文化产业投资基金、建设银行的建银国际文化产业基金等。

（三）文化要素资源的优化配置

这一功能主要通过文化要素市场平台实现，其中文化要素既包括文化版权、股权、物权、债权等各类文化产权，也包括艺术品等实物形态的文化产品。值得一提的是，文交所是我国首创的文化要素组织交易模式，获得了世界范围的推崇与效仿[①]，目前所遭遇的困境恰恰是背离设立初衷所致。

（四）艺术品资源的优化配置

由于抗通胀的价值特性，艺术品在获得资本青睐的同时，也导致市场中充斥着投机泡沫，需要政府将更多关注投向青年艺术家、冷门领域、小微企业，提供区别于博物馆、美术馆的政策扶持，这也是加拿大、澳大利亚“艺术银行”（art bank）模式的源起。

在这四大功能中，前两个一般由金融机构的附属部门承担，后两个则需要成立专门的文化机构，文化银行也随之分为金融机构和文化机构两种类型。

二　文化银行的类型与“艺术银行”

金融机构类的文化银行本质与形式上都与一般银行相同，尽管它在

① 文交所一类的文化要素交易平台被认为是中国的创举，在国外学界获得了积极评价（Alessia Zorloni，2012）。同时，一些国家也纷纷效仿，如 2011 年 1 月，皮埃尔·纳奎因（Pierre Naquin）在法国建立了艺术品交易所（Art Exchange），其标的包括上千件勒维特（Sol LeWitt）和法兰契斯柯·维佐里（Francesco Vezzoli）的作品。

政策或投机驱动下选择了文化领域，以文化资源为标的开展信贷、资产管理等业务，但其根本目的仍旧在于整合与融通货币资金。相比之下，文化机构类文化银行要复杂得多，需要创造独特的业态来将银行资源整合与价值融通的原理运用在文化领域，从而实现整合与融通文化资源的目的。为厘清文化机构类文化银行的运作模式，国外“艺术银行”的经验值得借鉴。

“艺术银行”是一种国家级艺术机构，由政府提供资金支持或政策保障，通过购买优秀青年艺术家作品，再将作品转租或销售给政府机关、企业、个人，从而获得运转资金。最早成立的是加拿大艺术银行、澳大利亚艺术银行，随后挪威、日本、韩国、新加坡、印度等国纷纷效仿。2013 年，我国台湾地区文化部门也成立了台湾艺术银行。

从艺术银行的案例可以总结得出，文化机构类文化银行的运作模式，至少包括集合收储、赋值与增值、价值融通三个阶段。

（一）文化资源的集合收储

文化资源是人们从事文化生产、文化生活所必需的可资利用的各种文化要素，其中文化银行集合收储的主要对象既包括艺术品等实物形态的文化产品，也包括文化版权、股权、物权、债权等各类文化产权；既包括公共文化资源（如文化遗产），也包括企业乃至个人文化生产的成果。这些文化资源单体交易成本极高，只有实现了集合收储才能高效地进行融通。集合收储的实现方式既包括与客户缔结以文化资源为标的的特殊租赁合同关系（与银行存款的法律关系一样），也包括一般的委托代理关系。

（二）文化资源的赋值与增值

无论成为文化商品还是公共文化产品，文化资源融通都要经过赋值与增值的环节。不同于静态的资源价值评估，文化资源的赋值与增值，是在集合收储或资源融通时，通过文化银行与客户的缔约实现的。在这一环节，文化银行的行为，既可以看作“投资”，也可以看作“定价”；文化资源所获得的价值，既包括生产主体的价值判断和社会整体的价值判断，也包括潜在精神价值和交换价值。

（三）文化资源的价值融通

文化资源价值融通的途径包括文化交流与文化再生产。一方面，文化银行可以通过面向国内国际展示、推广、交流精品文化资源，推动文明对话与更生，促进文化传承与创新；另一方面，文化银行可以通过优化文化要素资源配置，促进相关业态创新升级，推动文化产业发展。在价值融通的过程中，不仅可以实现文化资源的文化价值与社会效益，文化银行也可通过销售、租赁、投资等市场运作手段获得相应经济回报，从而形成自负盈亏的运营模式。

以国外的艺术银行为例，其运作模式如下：在文化资源的集合收储环节，主要是购买本国青年艺术家的作品，目前加拿大艺术银行已收藏超过2500位艺术家的18000件作品，澳大利亚艺术银行也已收藏超过9000件作品；通过将收藏的艺术作品出租或出售，艺术在国内民众中得以普及，青年艺术家得到挖掘，本国艺术得到发展，同时艺术作品由于国家级机构的收藏得以升值，这些原本不受市场重视的艺术品通过艺术银行得到赋值、增值与价值融通。

三　关于我国探索建立文化艺术银行的建议

基于以上考虑，笔者认为在我国探索建立文化艺术银行具有重要意义。但不同于国外的艺术银行，也不同于国内现有的文化金融机构，我国的文化艺术银行应是参照加拿大、澳大利亚等国家或我国台湾地区比较成熟的“艺术银行”模式，结合我国文化发展的实践，将艺术品资源的初步融通功能扩展到文化艺术资源的整合、融通、赋值、增值功能而设立的政策性文化机构[①]。

我国文化艺术银行的功能可以包括：第一，建设文化资源库，集合收储文化产权及艺术品，初期可从财政支持的数字出版、数字非遗、艺术创作成果等着手；第二，开发艺术品租赁业务，面向国内国际展示、推广、交流精品文化艺术资源；第三，建立文化要素资源交易平台，包括文化“新三板”、文化版权授权等，鼓励未上市国有文化企业进行场外股权交易，吸引社会资本参与国家文化资源的开发与运营。

尽管近年来一些部委、地方政府与行业协会已就“文化银行”展开探索，但笔者认为，“文资办”具备出资人身份，又拥有财政手段，没有部门利益，又肩负促进文化产业发展的职责，最适宜牵头这一项目。第一，“文资办”已实施“国有文化企业数字化转型升级”项目，预期将产生一批具备市场价值的数字文化资源，可作为示范性样本投入文化艺术银行。第二，目前财政支持文化艺术的模式还比较简单粗放，尤其对公共文化产品与艺术作品缺乏反馈评价、价值挖掘、推广合作的机制，可通过文化艺术银行探索提升财政资金绩效的方式。第三，“文资办”作为中央文化企业的出资人，可通过文化艺术银行促进场外股权交易，推动国有文化企业股份制改造，深化产权管理等基础管理职责。第四，文化艺术银行创办初期需要财政资金发起并引导，未来也可通过国有资产存量、其他财政性资金投入、版权资产等方式注入资本，还可建立基金，可成为“文资办”履行财政职能的灵活抓手。

---

① 从现实路径看，以文化机构作为起点是建成文化银行比较可行的选择。这是由于从事文化信贷或文化金融相关业务，都需要相应的金融牌照，而艺术品经营或文化产权交易只要不涉及文物，就不存在太多准入门槛。因此，初期可先仿效国外的艺术银行，定位为从事文化产权交易组织、艺术品销售与租赁的艺术机构；下一阶段可试水不需要金融牌照的文化金融业务，转型为经营金融业务的文化企业；最终获得金融牌照，成为拥有金融机构与非金融性经济实体的金控集团，也可向政策性银行的方向努力。

因此，笔者建议“文资办”就我国探索成立文化艺术银行开展进一步研究：第一，开展系统的可行性研究；第二，与相关部委就开展项目进行沟通交流；第三，对国家艺术基金会、文交所、国外艺术银行等进行调研，探讨合作意向；第四，在此基础上，提出具体建设方案。

（“文化产业重大课题研究计划”课题组）

下篇：财政金融政策研究与对策*

* 下篇为“支持文化产业发展的财政金融政策研究”课题组成果，课题组组长：闫坤，课题主要执笔人：闫坤、于树一、程瑜、刘新波、白洋、黄波涛、蔡宏宇、徐鹏庆。

支持文化产业发展的重要观点综述

文化（culture）是一个非常广泛的概念，是人类之间进行交流且被普遍认可的一种能够传承的意识形态，是人们长期创造形成的社会历史积淀物，凝结在物质之中又游离于物质之外，马克思早在《德意志意识形态》中就深入阐述了文化发展与经济发展的辩证关系，他指出“政治、法律、哲学、宗教、文学、艺术等的发展是以经济发展为基础的”，它们互相影响并对经济基础产生影响，这为此后人们对文化产业的研究提供了重要的启示。文化产业是一个既具有一般经济性质又有别于一般经济性质的特殊行业。在理论和实践的发展中，关于文化产业内涵与外延以及文化产业发展的一系列重要观点陆续形成。本研究首先对这些观点进行梳理，以此夯实研究的理论基础。

一　文化产业的内涵与外延

（一）文化产业的内涵

“文化产业”这一概念可以追溯到马克思在1845年出版的《神圣

家族》中第一次使用的“精神生产”。在此后的《德意志意识形态》中，马克思、恩格斯进一步明确指出精神生产就是“思想、观念、意识的生产”，社会生产包括精神生产。在1859年出版的《政治经济学批判》中，马克思还使用了“艺术生产”的概念，他指出艺术生产既遵循一般物质生产的规律，又具有认识价值和审美价值。马克思的这些论述为后来研究文化产业提供了重要的启示。

最早使用“文化产业”概念的是法兰克福学派——阿多诺和霍克海默在1947年出版的《启蒙辩证法》中，他们用“文化产业”替代了“大众文化”，他们认为文化产业是把人们所熟悉的传统文化融入新的特质，其产品是为消费而特别制造的。阿多诺1963年在《文化产业的思考》一文中又提出了对文化产业的批判性观点，认为由于文化产业更强调文化与工业社会在技术上的联系，完全成为商品的“文化”无深度、模式化以及容易被复制，这种“按计划的机械性”批量生产，包含了无知、庸俗、偏见、冲动、非理性等负面的因素。可见，其观点指出了文化与工业相结合可能会产生的弊端，在特定的历史环境中具有一定的现实意义。虽然这一观点主要针对思想文化，而不是一般社会意义上的广泛文化范畴，但是它让人们对文化产业的概念有了新的认识。20世纪60年代，赫伯特·席勒和阿芒德·马特拉特在研究中明确指出将传统文化加入资本主义的利益中具有非常重要的意义。之后，欧洲委员会和联合国教科文组织多次使用了“文化产业”的概念，至此，被阿多诺赋予否定色彩的文化产业成为客观中立的概念，并于1998年4月被正式纳入经济决策制定的范畴加以考虑。文化与经济的融合逐渐成为一种趋势和事实。

虽然文化产业的概念已经逐步为各界所认同，但是有关文化产业内涵的界定学界至今仍然未达成共识。英国学者 Justin O’connor（2006）认为，文化产业是指以经营符号性商品为主要活动的产业，这些商品的基本经济价值源自它们的文化价值。媒体理论家 Nicholas

Garnham（1983）认为，文化产业是指那些使用同类生产和组织模式（如工业化的大企业）的社会机构，这些机构生产和传播文化产品与文化服务。英国经济学家 Andy C. Proctor（1981）认为，文化产业是指与文化相关的物质生产和服务的各种经济活动的总和，其构成的是错综复杂的文化产业链。他把文化产业分成内容的初始创作、生产输入、再生产和集中制作、分配和市场交换四个部分。Lawrence T. B. 和 Phillips N.（2002）在研究中指出，文化产业是从事文化相关产品的生产和销售的行业。Scott A. L.（2004）认为，文化产业是有教育、信息和娱乐等目的的，服务生产和针对消费者偏好、自我价值和社会价值等的精神产品的集合。

由于各个国家特定环境下的产业形式以及产业利益不同，文化产业不仅在概念上互有差异，各个国家对其称谓也有所不同。韩国把文化产业定义为与文化产品的生产、流通和消费相关的产业；在《信息社会2000 计划》中，欧盟、日本和芬兰将其称为内容产业；英国将其称为创意产业；美国称其为娱乐业或版权产权行业；澳大利亚将其称为文化娱乐业；法国称其为传统文化事业。

我国于 1992 年首次使用“文化产业”的概念，但对其内涵的界定相对滞后。2001 年，全国政协和文化部组成的文化产业联合调查组，将文化产业的内涵界定为“从事文化产品生产和提供文化服务的经营性行业”。党的十六大明确提出要区分公益性文化事业单位和经营性文化产业，形成了文化产业发展的理论基础和思想保证。2010 年，党的十七届五中全会提出要推动文化产业成为支柱性产业，不仅肯定了文化产业对经济发展的贡献，更是从更高的层次上承认了文化产业的重要地位。国家统计局根据党的十七届五中全会的精神，对《文化及相关产业分类（2004）》做了修订，并将文化及相关产业的定义进一步完善为“为社会公众提供文化产品和文化相关产品的生产活动的集合”。

随着我国文化事业的蓬勃发展和人们群众文化消费需求的日益丰

富，文化具有意识形态和产业规律双重属性的特征以及文化产业发展对社会经济的重要作用已被社会各界广泛接受。在实践发展的同时，理论研究也随之发展。胡惠林（2001）认为，文化产业生产的是精神产品，并且是作为一般商品进行生产、交换和消费的产业形式。李江帆（2003）认为，文化产业是经济活动中生产的具有文化属性的服务产品和实物产品。孙建成（2008）认为，文化产业是作为一个特定的文化范畴，兴起于现代城市、与当代工业生产密切相关、以全球化的现代网络为媒介，进行大批量文化生产的工业活动。许青云（2010）认为，文化产业是指按照工业标准生产文化产品，按照市场规则进行交换、分配、消费的一系列活动。可见，我国理论界对文化产业内涵的认识从强调文化产业的某些经济特征，到把文化产业所包含的一般意义的产业链条完全体现出来，并突出了文化产业工业化特征。目前，学术界基本实现了认识的统一，即文化产业是以工业化产业化方式进行生产，通过市场机制进行流通实现产品的价值。

（二）文化产业的外延

文化产业的外延具有较强的国别特征，因为各国在对文化产业的分类上存在很大的差别。英国用创意代替文化，强调了人们的艺术创造力对经济的贡献，其创意产业主要包括广告、艺术与古艺术市场、建筑设计、手工艺术品、服装设计、设计业、电影、音乐、交互娱乐软件艺术、电视与广播、出版业、表演艺术、软件业等十三个门类。加拿大遗产部将文化产业的范围界定为以国家、社会、经济以及文化为主题的出版，包括广播、电影、电视、图书、杂志、音像等的印刷、生产、制作、广告及发行，还包括表演艺术、视觉艺术、博物馆、图书馆、档案馆、书店、文具用品商店、信息网络以及多媒体的服务。美国文化产业的范围包括文化艺术业、影视业、音乐唱片业和图书业等。

澳大利亚经济学家 David Throsby（2001）在《经济与文化》中形象地使用同心圆来界定文化产业的产业范畴。他把文化产业的各个领域和方面比作大小不同的圆圈所构成的同心圆，其中“创造性的艺术”位于同心圆的中心（包括文学、音乐、艺术等）；中心圆往外依次是进行文化商品生产和服务及生产其他非文化产品的行业（包括书籍、影视剧等）；再向外是其他与文化生产相关的行业（如旅游业、建筑业、广告媒体业等）。同心圆各个圆圈之间的界限并不明显，表示各个行业之间的界限是模糊不确定的。

表 1 为不同国家和组织的文化产业分类比较情况，从中可见，各国或组织文化产业的范围虽然没有统一的标准，但是其具有以主要内容为核心的各种产品和服务的生产、流通、分配、交易等诸多环节。同时也可以看出，文化产业的范围是动态变化的，经济社会不断进步、科技人文不断发展、文化产业的领域和内容也在不断拓展。因此，对文化产业的关注与研究必须是与时俱进的，这样才能把握文化产业的本质和特征。

表 1　不同国家和组织的文化产业分类比较

国家或组织	分类与内容
联合国教科文组织	文化遗产、出版印刷业和著作文献、音乐、表演艺术、视觉艺术、音频媒体、视听媒体、社会文化活动、体育和游戏、环境和自然等十类
国际标准产业分类第三版	文化内容的发源（书籍、音乐、广告、广播电视、戏剧等）；文化产品的制造（电子元件的制造、电视接收装置、乐器制造等）；文化内容的翻印和传播（印刷业、录制媒体的再生产、电影和录像的制造与发行、电影放映）；文化交流（图书馆、博物馆、历史遗迹和建筑的保护等）
加拿大	信息和文化产业（出版业、电影和录音业、电视广播、互联网、电信业、信息服务业）；艺术、娱乐和消遣（演艺、体育、古迹遗产机构、游乐、赌博和娱乐业）
澳大利亚	文化产业和古籍（博物馆、图书馆和档案馆等）；艺术活动（文学作品创作、出版和印刷、表演艺术、音乐创作和出版、广播、电视和电影等）；体育和健身娱乐活动；文化产品的制造和销售；其他文化娱乐类
美国	文化艺术业（含表演艺术、艺术博物馆）；影视业；图书业；音乐唱片业
英国	广告、建筑、艺术和古董市场、手工艺、设计业、时尚设计、电影、互动休闲软件、音乐、电视和广播、表演艺术、出版和软件等 13 个部门

续表

国家或组织	分类与内容
欧盟	制造、开发、包装和销售信息产品及其服务的产业，包括各种媒介上所传播的印刷品内容；音像电子出版物内容；音像传播内容；用作消费的各种数字化软件等
韩国	与文化商品的生产、流通、消费有关的产业：影视、广播、音像、游戏、动画、卡通形象、演出、文物、美术、广告、出版印刷、创意性设计、传统工艺品、传统服装、传统食品、多媒体影像软件、网络及其相关的产业
中国	新闻出版发行服务、广播电视电影服务、文化艺术服务、文化信息传输服务、文化创意和设计服务、文化休闲娱乐服务、工艺美术品的生产、文化产品生产的辅助生产、文化用品的生产、文化专用设备的生产

注：我国文化产业的分类是国家统计局2012年最新修订的《文化及相关产业分类》。

（三）文化产业的特征

1. 文化产业的意识形态属性

文化产业作为满足人们精神文明生活需要的产业组织，其首要特征是精神属性，即文化产品和服务具有意识形态的属性，这是区别一般物质生产的本质特征（孙建成，2008）。李彪（2009）指出，一般文化产品是具有精神层面的文化的物质载体，与其他商品不同的是，文化产品的社会功能更多地体现在意识形态上。因此其通过产业化方式进行生产、交换和消费的全部过程并没有消除文化的意识形态属性，即文化产业发展不仅是社会经济发展的一个组成部分，同时还承担着社会精神文明建设的功能。正如赖丹（2010）指出，无论是艺术品、文学作品还是影视作品都带有一定的社会观、政治观、历史观、哲学观、艺术观、道德观等体现创作者价值观念的思想因素。所以这些观念对消费者的价值观念和思想会产生导向性的影响。

意识形态作为文化产业与生俱来的本质属性，融入整个产业发展的每一个细节，而这种微观特征的积累最终促成了文化产业意识形态特征对全社会的决定性作用。张忠友、张勇（2007）指出，意识形态是文化产品最具有标志性的特征，由于文化产品的存在和发展涉及文化安全甚至国家安全，涉及文化竞争力甚至国家竞争力。冯潮华（2005）总结认为，文化产品的意识形态属性主要体现在文化产品的内涵是社会遗传的一种形式，而这种内涵来自作为社会上层建筑的观念或思想。胡惠林（2006）概括了文化产品的意识形态属性，他指出，文化产品生产和服务所提供的特定的价值选择，集中反映了一定历史时期和社会发展阶段意识形态的变化。文化产品可以作为意识形态革命的传播工具和渠道。文化产品的演变意味着社会意识形态的演变，因此掌握了文化产业演变的主导权，就等于掌握了社会意识形态演变的主导权。

2. 文化产业的企业特性

文化产业的特殊性决定了文化企业在经营过程中有着异于一般性质企业的特点。

第一，文化产业具有高风险和不确定性。Cave（2000）指出，文化产品是典型的“经验物品”（experience goods），消费者的喜好不容易事先判断，因此，其经济效益具有极大的不可预知性。Hesmondhalgh（2002）在对文化产业的分析中进一步指出，文化产业作为具有特殊高风险的行业，这种风险来源于文化消费是一个主观判断的过程，于无形中加大了文化产品进入市场后的不确定性，文化产品一旦不被认可，那么无论多么巨大的前期投入也将一文不值。由于文化产品的经济价值只能在未来实现，文化企业因此不可避免地需要承担市场风险（Justin O'connor，2008）。

第二，文化产业具有原创性和可复制性。由于文化产品的消费完全取决于消费者的主观判断，为了迎合消费者心理，文化产品的生产处于不断创造发明和创新的过程中。文化产品的这种原创性在一定意义上具有不可替代、不可复制、不可再生的性质。为了保证创作者应用创新的观念、思想、方法创造新产品的同时获得相应的财富，文化产品的原创性强调了知识产权保护的重要意义。但是，从纯技术的角度看，文化产品又具有可复制的特点。文化产品不论初次投入成本高低，一旦为消费者认可，规模化的复制便极为方便。

第三，文化产业体现文化和经济的高度融合性。许青云（2010）指出，文化产业有着特殊的企业组织形式，互联网以及现代传媒的发展为文化产品的供给提供了良好的渠道和平台，使文化和经济紧密地结合在一起。文化产品通过互联网可以迅速传播，一些相关企业表现出扁平化、小型化等特点，通过借助文化产业已经快速融合到三大产业当中。随着经济的全球化和互联网的发展，文化产品和服务也加入全球经济发展中，越来越多的文化资源可以在全球范围内得到共享。

3. 文化产业的公共性

文化产品的公共物品属性是其公共性的基础。Hesmondhalgh（2002）根据一个人对文化产品的使用不会影响另一个人对它的使用的特点，总结了文化产品的半公共品属性，称之为“semi-public-goods”。李彪（2009）研究指出，对作为精神产品的文化产品来说，其文化价值并不会消耗，在人们的使用过程中反而会得到加强和丰富。因此文化产品具有公共产品或半公共品的属性。这使得某一个体对文化产品的消费对另一个个体的福利所产生的影响没有通过市场价格机制反映出来，因此文化产品既能产生正的外部效应，也能产生负的外部效应。左惠（2009）指出，好的文化产品不仅给消费者本身带来精神上的享受，也可以给他人带来正面的影响，带来效用的增加。不好的文化产品，比如色情影片，会降低整个社会的福利水平。计国忠（2004）总结了文化产业的正的外部效应：一是同伴效应，即艺术活动能激发其他产业的创新与开发；二是社会化收益，优秀文化的传播带来的积极影响；三是经济发展，文化产品需求对经济的刺激作用；四是未来效应，文化的历史继承性同时也可以催生新的健康文化。徐斌（2004）总结指出，文化产业的公共性主要来自一个人消费文化产品可以通过进一步的社会互动给他人带来好处或坏处，从而对社会行为构成影响。

4. 我国文化产业的个性化特征

改革开放以来，随着市场经济的繁荣和发展，体制改革的不断推进，国有文化经营单位从文化产业界的领袖机构逐步成为文化产业界的领袖企业，文化人才和消费者群体在文化产业发展中的作用越来越重要。祁述裕（2009）总结了我国文化产业发展的六大特点：一是高新技术成为传统产业升级的重要动力；二是媒体产业走向融合；三是产业链条多样化；四是边缘产业与核心产业之间界限的模糊和淡化；五是“增量改革”成为文化产业发展的亮点；六是我国文化产品进入国际高端文化市场。范周（2009）认为，我国文化产业具有政策推动与自由市场共同促进，民族文化与产业生态相互融合，市场主体与传播渠道一齐发展的三大特点。刘志华（2010）认为，与美国注重生产者的权力以及其在文化产业中的核心地位相比，我国文化产业更强调产品的内容属性。

二　支持文化产业发展的财税政策

（一）财政直接投入政策

财政直接投入文化产业是利用财政补贴（主要包括价格补贴、出口补贴、消费者补贴）、财政后期奖励以及设立财政专项资金的手段来支持文化产业的发展。政府通过财政直接投入的手段对具有正外部性和准公用物品性质的文化产业进行补贴，提高其生产积极性以满足社会公众的精神需求（刘利成，2011）。

财政直接投入是支持文化产业的主要手段，国外的文化产业直接投入资金不仅来源于政府的财政拨款，也由彩票收入和特种税收收入构成。例如，在英国，对公共文化的直接财政拨款由中央和地方两级政府的财政拨款、振兴地方经济基金以及国家的彩票收入构成。在 1995 ~

1999年，有超过1000个文化艺术项目得到了来自彩票基金的资助，一年的赞助金额高达6亿多英镑。法国设立了专门扶持电影的基金，这项基金的来源是以税收的方式从法国的电影产业链中征收，再按照一定的比例返还给这些行业（刘利成，2011）。这样的政策安排既可以保证支持文化产业的财政资金的充裕性，又可以发挥税收引导产业的作用，达到更好的政策效果。

虽然我国各级财政对文化产业的投入不断增加，但长期以来形成建设经费基数小、效率低的问题，财政投入与文化产业发展需求之间差距较大。刘利成（2011）在考察近年来文化产业的财政投入时发现，虽然总体上财政对文化产业的投入逐年增加，但文化产业投入占财政总支出的比重却呈现递减之势。不仅如此，财政支出中存在着预算不科学的现象，具体活动的经费占比较多，但对于文化产业全局性、战略性的投入相对少一些。同时，由于文化产业管理机构的设置较为分散，影响财政对文化产业投入的边际效益，无法做到合理的配比。文化行业中的行政垄断和行业壁垒同样会影响财政政策的效力（张凤华，2013）。国家控制文化产业使得整个文化产业的结构处于分割状态，难以形成有序的产业链条，导致产业风险高、收益模式不清晰。

针对我国存在的文化产业财政直接投入力度不足的问题，张少春（2009）认为，加大财政投入是保证文化产业快速发展的手段，要对文化产业的重点领域和重点环节加大财政投入力度。虽然，从长远来看文化产业的发展应该坚持市场导向，但由于我国目前的文化产业还处于弱势，并且行业本身具有高风险、高投入的特点，因此迫切地需要国家财政在其发展中发挥示范性和导向性的作用。吴学丽（2010）认为，日益增长的财政收入给文化产业的发展带来了难得的契机，应该继续增加文化建设投入的经费。在具体提供公共文化产品和服务的手段上，政府也可以通过招标、采购等市场手段拓宽对文化产业支持的渠道。对财政直接投入的后期管理也是十分重要的，对受到财政资金支持的文化产业项目，政府应该对其进行合规的财务审计，从效率和效果两方面对项目进行考核，并将最终结果作为是否应该继续对该项目进行财政支持的依据（刘利成，2011）。

（二）税收优惠政策

发达国家对本国文化产业的税收优惠政策主要从两个方面出发：靠捐赠免税筹集文化产业发展基金以及对本国主导发展的文化产业设置较低的税率。英国政府为了促进本国电影产业的发展，规定拍摄成本2000万英镑以上的电影都可以享受到一定的税收减免优惠，对图书、期刊、报纸等出版物免收增值税（马衍伟，2010）。法国国内一般商品的增值税率为19.6%，但是除了综艺性演出之外的演出以及博物馆、图书和电影等文化行业的税率只有5.5%。在2003年，法国政府通过《资助文化税制优惠》，对文化类的企业给予了巨大的税收优惠，企业最多可以获得60%的税收优惠，这一系列政策极大地刺激了企业参与文化产业的积极性。1999年，韩国对电子出版物免除了增值税，并且对投资影视等文化项目的企业给予了3%的税收优惠（刘利成，2011）。

目前我国对文化产业的税收优惠政策并没有形成统一的体系，而且税收优惠的力度较弱、政策导向性不强（刘利成，2011）。对此，吴学丽（2010）认为，应该在文化企业的产品设计、开发、知识产权保护等各个环节上充分利用税率优惠、税收递延、税收抵免等方法，建立起合理科学且目的性强的税收优惠体系。李秀金（2009）同样认为，政府应当加大对文化产业，尤其是一些中小型企业的税收优惠力度。刘利成（2011）从直接优惠政策和间接优惠政策两个方面来强调如何加强我国文化产业中税收优惠的问题。从直接优惠政策的角度看要进一步完善对新兴文化产业的最优惠税率，提高其总体竞争力，同时基于企业的生命周期，对初创期和成长期的一些优秀的文化企业给予税收减免。从间接优惠政策的角度看，对所得税中文化产品的研发成本以及相关费用进行扣除，加大对文化新兴产业和尚未完全成熟的产业的税收抵免力度并给予一定的税收递延以保证其资金充裕。

（三）财政投融资政策

财政投融资政策主要是利用设立财政投资基金，在财政的引导下进行多元化融资以及对政府支持的文化产业特定领域通过财政贴息和财政担保的手段来支持文化产业发展，这种方式主要针对处于发展初期的文化企业。

发达国家在文化产业的财政投融资政策上有着成熟的经验。英国通过设立小型公司贷款保证计划、地区创业基金等手段，利用参股的方式向规模较小、筹资困难的中小型文化企业提供额度为13万英镑的资助并参与到企业的利润分配当中。法国为解决一些规模较小的出版社和书店经费不足的问题，由政府设立特殊的担保基金会，帮助这些部门获得贷款。1983年，法国成立了电影及文化产业投资委员会，专门研究中小型文化企业的融资问题（刘利成，2011）。沈强（2010）在对比中日文化产业发展现状时发现，日本政府建立起了独具特色的文化产业投资联盟体系，在这个体系下，由社会各方面共同进行投资，既可以共享收益，又可以有效地降低风险，例如日本著名的动漫作品《千与千寻》，就是在这样的文化产业投资联盟体系下拍摄的。而韩国政府按照“集中与选择”的主要原则，多渠道地筹集文化产业基金，包括文化产业振兴基金、电影业振兴基金以及广播发展与出版基金等，有重点、有目的性地提供资金支持。同时，韩国政府利用本国的非营利性组织作为文化产业发展的信息平台，为中小型文化企业的成长提供有力支持（王明筠，2010）。

我国目前设有多种文化产业基金，最知名的如中国文化产业投资基金等。但由于中央和地方的文化产业财政投资基金大多处于募集阶段，且成立时间短、经验少，存在很多问题。王德高（2011）指出，在加大公共财政对文化产业投入的同时，应当通过财政政策积极应对，鼓励社会和民间的力量来兴办文化企业，逐步形成多元化的文化投融资机制。其中，要适当地降低准入门槛，消除体制性障碍，吸引更多的民间资本介入，并保证所有文化投资者能享有平等的投资机会。刘利成（2011）认为，在进行多元化投融资的同时也要做好财政贴息政策和设立文化产业财政担保资金。首先，应当明确财政贴息政策的主要支持方向；其次，要做好财政贴息的制度安排。利用设立的文化产业财政担保基金对合作担保机构进行补助，对再担保费进行补贴。陆岷峰（2012）认为，从政策支持上看政府需要建立针对文化产业的财政专项补偿基金，对国家支持的文化创意项目给予贴息支持，对文化产业的担保损失给予一定的补偿。

（四）政府采购政策

政府通过采购支持文化产业所采取的主要形式包括：政府出台相关政策要求政府企事业部门根据自身或公共需求进行文化产品采购，运用文化产业发展等专项基金进行直接购买，按照一定的方式对文化产品的购买方进行消费鼓励。美国的政府采购制度在全世界来讲是较为完善的，具体体现在三个方面。其一，通过一系列的法案，在价格等方面给予本国企业产品较为优越的条件，成功地支持了本国的产业。其二，对本国高新技术企业产品，不仅采购的份额大，而且在价格上要高于市场价格。其三，在采购总支出中预留一部分专门针对中小型企业的招标活动，帮助中小型企业获得稳定的政府采购合同（刘龙政，2008）。

虽然政府采购作为政府财政支持特定产业的一种手段由来已久，但遗憾的是，国内针对本国文化产业发展目前还没有形成专门的政府采购政策。刘利成（2011）建议，结合文化产业和政府采购的特点，可以考虑将原创性的文艺作品、出版物、动漫和游戏作品以及广播影视作品纳入政府采购的领域。制定政府文化产品采购目录并在各级采购中心设立专门的文化产品采购组，支持中小型文化企业获得政府采购合同。同时，要加强对文化产业政府采购后的统计和监督检查，努力提高政府采购对文化产业支持的效率。

三　支持文化产业发展的金融政策

（一）发达国家的金融支持政策

在对发达国家文化产业的金融支持政策分析中，高颖（2005）发现，发达国家对文化产业的主要投融资渠道包括银行的贷款融资、无形资本融资、投资基金融资、跨国融资以及并购重组融资。这种多元化的投融资渠道可以避免单纯依靠银行的贷款带来的融资局限。

王明筠（2010）将美国和英国在支持本国文化产业发展中所选取的金融模式总结成了三点：依靠税收上的优惠政策；在文化产业相关企业利用政府和社会提供的金融资源进行发展的同时，让金融机构也了解到文化产业的发展前景以及在发展中所面临的资金问题，推动相关机构对文化产业进行投资；特别的金融援助支持。沈强（2010）的研究发现，日本政府借助市场的力量，充分利用了风投资本大力发展文化产业，从文化产品的初创直到最终的发行面世都可以看到风险投资的介入。同时，政府积极地为文化企业提供各种债券发行等多渠道的金融支持，充分保证文化产业部门的资金来源。民间和企业同样为日本的文化产业做出了巨大贡献，由于日本的文化产业具有比较成熟的投融资渠道，个人和企业可以通过专门的行业组织协会赞助各种文化艺术活动。在日本，大型企业都以各种不同的方式来参与和支持文化活动，并将其看作树立企业良好社会形象的手段。

（二）我国的金融支持政策

具体到我国，由于我国文化产业发展历程较短，无论从力度还是方式上来讲，文化产业发展的金融支持体系还不完善。陆岷峰和张惠（2012）把我国支持文化产业发展的历史大致分为四个阶段。一是国家利用财政手段保证文化产业发展的阶段。在这个阶段内，文化产业的市场地位并没有得到足够的重视和认可，文化产业部门实行事业编制，由政府统一管理，资金由财政提供。这一阶段的文化产品基本上不具备商品属性，而是由政府提供以满足大众的基本文化精神需求，而这时的文化产业也仅仅作为控制大众意识形态的一种手段。二是金融支持传统文化产业阶段。随着改革的进一步加深，国家开始逐渐放开对金融资本流向的管制，文化产业成为边缘辅助发展产业。在这个阶段，公益性和营利性的文化产业相互融合又相互转化。三是商业金融支持现代文化产业阶段。在这一时期内，市场作为发展的主体开始发挥资源配置的作用，政府也积极地减少对文化产业的管制，文化产业的经营与发展由市场进行主导。传统的文化产业通过现代的网络与通信手段拓展市场，满足了多层次的消费需求，文化产业的市场可融资性得到了进一步提高。四是现代金融与文化产业相融合阶段。在全球经济一体化的背景下，文化产业已经成为衡量一国经济实力的重要指标，银行资本、民间资本等纷纷涌入文化产业等新兴战略性产业；文化金融在国民经济发展中的地位日益重要。

贾旭东（2010）认为，虽然我国在文化产业的金融支持上有了较快的进展，但金融支出不足的问题依然没有得到解决，并且已经成为制约我国文化产业发展的瓶颈。文化产业金融支持不足，是指在文化产业中资金需求量要高于资金的供给量，从国家金融配置的角度来说，就是贷款在不同行业间的匹配不均衡，文化产业受到了一定程度的忽视。造成我国文化产业金融支持不足的原因很多，从企业自身的角度来说，包括文化企业的融资能力弱，发展没有形成一定的规模。从金融市场角度来说，金融机构缺乏对相应文化产品的价值评估手段以及对整个行业的风险评估技术。从政府的角度来说，国内存在着对文化产业一定程度的准入限制。总的来说，文化产业的金融支持不足问题无法单纯依靠金融市场解决，需要市场与政府的共同作用。陆岷峰（2012）同样认为，由于我国的文化消费正处于跨越式增长阶段，因此文化产业中的资金需求相对较大，文化企业发展迅猛而相应的金融支持不能跟上必将会导致资金缺乏。各渠道对整个文化产业资金总量的支持不够，无法满足企业融资需求，而中小型的文化企业得到金融机构的资金支持更是难上加难。

针对我国文化产业目前存在的金融支持不足的问题，国内的研究人员提出了相应的解决思路。王明筠（2010）认为，要满足我国文化产业发展的融资需求，需要借鉴国外的经验，建立和完善多元化的融资结构体系。银行等金融机构在积极优化信贷增量的同时，要以客户为中心，努力做好金融和财务咨询等工作。政府要积极发挥政策性金融对文化产业的支持作用，推动再保险机制的建立，进一步规范和完善文化企业特别是中小型企业的信贷担保体系。以扩大融资为目的，采取多种方式，积极利用好民间资本和国外资本，降低资本准入的门槛。陆岷峰（2012）认为，从文化企业内部管理角度来说，企业应该积极地转变发展方式，努力提升自身的融资竞争力，走文化品牌营销的道路，吸引金融机构和民间资本主动投资。同时，企业要提高自身的管理水平，建立完善的规章制度，通过科学的管理增强自身财务的可持续性来争取内外部的资金支持。企业在长期的发展过程中更要注重自身信用的提升，维持双方利益的平衡，谋求长效的金融支持。

四　对现有研究的述评

虽然国内外学者对文化产业的内涵与外延、特征以及支持文化产业发展的政策建议进行了多角度的研究，成果颇丰，但仍然有进一步研究的空间，归纳如下。

第一，文化产业的基本属性弱化。目前对文化产业的意识形态、公共品属性、外部性的研究没有从不同角度对其进行深入的阐述。许多分析都是以微观问题的实践取代理论研究，同时将文化产业依附于一般产业研究的框架，与文化产业的基本属性处于相对割裂的状态，对文化产业的针对性和指导性不强。

第二，相关政策建议的系统性不强。我国文化产业发展尚处于刚刚起步阶段，文化产业发展中面临的困境和问题没有得到系统的总结，提出的政策构建也缺乏系统性、全局性的规划。特别是在相应法律法规还不完善的情况下，许多支持政策的效果都有待观察，未必能发挥预想的效果。

第三，理论对实践缺乏指导性。相关研究没能将理论与实践充分结合起来，理论没有以实践为基础，对实践的指导意义不明显。理论界缺少关于政产结合、跨学科合作、理论交叉、综合创新的文化产业政策体系构建的研究成果。

第四，模型构建和实证研究相对较少。目前，文献对文化产业中金融支持的研究主要集中于对国内外金融扶持政策的相关介绍，政策解读与统计分析，并没有形成一系列以模型构建为基础的完整的理论分析体系。

第五，财税支持文化产业发展的相关研究重设计轻执行。目前，关于支持文化产业发展的财税政策方面的研究，主要集中在政策的设计环节，对政策的执行效果研究不多。对国外的经验借鉴较多，针对我国实际情况的研究很少，各项政策之间的互动互补关系没有得到关注。

文化产业发展的历史沿革及现状

中国文化产业的兴起和发展，是经济发展和社会进步的必然结果，是人民日益增长的文化和精神需求的客观反映，得益于政府对文化产业的引导和扶持。历经三十余年的发展，我国文化产业正在从政府主导的启动阶段走向依靠市场内生动力发展的新阶段。

一 文化产业发展的历史沿革

中国的文化产业是随着改革开放而萌芽的，20 世纪 80 年代逐渐酝酿和起步，90 年代进入自觉发展的时期。进入 21 世纪，中国文化产业进一步繁荣，特别是 2002 年党的十六大将发展文化产业作为党和政府的一项重要任务，文化产业由此进入发展的快车道，在拉动国民经济、促进文化繁荣、带动社会进步和应对国际竞争等方面发挥着越来越重要的作用。近年来，随着信息技术的发展，文化产业进入战略调整的换挡期，技术进步极大丰富了文化产业的内容和形式，同时也加剧了国际文化的融合与竞争，文化产业进入蓬勃发展的时期。笔者将我国文化体制改革 30 年的历程分为以下几个阶段。

（一）文化产业的复苏阶段：1978～1985年

1978年是中国具有转折性意义的重要一年，党的十一届三中全会确立了社会主义市场经济体制，邓小平提出要“解放思想实事求是”。伴随着经济体制改革的开展及人们思想的解放，文化产业在破除旧的文化体制的过程中不断复苏。1979年的政府工作报告指出“新闻、广播、电视、出版、图书馆、博物馆、文艺、卫生、体育等各项事业，都要适应形势的需要和根据国家财力物力的可能，统筹安排，有一个新的发展”。中央首先将中央“文革”文艺组恢复为文化部，下设二十多个司局，并逐步设立对外文化联络委员会、国家出版管理局、国家文物局和外文出版发行事业局、国家版权局等。这些部门的不断变化，充分展示了当时文化事业在不断改革和发展中前行的过程，也为后来的文化产业管理奠定了基础。

以党的十一届三中全会为起点，随着党的工作重心转移到社会主义现代化建设上来，党中央对文化战线工作不再强调“文化从属于政治”“文化为政治服务”的口号，提出文艺“为人民服务，为社会主义服务”的新方向。1980年1月16日，邓小平在《目前的形势和任务》的讲话中指出，我们现在“不继续提‘文艺从属于政治’这样的口号，因为这个口号容易成为对文艺横加干涉的理论根据，长期的实践证明它对文艺的发展利少害多。但是，这当然不是说文艺可以脱离政治。文艺是不可能脱离政治的。任何进步的、革命的文艺工作者都不能不考虑作品的社会影响，不能不考虑人民的利益、国家的利益、党的利益。培养社会主义新人就是政治……文艺工作对人民特别是青年的思想倾向有很大影响，对社会的安定团结有很大影响”。1981年1月29日，《中共中央关于当前报刊新闻广播宣传方针的决定》明确提出，文艺“一定要坚持为人民服务，为社会主义服务的方向”。从此，“为人民服务，为社会主义服务”作为新时期文艺工作的基本方针确定了下来。

虽然这一时期的文化单位仍然有着浓厚的计划经济色彩，但是市场经济体制改革的不断深入，也为文化事业的改革迎来了春天。国家出台了相关政策，在一定程度上放松了对文化外围行业的限制，国有文化事业单位开始出现一些经营性活动，“双轨制”逐渐形成。1978 年财政部批准《人民日报》等新闻单位实行“事业单位企业化管理”，中央电视台于 1979 年播出了第一条外国商业广告。1979 年，广东东方宾馆开设国内第一家音乐茶座，被公认为新中国文化市场兴起的标志。1980 年，文化部主持召开全国文化局局长会议，指出“艺术表演团体的体制和管理制度方面的问题很多，严重地影响了表演艺术的发展和提高，需要进行合理的改革”。会议明确提出，要“坚决地有步骤地改革文化事业体制，改革经营管理制度”，这是首次出现“文化体制改革”的提法。随后一些演出团体开始涉足经营领域，大量的文化娱乐场所和广告公司逐渐涌现。但是在允许一些国有单位进行经营的同时，政府也并没有放松对文化行业和文化市场的管理。为了加强对经营性文化单位的管理，国家相继出台了《关于艺术表演团体的改革意见》《关于改进舞会管理问题的通知》《广告管理条例》等政策文件，并曾一度严令取缔经营性舞会和公共场所自营舞会，禁止收购、出售、转录进口录音带和唱片，禁止营业性录像放映。在这一阶段，文化单位的经营行为得到了初步承认，一系列规范和管理的政策文件出台，为开启文化市场培育的大门进行了铺垫。文化事业的经济属性和产业属性逐步显现出来。

我国对文化工作的重新定位是从思想上和本质上对文化工作的解放。在这一时期，我国文化工作逐步从“文革”极“左”路线中解脱出来，各项具体工作得到逐步的恢复。经济体制改革带动了文化体制改革，文化单位的经营性活动是文化产业的形成和发展的初步探索和有益尝试。

（二）文化产业的培育阶段：1986～1995年

随着经济体制改革的深入和文化功能的日趋多样和丰富，经过近10年的恢复与调整，文化的产业属性逐步显现出来，以营业性舞会和音乐茶座为发端的文化市场日益活跃。在1985年国务院转发国家统计局的《关于建立第三产业统计的报告》中，文化艺术作为第三产业的一个组成部分被列入国民生产统计项目，从事实上确认了文化艺术的商品属性和产业属性。1986年9月28日，党的十二届六中全会通过了《中共中央关于社会主义精神文明建设指导方针的决议》，决议进一步阐明了社会主义精神文明建设的战略地位、根本任务和基本指导方针。这个决议对于推动我国文化建设和文化体制改革，解放和发展文化生产力有着重要意义。

1988年，文化部、国家工商局联合发布《关于加强文化市场管理工作的通知》，第一次在政府文件中采用了“文化市场”的概念，并且对文化市场的范围、管理原则和任务等做出了明确的界定，规范了文化市场的管理工作。1989年国务院批准在文化部设置文化市场管理局，全国文化市场管理体系开始建立。1991年，国务院批转《文化部关于文化事业若干经济政策意见的报告》，正式提出了“文化经济”的概念，并提出“在深化文化管理体制改革、加强内部管理的同时，各级政府和有关部门要对文化事业在政策上给予支持和保障，以使文化事业建设与经济建设协调发展”。

1992年党的十四大明确提出了“积极推进文化体制改革，完善文化事业的有关经济政策”内容：“坚持‘为人民服务、为社会主义服务’的方向和‘百花齐放、百家争鸣’的方针。积极推进文化体制改革，完善文化事业的有关经济政策，繁荣社会主义文化。要重视社会效益，鼓励创作内容健康向上特别是讴歌改革开放和现代化建设的具有艺术魅力的精神产品。加强新闻、出版、广播、电视和文学艺术等方面的工作”。

党的十四大对社会主义市场经济体制的改革方向的确立，更为文化体制注入新的活力。在1992年出版的国务院办公厅编著的《重大战略政策——加快发展第三产业》一书中“文化产业”的概念被首次提出，这也是政府部门第一次使用“文化产业”概念，文化与产业的结合不仅标志着我国文化产业改革取得了阶段性胜利，更为未来的机构改革、体制改革和市场开放打通了路径。

文化市场的确立极大地带动了文化行业的发展。1984年，中央取消图书统一定价制度，对书刊定价实行分级管理。新闻出版领域实行以承包责任制为主的内部改革，增强了新闻出版单位的活力，提高了这些单位的服务水平和市场竞争力。报纸总数由1978年的186种增加到1986年的1574种，销售额从1982年的不到5000万元，猛增到1988年的5亿元，到1994年则突破了50亿元大关。特别是党的十四大确立市场经济体制改革目标后，两年间，报纸净增439种，其中党政机关的报纸比例不断下降，投资、金融、房地产、证券等行业报增长较快，比例不断攀升。文艺演出部门也引入双轨制，1989年中央《关于进一步繁荣文艺的若干意见》指出大多数艺术表演团体实行多种所有制形式，由社会力量承办，打破吃大锅饭的体制弊端。1993年，广电部发布《关于当前深化电影行业机制改革的若干意见》，改变四十余年电影“统购统销”的局面，使国内出现了一批充满活力的电影企业，如深圳电影制片厂等。

可见，文化体制的改革从使用的手段、方式和方法上都参考了经济体制改革。党中央的政策文件明确了文化体制改革的目标和任务，并逐步出台具有针对性的文件规范，加强对文化事业和文化产业的管理。政府对文化市场领域的投资、经营及创办等问题进行了积极的探讨，开放的力度进一步加大。党中央出台的相关政策，明确了文化产业的经济属性和产业属性，将文化产业列入第三产业的范畴。

（三）文化产业的驱动阶段：1996～2002年

经过近20年的改革发展，文化体制改革从依附于经济体制改革的被动转型和模仿改革到开始积极主动探索，文化生产力得到进一步的提高。1996年10月《中共中央关于加强社会主义精神文明建设若干重要问题的决议》标志着中国的文化体制改革进入一个新的阶段。该《决议》提出了新时期文化改革的目标、任务和方针，指出“改革文化体制是文化事业繁荣和发展的根本出路”，“改革的目的在于增强文化事业的活力，充分调动文化工作者的积极性，多出优秀作品，多出优秀人才”。强调文化体制改革符合精神文明建设的要求，遵循文化发展的内在规律，区别对待、分类指导，理顺国家、单位、个人之间的关系，逐步形成国家保证重点、鼓励社会兴办文化事业的发展格局。1998年8月，文化部产业司正式成立，标志着我国正式确认了文化产业的合法性。

2000年10月，中共中央制定的第十个五年计划，提出要“坚持把社会效益放在首位，坚持社会效益与经济效益相统一的原则，深化文化体制改革，建立科学合理、灵活高效的管理体制和文化产品生产经营机制。继续实行支持文化事业发展的有关政策，增加对重要新闻媒体和公益文化事业的投入。完善文化产业政策，加强文化市场建设和管理，推动有关文化市场发展”。该计划不仅对文化体制改革和文化建设提出了要求和原则性意见，而且作为政府文件第一次正式提出了“文化产业”这一概念，表明我国对文化体制改革的认识已经达到一个新的高度，对文化产业具有商品经济的一般性特征形成了系统的认识，标志着我国政府开始有意识地运用产业政策推动文化产业发展。

2000年12月，国务院出台了《关于支持文化事业发展若干经济政策的通知》，比较系统地制定了鼓励我国文化产业发展的财政、税收和金融政策，极大地调动了各方面发展文化产业的积极性。文化在“市场驱动”的基础上，开始了“产业驱动”的历程，文化产业集群开始在外围层和衍生层出现，文化的市场驱动和产业驱动共同作用、相互促进的局面逐步形成。这一时期，全国人大常委会、国务院、文化部陆续出台了《广播电视管理条例》《印刷管理条例》《出版管理条例》《电影管理条例》《音像制品管理条例》等200多部法律法规，为政府依法管理文化市场提供了法规支撑，也为文化产业的规范发展提供了保障。从1990年到2002年，全国报纸数量由1576种增加到2111种，增长了34%，总印数达到351亿份；各种期刊由6078种增加到8899种，增长了46%。全国建立了图书销售网点7万多个，图书销售额增长了12倍，广播电视机构数量增长了1倍，广播节目套数从645套增加到1777套，电视节目套数由512套增加到1047套，覆盖率达到90%以上，无线电视从无到有，用户达到9000多万。

全球数字化信息技术革命也在这一时期传播到中国，我国网络文化经济迅速成长起来，国内众多大型网络公司如百度、腾讯、网易、阿里巴巴等相继成立，成为文化产业的重要发展极。广播、电视、通讯、网络等文化视听媒体借助信息技术不断融合，“新媒体”逐渐形成，新闻出版业和广电系统开展了集团化改革，到2002年初，共组建了包括中国广电集团和中国出版集团在内的文化集团七十多家，涉及报纸、出版、发行、广播电视和电影等多个行业。2000年，国务院颁布《电信条例》和《互联网信息服务管理办法》。技术革命为文化产业的发展迎来了前所未有的发展契机，加速了文化产业的大发展和大繁荣。

（四）文化产业的推进阶段：2003～2009年

党的十六大报告对文化体制改革的目的、意义、主要任务和实施重点进行了详尽的论述，第一次在党的正式文件中将文化分成文化产业和文化事业，并强调要积极发展文化产业，指出“发展文化产业是市场经济条件下繁荣社会主义文化、满足人民群众精神文化需求的重要途径”。要求“根据社会主义精神文明建设的特点和规律，适应社会主义市场经济发展的要求，推进文化体制改革。抓紧制定文化体制改革的总体方案。把深化改革同调整结构和促进发展结合起来，理顺政府和文化企事业单位的关系，加强文化法制建设，加强宏观管理，深化文化企事业单位内部改革，逐步建立有利于调动文化工作者积极性、推动文化创新、多出精品、多出人才的文化管理体制和运行机制。按照‘一手抓繁荣、一手抓管理’的方针，健全文化市场体系，完善文化市场管理机制，为繁荣社会主义文化创造良好的社会环境”。党的十六大的一系列重大决定，将文化体制改革推进到实质阶段。

2003 年初，中宣部会同文化部、广电总局、新闻出版总署等有关部门拟订了《文化体制改革试点工作方案》。2003 年 10 月，党的十六届三中全会通过《完善社会主义市场经济体制若干问题的决定》，又进一步将文化体制改革的目标深化和明确，突出了文化建设在三个文明协调发展中的基础性和战略性地位，将文化的地位和作用大大提升。同时，将文化体制改革的总目标进一步细化，提出要“逐步建立党委领导、政府管理、行业自律、企事业单位依法运营的文化管理体制”。明确了文化事业和文化产业的改革方向和目标，公益性文化事业单位要“深化劳动人事、收入分配和社会保障改革，加大国家投入，增强活力、改善服务”，经营性文化单位要“创新体制，转换机制，面向市场，壮大实力”，要求“健全文化市场体系，建立富有活力的文化产品生产经营体制。完善文化产业政策，鼓励多渠道资金投入，促进各类文化产业共同发展，形成一批大型文化产业集团，增强文化产业的整体实力和国际竞争力。依法规范文化市场秩序”。2003 年 12 月，国务院办公厅颁布了《文化体制改革试点支持文化产业发展和经营性文化事业单位转制为企业的两个规定的通知》，为文化体制改革提供了政策上的支持，并在北京、上海、广东等9个省份和35个文化单位进行试点工作。国有文化单位在转制改革中取得重大进展，优化了产业结构、产品结构和所有制结构，激发了企业的活力。截至2007年底，已经有29个省区的新华书店注册为企业。

2004年，党的十六届四中全会通过《中共中央关于加强党的执政能力建设的决定》，提出了"深入文化体制改革，解放和发展文化生产力"的重要命题，用历史唯物主义的观点阐述了文化体制和文化生产力之间的关系。在中央政策的指引下，地方也相继出台了一系列文化产业的扶持政策，加大了对文化产业的投入。截至2006年底，全国有13个省份建立了文化产业专项基金。

2004年10月，文化部下发了《关于鼓励、支持和引导非公有制经济发展文化产业的意见》，提出进一步放开市场准入机制，打破所有制界限，允许非公有制经济进入法律法规允许的文化产业领域；继续深化文化体制改革，支持非公有制经济参与国有文化单位的重组改造；大力营造非公有制经济发展文化产业的良好政策环境和市场环境等。2005年12月，国务院下发《关于深化文化体制改革的若干意见》，提出了"形成公有制为主体、多种所有制共同发展的文化产业格局"和"形成以民族文化为主体、吸收外来有益文化的文化市场格局"工作要求，为文化领域产权制度创新和深化对外开放指明了方向。2005年五大部委联合制定了《关于文化领域引进外资的若干意见》，进一步规定了非公有制资本和外资进入文化领域的范围和原则，引导非公有资本进入文化产业。在国家政策的带动下，非公有制经济在文化产业迅速发展，2007年，全国民营出版企业达到13家，连锁经营企业达到8家，民营出版发行网点占全国发行网点总数的69%，占全国一般图书市场50%的份额。全国民营影视公司达到140余家，社会资本参与拍摄的影片数量占总数的75%。

2006年9月，中共中央办公厅、国务院办公厅印发我国第一个关于文化建设中长期规划《国家“十一五”时期文化发展规划纲要》，把文化产业纳入国家发展的总体战略加以统筹规划，进一步推动了文化领域改革发展的进程。2007年10月，在中共十七大会议上，文化产业被提高到国家战略的重要地位。会议指出，要“深化文化体制改革，完善扶持公益性文化事业、发展文化产业、鼓励文化创新的政策”“大力发展文化产业，实施重大文化产业项目带动战略，加快文化产业基地和区域性特色文化产业群建设，增强国际竞争力，运用高新技术创新文化生产方式，培育新的文化业态，加快构建传输快捷、覆盖广泛的文化传播体系”。

截至2007年底，全国有53个城市和地区启动了电视数字化整体转换，其中31个城市完成了整体转换。全国有线数字电视用户达2687万户。另外，我国动漫产业发展迅速。截至2007年底，中国民族原创网络游戏占据了65%的市场份额，从事自主研发的企业达126家，原创网络游戏出口28款，累计创汇5500万美元。2007年完成国产动画片186部，比2006年增长23%，一举扭转了外国动画片占领国内动画市场的不利局面。2008年，我国自主研发的网络游戏实际销售收入达到110.1亿元，比上年增长60%，占中国网络游戏出版市场总收入的60%，整个网络游戏出版业的产值达到183.8亿美元，为电信、IT等行业带来高达478.4亿元的直接收入。2008年，我国自主研发的33款游戏进入海外市场，实现销售收入7074万美元，比上年增长了28.6%。文化产业在2008年金融危机中的逆势上扬更是证明了文化产业的潜力所在，在这样的背景下，2009年，我国第一部文化产业专业规划《文化产业振兴规划》出台。该《规划》明确文化产业发展的战略重点，提出要培育文化消费，创造新的经济增长点，进一步推动文化产业资金多元化，推动文化产业升级，为文化产业走出去创造新的机遇。该《规划》对文化产业的整体发展具有指导性作用，同时，也对区域文化产业和文化产业各行业、文化企业具有指导性作用，是文化政策的历史转折点，对文化产业全局性、进程性具有重大、深远和战略性的影响。

可见，随着文化产业的不断繁荣发展，中央将文化产业提升到国家战略层面，文化产业成为市场经济条件下发展社会主义文化的重要载体，成为满足人民群众多元化、多层次、多方面精神文化需求的重要途径，成为推动经济结构调整、转变经济发展方式的重要着力点。

（五）文化产业的换挡期：2010 年至今

从 2004 年到 2010 年，我国文化产业增加值年增长率达到 22% 以上，进入高位运行状态。2011 年 10 月，党的十七届中央委员会第六次全体会议审议通过了《中共中央关于深化文化体制改革、推动社会主义文化大发展大繁荣若干重大问题的决定》，明确了文化改革发展的指导思想、重要方针、目标任务、政策举措，提出要“加快发展文化产业，推动文化产业成为国民经济支柱性产业”。2012 年 1 月，国务院办公厅印发《国家“十二五”时期文化改革发展规划纲要》，提出到 2015 年我国文化改革发展的 10 项主要目标，明确了九大重点工程，提出了五方面的政策措施，对文化改革发展做出了全面部署。2012 年 2 月，文化部正式发布《“十二五”时期文化产业倍增计划》，提出了“十二五”期间文化部门管理的文化产业增加值平均现价增长速度高于 20%，2015 年比 2010 年至少翻一番，实现倍增的奋斗目标。

这一时期，文化产业主要在四个层面得到进一步发展。一是文化产业对外开放的思路基本形成，二是文化产业的金融支持力度加大，三是文化产业的财政支持增加，四是文化产业创新得到发展。

在对外开放方面，2010 年 3 月，首批上海市文化“走出去”专项资金扶持项目公布，上海市 24 家文化企业的 24 个文化“走出去”项目经过评审后获得资金支持，资助总额达到562万元。在24家接受资助的企业中有16家是非公有制和混合所有制企业。“十二五”时期以来，中央对进一步发展对外文化贸易提出了新要求。党的十八届三中全会在《中共中央关于全面深化改革若干重大问题的决定》中指出，要“提高文化开放水平，培育外向型文化企业，支持文化企业到境外开拓市场”。2014年，国务院印发《关于加快发展对外文化贸易的意见》，提出了到2020年我国对外文化贸易从微观上看，要实现培育一批具有国际竞争力的外向型文化企业，形成一批具有核心竞争力的文化产品，打造一批具有国际影响力的文化品牌，搭建若干具有较强辐射力的国际文化交易平台的目标；从宏观上看，要达到使我国核心文化产品和服务贸易逆差状况得以扭转，对外文化贸易额在对外贸易总额中的比重大幅提高，文化产品和服务在国际市场的份额进一步扩大，文化整体实力和竞争力显著提升的目标。

在金融支持方面，党的十八届三中全会在《中共中央关于全面深化改革若干重大问题的决定》中提出“鼓励金融资本、社会资本、文化资源相结合”的要求，将文化金融合作纳入全面深化改革的总体格局中，体现了中央对文化金融合作的高度重视，为文化金融合作发展指明了方向。截至2010年6月，文化、体育、娱乐业类各项贷款余额达到916亿元，同比增长23.58%，比同期金融机构全部贷款同比增速高4.38个百分点。2010年4月，中共中央宣传部、中国人民银行、财政部、文化部、广电总局等九大部门联合下发《关于金融支持文化产业振兴和发展繁荣的指导意见》，总结近年来文化金融合作的经验与成果，结合当前金融改革和文化产业发展的新趋势，突出改革创新精神，发挥市场配置资源的决定性作用，从认识推进文化金融合作的重要意义、创新文化金融体制机制、创新文化金融产品及服务、加强组织实施与配套保障这四个方面提出了深入推进文化金融合作的要求，提出建立文化金融合作部际会商机制、完善文化金融中介服务体系、加大财政对金融的扶持力度、重视金融支持小微文化企业发展、推进文化金融在重点领域实施等八个方面的制度安排。2011 年 1 月，文化部和中国保监会联合开展了“保险支持文化产业试点”工作，公布了演艺活动财产保险、艺术品综合保险、文化企业知识产权侵权保险等 11 个文化产业保险试点险种，确定了中国出口信用保险公司、中国人民财产保险股份有限公司等 3 家试点保险公司。截至 2013 年末，全国各类型的文化产业股权投资基金有 57 只，募集规模超过 1350 亿元。

在财政支持方面，对文化产业的扶持力度进一步加大。2010 年 1 月，文化部、财政部、国家税务总局联合公布了 100 家通过认定的动漫企业和重点动漫企业名单，入围企业将享受增值税、企业所得税、营业税、进口关税和进口环节增值税等税收减免优惠。2012 年 4 月，财政部修订《文化产业发展专项资金管理暂行办法》，进一步增强中央财政对文化产业发展的保障功能，扩大了文化产业发展专项资金的支持范围，重点新增了推进文化体制改革、构建现代文化产业体系、促进金融资本和文化资源对接等领域。2013 年，文化部与财政部启动了中央财政文化产业发展专项资金重大项目“文化金融扶持计划”，专项资金对全国的 92 个文化产业信贷项目提供了 4.61 亿元的贴息支持。此外，中央和地方文化产业的投资基金得到进一步发展。国际经验证明，文化产业投资基金具有财政投入扶持性强、投资期限长、投资规模大、市场化（专业化）运作程度高等特点，它基本不受资金来源和规模的限制，并且能够提供专业化的基金运营服务，是促进文化产业发展的有效助推器，也是政府扶持文化产业走市场化道路的有效手段。2011 年 7 月 6 日，由财政部、中银国际控股有限公司、中国国际电视总公司和深圳国际文化产业博览交易会有限公司共同发起设立我国首只文化产业投资基金——中国文化产业发展投资基金。基金实行市场化运作，并通过中央层面的规范管理和行为约束，目的是推动资源重组和结构调整、振兴文化产业，以此鼓励金融资本通过风险投资、股权投资等方式支持文化产业发展。截至目前，基金已成功投资人民网、新华网等多个项目，各项业务全面展开。在地方层面，从2012年起，中央财政加快了参股地方文化产业投资基金的步伐，经过充分调研和认真筛选，确定江苏紫金文化产业发展基金和湖南省文化旅游产业投资基金作为参股对象。目前，中央财政已向上述两家基金各注资1亿元，以此探索支持地方文化产业发展的新途径。

在文化产业创新项目方面，2010年，由国家财政扶持、文化部组织实施的国家文化创新工程在河北召开项目评审会，该项目涵盖了文化产业和文化事业的重点领域，对培育创新意识、倡导创新精神、完善创新机制，建设创新队伍发挥着重要作用。2012年5月，科技部、中宣部、财政部、文化部等12个单位在深圳联合召开文化科技创新工程联席会议，审议通过了《文化科技创新工程纲要》，并对文化科技创新工程实施了部署，标志着国家文化科技创新工程正式启动。

总之，改革开放以来，文化产业经历从无到有、从小到大、从弱到强的发展过程，在政府的引导和扶持下，不断发展壮大，并已进入换挡期，在高位运行（见图1）。党的十八届三中全会在《决定》中围绕政府和市场的关系，发挥资源配置的决定性作用做出了全面部署，为下一阶段文化体制改革指明了方向。一是进一步强化了文化在中国特色社会主义“五位一体”总体布局中的重要地位，强调了文化产业在文化体制改革中的特殊作用。二是文化产业将从政府的襁褓中独立出来，将发展机制全面转向市场机制。三是构建和理顺文化产业的价值链，建立符合现代市场体系要求的现代文化管理体制。四是加速文化产业升级，不再仅仅追求发展速度，而是将发展的重点转向转型升级，多出精品、多出人才、推进创新。2014年4月16日，国务院办公厅发布《关于印发文化体制改革中经营性文化事业单位转制为企业和进一步支持文化企业发展两个规定的通知》（国办发〔2014〕15号），修订完善一系列推动文化改革发展的重要经济政策，为新一轮文化体制改革提供了有力支撑，激发了内在动力，促进其繁荣发展。

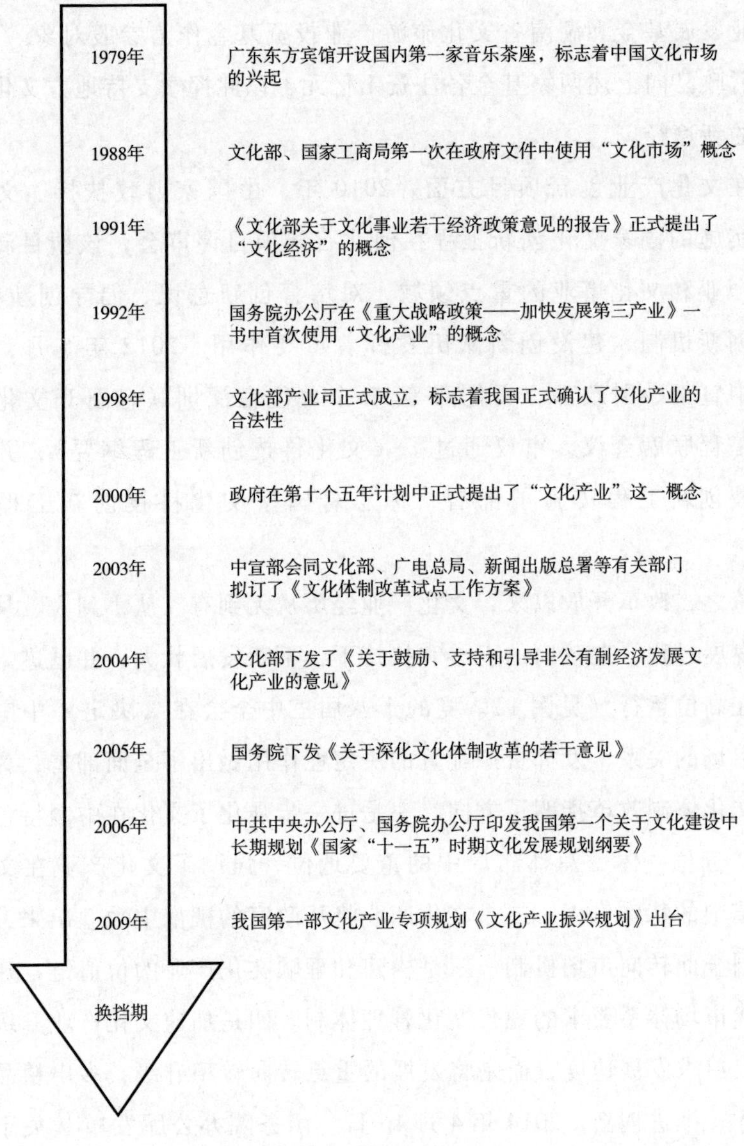

图 1　文化产业发展的历程

二　文化产业发展的现状和特点

为深入贯彻落实党的十七届六中全会关于深化文化体制改革、推动社会主义文化大发展大繁荣的精神，建立科学可行的文化及相关产业统计制度，国家统计局于2012年对文化及相关产业的定义和范围予以明确规定①。文化及相关产业，是指为社会公众提供文化产品和文化相关产品的生产活动的集合。我国文化及相关产业的范围包括四个方面：一是以文化为核心内容，为直接满足人们的精神需要而进行的创作、制造、传播、展示等文化产品（包括货物和服务）的生产活动；二是为实现文化产品生产所必需的辅助生产活动；三是作为文化产品实物载体或制作（使用、传播、展示）工具的文化用品的生产活动（包括制造和销售）；四是为实现文化产品生产所需专用设备的生产活动（包括制造和销售）。以《国民经济行业分类》（GB/T4754—2011）为基础，根据文化及相关单位生产活动的特点将文化及相关产业分为十大类，具体包括：新闻出版发行服务、广播电视电影服务、文化艺术服务、文化信息传输服务、文化创意和设计服务、文化休闲娱乐服务、工艺美术品的生产、文化产品生产的辅助生产、文化用品的生产、文化专用设备的生产（见表1）。

表1　文化及相关产业分类（2012）

单位：个

部分	行业大类	行业小类数量
文化产品的生产	一、新闻出版发行服务	12
	二、广播电视电影服务	6
	三、文化艺术服务	13
	四、文化信息传输服务	5
	五、文化创意和设计服务	5
	六、文化休闲娱乐服务	11
	七、工艺美术品的生产	13

① 国家统计局网站，http：//www. stats. gov. cn/tjsj/tjbz/201207/t20120731_ 8672. html。

续表

部分	行业大类	行业小类数量
文化相关产品的生产	八、文化产品生产的辅助生产	15
	九、文化用品的生产	30
	十、文化专用设备的生产	10

资料来源：国家统计局官网。

文化及相关产业的行业细分也从一个角度说明，我国文化产业的发展历经三十余年的蜕变，已经从“幼稚”走向“成熟”，正在从政府主导的启动阶段走向依靠市场内生动力发展的新阶段。[①]

（一）文化产业已经成为国民经济的生力军

2012 年，我国各地区文化及相关产业法人单位数量达到 662975 个，其中规模以上法人单位数量达到 36469 家，从业人员数为 6994335 人，应付职工薪酬为 4069.07 亿元，营业收入达到 56261.54 亿元，主营业务收入为 55463.97 亿元。文化产业增加值始终保持高速增长态势，2013 年，文化产业增加值达到 21320 亿元，是 2004 年文化产业增加值的 6.2 倍。文化产业增加值占 GDP 的比重不断提高，从 2004 年的 2.15% 提高到 2013 年的 3.69%（见表 2）。从 2005 年到 2012 年，除 2008 年外历年文化产业增加值的增速不仅高于第三产业增加值的增速，同样也高于工业增加值的增速（见表 3 和图 2、图 3）。除 2006、2011 年外，其他年份文化产业固定资产投资增速也普遍高于全社会固定资产投资增速（见表 4），可见文化产业已经成为国民经济发展的生力军。

① 张晓明、王家新等：《中国文化产业发展报告（2014）》，社会科学文献出版社，2014，第 2 页。

表 2　2004～2013 年文化产业增加值、增速及占比

单位：亿元，%

年份	增加值	增长率	占 GDP 比重
2004	3440		2.15
2005	4253	23.6	2.30
2006	5123	20.5	2.37
2007	6455	26.0	2.43
2008	7630	18.2	2.43
2009	8786	15.2	2.52
2010	11052	25.8	2.75
2011	13479	22.0	2.85
2012	18071	16.5	3.48
2013	21320	18.0	3.69

资料来源：《2013 年中国文化及相关产业统计年鉴》，中国统计出版社。

表 3　2005～2012 年文化产业、工业、第三产业增加值增速对比

单位：%

年份	文化产业增加值增速	工业增加值增速	第三产业增加值增速
2005	23.6	14.6	16.0
2006	20.5	15.7	18.2
2007	26.0	21.4	25.7
2008	18.2	22.1	18.0
2009	15.2	8.6	12.7
2010	25.8	17.8	17.3
2011	22.0	17.8	18.2
2012	16.5	10.3	12.8

表 4　2005～2012 年全社会固定资产与文化产业固定资产投资增速对比

单位：亿元，%

年份	全社会固定资产投资	文化产业固定资产投资	全社会固定资产投资增速	文化产业固定资产投资增速
2005	88773	857		
2006	109998	955	23.9	11.4
2007	137323	1243	24.8	30.2
2008	172828	1589	25.9	27.8
2009	224598	2383	30.0	50.0
2010	278121	2959	23.8	24.2
2011	311485	3162	12.0	6.9
2012	374694	4271	20.3	35.1

资料来源：历年《中国统计年鉴》。

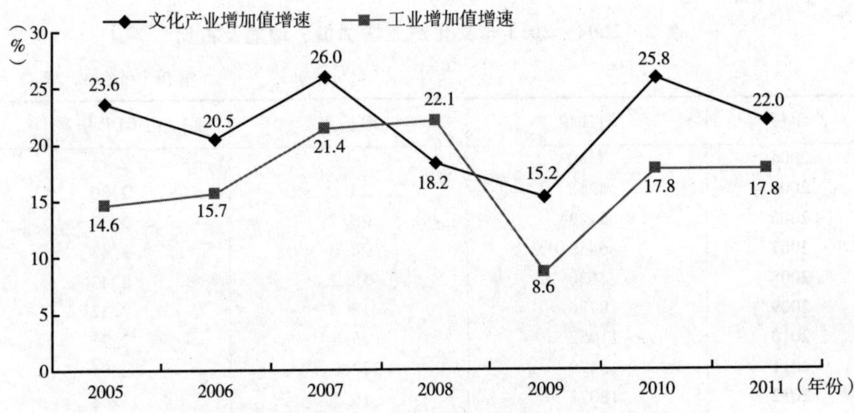

图 2　2005～2011 年文化产业和工业增加值增速对比

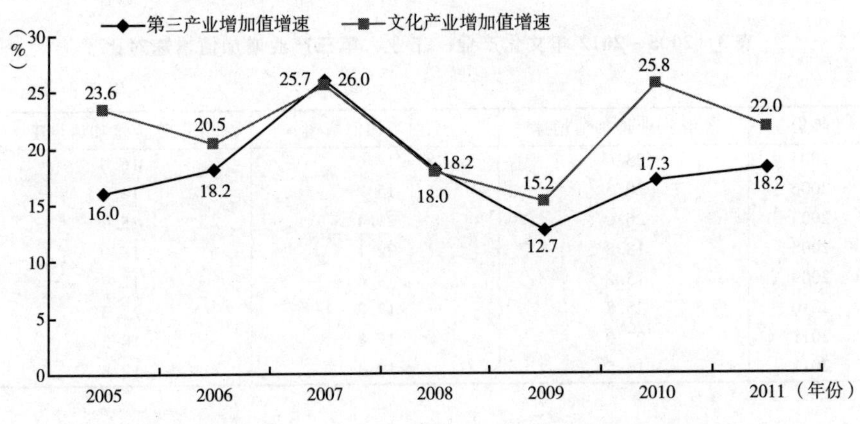

图 3　2005～2011 年文化产业和第三产业增加值增速对比

（二）文化产业专项资金逐年增加

为了进一步促进文化产业的大繁荣，配合《文化产业振兴规划》的颁布实施，从 2008 年开始，中央设立文化产业专项资金。2008 年和 2009 年的投入规模较小，只有 10 亿元，但发挥了重要的带动作用。2010 年，财政部印发了《文化产业发展专项资金管理暂行办法》（财教〔2010〕81 号），并投入资金 20 亿元。2011 年的投入规模维持不变。

2012年，为深入贯彻落实党的十七届六中全会精神，加快推动文化产业成为国民经济支柱性产业，中央财政安排文化产业发展专项资金34亿元，重点支持文化体制改革、骨干文化企业培育、现代文化产业体系建设、金融资本和文化资源对接、文化科技创新和文化传播体系建设、文化企业“走出去”等六大方面。资金分配工作首次引入合规性审核、专家评审工作机制，调整完善项目分类方法，项目遴选更为严格规范，进一步提高了资金分配的科学性、规范性和合理性，重新修订了《文化产业发展专项资金管理暂行办法》（财文资〔2012〕4号）。2013年为加快推动文化产业成为国民经济支柱性产业，中央财政下拨文化产业发展专项资金48亿元，比2012年增加41.18%。在继续实施一般项目的基础上，2013年新增文化金融扶持计划、实体书店扶持试点、环保印刷设备升级改造工程、重点新闻网站软硬件技术平台建设等4个重大项目，着重解决文化产业发展面临的关键性、瓶颈性问题。2014年4月，财政部文资办发布重新修订的《文化产业发展专项资金管理暂行办法》，对2014年的文化产业发展专项资金的重点支持内容和申报条件等进行明确。2014年财政部共下达文化产业发展专项资金50亿元，比2013年增加4.2%，共支持项目800个（其中中央191个，地方609个），与2013年基本持平（见表5）。

与往年相比，2014年专项资金管理工作有三个突出特点：一是充分借助行业主管部门力量。与行业主管部门开展深入沟通对接，联合出台《关于深入推进文化金融合作的意见》《藏羌彝文化产业走廊总体规划》《关于推动特色文化产业发展的指导意见》等多个文件，促进专项资金与产业政策相衔接。二是积极发挥专家评审作用。在中宣部、文化部、国家新闻出版广电总局、商务部等推荐的基础上，专家库规模大幅扩大，专家库总人数由54人增加至152人，涵盖专业领域更广，人员结构更合理，特别是新增了大量金融领域、新兴文化产业领域的专家，以适应专项资金申报项目日趋复杂化、多样化的需要，同时也确保了项目评审的公平公正。三是全面引入社会监督机制。首次引入互联网在线申报系统，为申报单位创造了更为便捷、公开的申报环境；首次对拟支持项目进行公示，增加了预算透明度，充分发挥社会监督作用，是符合新《预算法》精神的有益尝试。

表 5　2008～2014 年文化产业专项资金

单位：亿元

年份	2008	2009	2010	2011	2012	2013	2014
金额	10	10	20	20	34	48	50

（三）文化产业投资势头良好

2005 年，国务院出台《非公有资本进入文化产业的若干决定》，明确了非公有资本可进入文化产业领域及相关的限制条件，鼓励和支持非公有制企业大力参与发展社会主义先进文化，正式打开了社会资本进入文化产业领域的大门。各主管部门先后出台了一系列鼓励和扶持政策，积极引导资本进入文化产业，大力推进文化产业的发展。2012 年，我国文化产业投资总规模同比增长 39.06%。剔除分类口径的纵向比较，文化产业投资规模从 2008 年的 9390.73 亿元增长到 2012 年底的 19576.68 亿元，5 年间实现产业投资规模翻番，投资规模年均增幅达到 20%（见图 4）。

文化产业投资主要分为无形资产投资和固定资产投资。固定资产投资又包括三个部分：一是产品生产性固定资产投资，二是传播渠道固定资产投资，三是生产性文化服务领域固定资产投资。由于文化地产、文化旅游项目是地方政府政绩工程的组成部分，目前已经成为文化产业投资的热点领域。文化产业固定资产投资的增速多数年份都高于全社会固定资产投资。从表 6 可以看到，文化产业固定资产投资比重由 2008 年的 45.19% 上升到 2012 年的 60.89%，相比之下，文化产业的无形资产

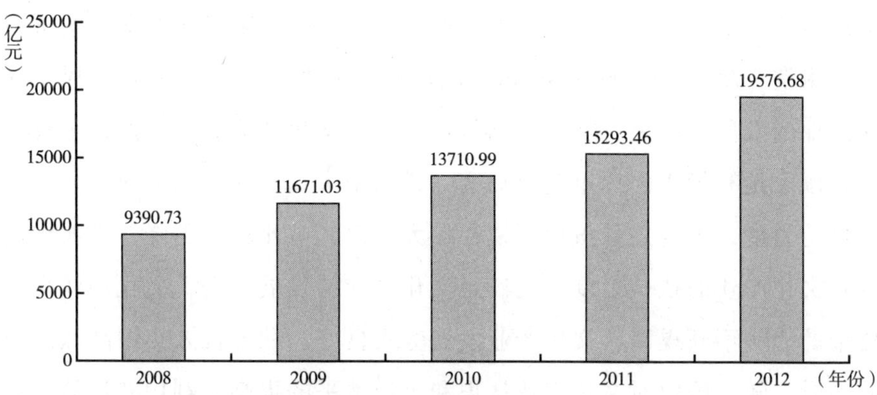

图 4　2008～2012 年文化产业固定资产投资规模状况

投资的社会认知程度不高。由于受到知识产权保护不力等因素的影响，文化产业无形资产投资与资本对接的渠道不够畅通，手段和经验仍然不足，在固定资产投资规模不断加大的情况下，文化产业无形资产投资比重逐年下降。

表 6　文化产业固定资产和无形资产投资规模比重对比

单位：%

年份	固定资产投资比例	无形资产投资比例
2008	45.19	54.81
2009	52.10	47.90
2010	54.83	45.17
2011	56.57	43.43
2012	60.89	39.11

资料来源：张晓明等，《中国文化产业发展报告（2014）》，社会科学文献出版社，2014，第 49 页。

2010 年，《关于金融支持文化产业振兴和发展繁荣的指导意见》更是刺激了金融资本对文化产业的投入。银行贷款成为文化产业融资的重要方式之一。截至 2013 年 3 月，全国文化产业中长期贷款余额高达 1291 亿元，同比增长 35.1%，高于全行业平均增速（24.9%）。截至

2013 年 7 月，已有 21 家企业在上海证券交易所和深圳证券交易所进行债券融资，融资总金额达到 96.2 亿元，各种来源的资金有效支撑了文化产业的发展。但是，从投入结构看，目前文化产业固定资产资金投入中，国家预算投入的比重略有提高，说明中央在进一步加大对文化产业的扶持力度，国内贷款虽然规模在扩大，但其占比略有下降，反映出金融对文化产业的扶持力度不能满足文化产业的发展需要，文化产业自筹资金的比例不断提高，文化产业发展势头良好，社会投入热情高涨。与此同时，随着国内对文化产业认识和重视水平的提高，利用外资的比例不断下降（见表 7）。另外，由于文化产业具有轻资产、高风险特点，导致传统融资模式如银行贷款产生诸多不适，当前注重成长性、偏好风险的文化产业投资基金已经成为我国文化产业发展的必要支持及关键力量。2007 ~ 2014 年，文化产业投资基金提速发展，成为投资界和文化产业界一道独特的风景。7 年时间，多达 93 只文化产业综合股权投资基金发起设立，仅 2014 年一年新增加 51 只文化产业投资基金。2014 年 40 只基金披露募资总金额高达 1196.85 亿元，平均单只基金的总募集金额达到 29.92 亿元。其中首期募集金额共达到 140.75 亿元，平均单只基金的首期募集金额达到 3.52 亿元。

表 7　文化产业固定资产投资结构

单位：%

年份	国家预算	国内贷款	利用外资	自筹资金
2005	3.6	10.3	8.2	71.3
2006	3.8	10.6	5.1	74.6
2007	4.3	9.3	5.5	74.4
2008	5.0	7.5	4.9	76.1
2009	4.9	10.3	2.7	75.8
2010	5.2	8.6	2.5	78.2
2011	5.1	8.1	2.3	79.4
2012	5.1	7.9	1.9	80.6

资料来源：《2013 年中国文化及相关产业统计年鉴》，中国统计出版社。

（四）文化产业对外贸易总体向好

随着我国综合国力的不断增强和文化产业的迅速发展，近年来文化出口发展迅猛，越来越多的文化企业进入国际文化市场，文化产品和服务的贸易逆差彻底扭转。从表8可以看出，我国核心文化产品的出口额在2009年时出现下跌，在2011年出现反弹，出口增长势头良好。以游戏、广告、设计和动漫为代表的新业态取代图书出版成为对外文化贸易的第一军团。2011年，国产网络游戏出口额达到4.03亿美元，相比2010年2.29亿美元，增长了76%。2012年国产游戏出口规模继续扩大，收入达到5.87亿美元（见图5），同比增长45.6%，当年新增54家公司共计出口66款国产网络游戏。

表8　核心文化产品的进出口情况

单位：亿美元，%

年份	出口额	进口额	总额	贸易差额	出口增长	进口增长
2005	78.9	3.5	82.4	75.4	22.6	-22.5
2006	96.4	5.7	102.1	90.7	22.3	62.9
2007	106.8	22.4	129.2	84.4	10.7	295.6
2008	136.9	21.5	158.4	115.4	28.2	-4.0
2009	104.2	20.8	125.0	83.4	-23.9	-3.3
2010	116.7	27.2	143.9	89.5	12.0	30.5
2011	186.9	12.1	199.0	174.8	60.2	-55.6
2012	259.0	15.6	274.6	243.4	38.5	28.6

资料来源：《2013年中国文化及相关产业统计年鉴》，中国统计出版社。

图书出版、电影等传统业态出口稳步发展，2003~2012年我国图书版权出口高速发展，2003~2007年版权输出12197种，2008~2012年版权输出34774种，增长率将近2倍。艺术品业异军突起，2012年我国国际商品贸易中，艺术品商品进出口数量达到149.5万件，总金额达到62218万美元，成为我国文化贸易的新亮点。

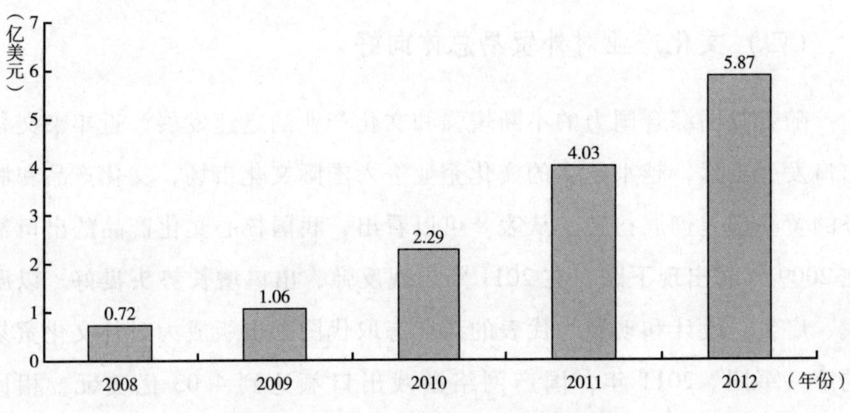

图5　2008～2012年国产网络游戏海外收入

（五）文化产业区域发展失衡有所改善

文化产业的空间布局依托地区文化资源和文化消费市场发展而形成。从文化产业园区的分布看，我国文化企业主要还是集中在东部地区。2013年，东部地区文化产业园区占全国的74.18%（见图6）。东部地区文化产业园区又集中在历史悠久或特大城市，山东、江苏、广东、北京、上海、浙江六大热点省市总数达到683个，占东部地区的85.8%，占全国的63.65%。

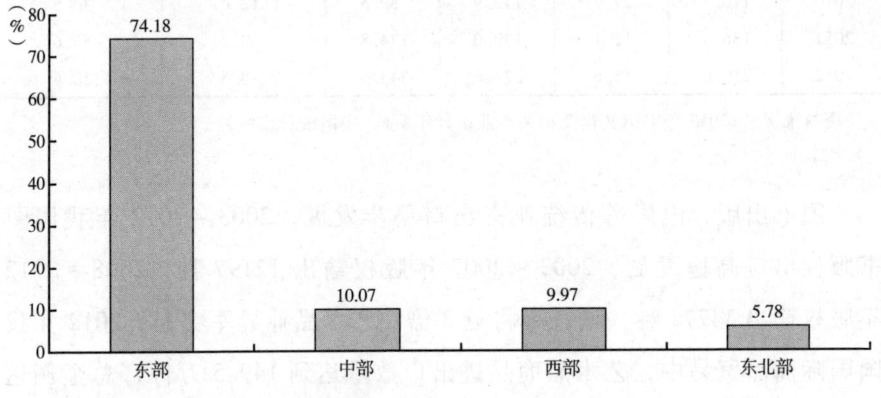

图6　2013年中国文化产业园区分布情况

但是从文化产业固定资产投资构成看，东部和西部地区的固定资产投资增速有放缓的趋势，而中部和东北部地区则保持了相对较好的增长态势。虽然东北部地区在2011年的增速只有10.2%，但是在2012年出现了强劲反弹，增速达到了69.1%（见表9）。从文化消费的潜力看，东北部和中部地区也表现不俗。东部地区文化消费支出始终是遥遥领先，但从年均增长的情况看，东北部的年均增速最高，2008～2012年年均增速达到12.73%，中部为11.26%，东部为10.18%。随着物质生活的极大丰富，文化消费已经成为人们当下重点消费领域。因此，对多元文化的需求潜力会进一步拉动各地文化产业的发展，使文化产业的区域失衡逐步减弱。

表9　2008～2012年文化产业固定资产投资分地区情况

单位：亿元，%

年份	东部	西部	中部	东北部	东部增速	西部增速	中部增速	东北部增速
2008	3066	879	1239	405	—	—	—	—
2009	3894	1204	1871	572	27.0	37.0	51.0	41.2
2010	4511	1479	2344	754	15.8	22.8	25.3	31.8
2011	5061	1817	2735	831	12.2	22.9	16.7	10.2
2012	7581	2539	4116	1405	49.8	39.7	50.5	69.1

资料来源：根据张晓明等《中国文化产业发展报告（2014）》中数据计算整理。

（六）文化产业主要行业发展情况

受2010年国家统计局对文化及相关产业分类标准调整的影响，2012年文化创意和设计服务行业、文化专用设备生产行业的投资增长迅速，出现翻倍增长，增长率达到330.36%和133.32%，新闻出版发行行业出现投资增幅轻微收官的迹象，下滑幅度为4.41%（见表10）。其他各行业都保持了稳步增长的态势。

表 10　2011～2012 年文化产业投资行业分布

单位：亿元，%

行业	2011 年	2012 年	增幅
新闻出版发行	1324.15	1265.79	-4.41
广播电影电视	2736.21	2806.94	2.58
文化艺术服务	1283.05	2546.13	98.44
文化信息传输服务	481.8	538.23	21.05
文化创意和设计服务	285.49	1228.63	330.36
文化休闲娱乐服务	5116.45	6049.59	18.24
工艺美术品的生产	548.66	710.44	29.49
文化产品生产的辅助生产	1578.74	2346.72	48.65
文化用品的生产	1743.06	3246.99	86.28
文化专用设备的生产	223.68	521.89	133.32

资料来源：张晓明等：《中国文化产业发展报告（2014）》，社会科学文献出版社，2014，第48页。

1. 出版行业在转制期缓慢前行

2012 年，全国共出版图书 414005 种，比 2011 年增长 12.04%；全国共出版期刊 9867 种，比 2011 年增长 0.18%；全国共出版报纸 1918 种，与 2011 相比，下降 0.52%；全国共出版音像制品 18485 种，其中录像制品比 2011 年下降 3.42%，录音制品 8894 种，比 2011 年下降 6.15%；全国出版电子出版物 11822 种，与 2011 年相比，增长 5.99%。可见，网络技术的不断发展对出版行业的业务发展产生重大影响，传统的出版形态逐步转向数字化和电子化。出版行业还面临“企业单位，事业管理”的阶段性问题以及社会效益和经济效益之间的矛盾，这对提升出版行业的核心竞争力是一个必须逾越的障碍。当然，逐步通过业务内容的充实、产业结构的调整，新闻出版业作为文化产业的传统业态，依旧可以保持行业领先的优势。2012 年，全国出版、印刷和发行服务实现营业收入 16635.3 亿元，比 2011 年增加了 2066.7 亿元，增长 14.2%；增加值 4617.0 亿元，较 2011 年增加了 595.3 亿元，增长 14.8%，新闻出版业整体上保持平稳的发展态势。

2. 广电行业高速发展，但结构性过剩问题依然存在

随着人们文化需求的日益增长，广电行业一直保持迅猛的发展势

头，2012 年，全国广播电视总收入 3268.79 亿元，首次突破了 3000 亿元，比 2011 年增长了 20.29%，继续保持较快的增长。全国电影票房收入达到 170.73 亿元，同比增长 30.18%，已经连续 10 年保持高速增长的趋势，远远高于世界电影票房 6% 的年度增幅。中国内地电影票房占全球票房 347 亿美元的 7.78%，对世界电影市场的贡献越来越大，数字化放映率达到 99%，居世界第一位，远超过北美的 75%、欧洲的 60%。全国广播节目总量达到 718.82 万小时，电视节目总量达到 343.63 小时。广播电视广告收入 1270.25 亿元，比上年增长 13.12%，增幅略有收缩，这是广电总局对广告播出的时间和频率有所规定的必然结果，广告和有线网络收入的占比在过去 5 年，有不同幅度的下降，其他收入占比从 2008 年的 20.62% 提高到 31.11%，广播电视收入的结构正在逐步调整和改善。但另一方面，广播电视行业大众化和同质化的问题依旧严重，政策对此的规范和引导力度还不够，内容制作与受众需求的脱节，造成了人财物的浪费，需要进一步规范和调整。

3. 演艺行业民营剧团迅速崛起

国家对演艺行业的支持政策已全面展开。2012 年，正在或者已经完成转制的剧团数量不断增加，宁夏、贵州、河北、山西、陕西、重庆、安徽和江苏等地已经顺利完成转制。我国各类演出机构共有 7321 个，艺术表演馆 2364 个，国内观众总人次达到 82805.09 万。各类演出达到 200 万场次，其中专业演出占 17.5%，乡村演出占 47.3%。全国演出市场总收入达到 355.9 亿元，其中，票房收入为 135 亿元。全国演出团体约为 13000 家，国有演出团体有 2700 家，民营演出团体 10000 余家，演出经纪机构 3059 家，在国家政策的支持下，民营演出团体异军突起，成为活跃文化演出市场的生力军。

4. 文化产业新兴业态迅猛发展

电子信息技术革命将人类带入数字化的新时代。2009 年国务院颁布的《文化产业振兴计划》明确提出："积极发展移动多媒体广播电视、网络广播影视、手机广播电视等新兴文化业态，推动文化产业升级”，新兴业态是传统文化产业的数字化升级，是传统文化产业行业间的转化与融合。截至2012年，我国网民规模达到5.64亿，互联网网民达到37183万，同比增长14.3%，占网民总量的65.9%。2012年，我国各类视频网站已经有160家，在线视频整体市场规模达到92.5亿元，同比增长47.6%，网络视频用户约为4.5亿。借助数字化技术进步，微博和微信成为网民普遍使用的交流工具，新浪微博的用户数已经超过5亿，腾讯公司推出的微信，以方便快捷的特点异军突起。网络游戏已经成为文化产品出口的核心产品，2012年，中国游戏市场实现销售收入602.8亿元，同比增长35.1%，网络游戏销售收入569.6亿元。智能手机的普及，极大地带动了移动游戏市场的发展，收入达到32.4亿元，同比增长46.4%。随着技术的不断革新，3D技术将成为未来文化产业中的朝阳产业。

（七）文化产业发展的特点

1. 政府扶持与市场化相结合的发展模式

在从计划经济到市场经济的变革中，我国文化产业不同于发达国家以市场为主导的文化产业发展模式，而是经历了从无到有、逐步释放的过程。总体来讲是政府通过政策协调，带动行业和部门的整合。根据马斯洛对人类需求的分析，物质需求必然要先于精神需求，因此，文化产业的发展速度，明显滞后于经济发展。而精神需求一旦爆发，需求量的增长又是迅速的。所以，从高度集中模式下的事业性质转制为企业并投入市场化进程，导致我国文化产业的发展方式必然以政府主导为主。只有政府有能力推动文化产业的市场化改革，只有政府的正确引导方可降低改革的成本，只有政府在资金、政策方面的扶持方能加速文化产业的发展，尽快提升文化产业的发展水平，保持与社会同步发展，尽量满足人民群众日益提高的文化需求。2009年出台的《文化产业振兴计划》

为我国文化产业的长期发展铺平了道路，创造了良好的环境和条件。政府扶持与市场化相结合的发展模式是我国文化产业发展的特有模式也是必经之路。

2. 文化产业集群是文化产业发展的重要形态

文化产业集群是指文化产业中大量密切联系的企业以及相关机构在空间上的聚集，通过相互之间的协同互助，发挥规模优势，形成持续竞争优势的现象。美国的好莱坞就是一个典型的影视业产业集群，超过500家的影视公司聚集在好莱坞。通过产业集群产业的整体竞争力可以提高，有利于新技术在集群内部的传播和使用，能够降低集群内部企业之间的交易费用，有利于提高资源的利用效率，还有利于集企业的合力形成集群品牌，进而提升内部企业的知名度和竞争力。我国文化产业基地、文化产业园区都属于集群的表现形式，目前我国主要有六大类文化产业集群：一是生态旅游产业，例如北京八达岭景区；二是影视传媒产业，例如横店影视基地；三是数码创意产业，例如北京中关村创意产业先导基地；四是会议会展产业，例如海南博鳌；五是艺术收藏产业，例如北京的798艺术区和潘家园；六是景观产业园区，例如天津武清的欧洲小镇。

3. 科技进步催生文化产业新业态

印刷术、广播、电报、电影、电视、网络的发明，每一次科技的进步都深刻改变了文化产业的业态，推动了文化产业的发展。我国文化产业在市场化的进程中，恰逢网络技术的革新，信息化和数字化为我国文化产业发展提供了无限的机遇，科技成为文化产业发展的第一生产力，网络游戏成为文化产业对外贸易的黑马。数字技术也为市场日益低迷的报纸、杂志等传统行业带来新生，不仅在采编、传输、排版等生产环节降低了成本，提高了效率，手机报等新载体替代纸质版报纸，成为新的盈利点，同时也更为环保。移动技术的革新也缓解了网络盗版等问题。数字化引领的信息技术革命，将技术与产业融合，进一步带动了我国文化产业的发展。

4. 民营企业成为文化产业的主力军

随着文化体制改革和政策的放松，社会资本涌入文化产业领域，民营文化企业凭借灵活的管理体制和适应能力，充分发挥优势，在文化产业中崭露头角，发挥越来越重要的作用。我国电影业中民营企业占据了80%的份额，华谊兄弟这类做得比较好的影视公司已经完成上市。在艺术表演业中，民营的文艺表演团体已经超过6000家，张艺谋投资的“印象系列”，每一场演出收入都能达到几千万元。在网游等新兴文化产业中，民营企业数量也占了绝对的比重。2010年，云南省文化产业增加值占GDP比重达到6.1%。2011年，云南省各级工商机关登记注册的民营文化企业大约1.7万户，占全省文化企业2.04万户的83%；注册资本金340亿元，占全省文化企业注册资本金总额的77%。同年，广东省由国家文化部及省文化厅认定命名的文化产业园区中，吸引社会资本参与投资建成的占80%以上。广东的民营文化企业超过4万家，从业人员25万，占全省文化企业和从业者的80%左右。民营文化企业已成为我国文化产业的主力军。

财政金融政策支持文化产业发展的理论和现实依据

文化产业作为朝阳产业、新兴产业，既结合了传统制造业与第三产业，又融入高科技因素，对国民经济的贡献率较高。文化产业资源消耗低、环境污染小，低碳、绿色、可持续，对建设资源节约型、环境友好型社会的作用日益突出。通过相机抉择的财政政策与金融政策支持中国文化产业发展具有内在的理论与现实依据。

一　理论依据

（一）公共产品理论

公共产品是指具有消费或使用上的非竞争性和受益上的非排他性的产品，是能为绝大多数人共同消费或享用的产品或服务。其特点是，增加一个消费者不会影响任何一个人对该产品的消费数量和质量，即增加消费者的边际成本为零，具有非竞争性；某些人对这一产品的利用，不会排斥另一些人对它的利用，具有非排他性。公共产品与公共需要密切相关，公共需要在观念形态上是一种欲望、理念；在价值形态上是政府购买力，是财政资金，是总需求的一部分。公共产品在经济上的意义，是总供给的一部分，体现为被政府购买的那部分社会产品，是公共需要的使用价值形态。

文化产品是具有特定文化含量的商品或服务。文化产品之所以能够被人类消费，是因为它能够直接作用于人的精神生活、有效满足人们的文化精神需求、促进人的思想精神境界的提高。文化产品可分为公共文化产品和非公共文化产品两大类，财政金融政策的着力点因其不同的属性而有所差异（见表1）。

公共文化产品具有效用的不可分割性、消费的非竞争性和受益的非排他性等特点，它们不以营利为目的，而以不断满足人们日益增长的文化精神需求、促进社会进步为诉求，包括意识形态文化产品、大众公益文化产品和社团公共文化产品。意识形态文化产品是基于国家政府或政党治理需要的文化公共品，比如党报等，可通过财政扶持，由党政相关部门管理运营；大众公益文化产品是体现国家民族历史与文化记忆的文物以及满足人民群众基本文化权益的文化产品，如国家博物馆、图书馆等，可通过财政资助，由非营利性文化机构管理运营；社团公共文化产品属于某些特定人群公共需求的文化产品，比如社区文化设施等，可通过国家财政引导，以地方或社团资助为主，可实行市场化运营。

非公共文化产品具有排他性和竞争性，只有在付费的情况下才能被享用，包括企业组织生产的文化产品和个人生产的文化产品。企业组织生产的文化产品是当代文化产品市场活动的主体，但其部分内容具有一定的公共品性质，价格弹性大，受政治文化因素影响大，比如电影等，国家财政可通过直接的产业投融资或间接的财税政策培育和引导文化产品市场，促进文化产品市场的成熟和繁荣；个人生产的文化产品，是通过个体化的创作活动可以独立完成的文化产品，生产者高度关注自己的产品，比如工艺品等，国家财政可通过国家文化发展基金或其他灵活多样的方式进行资助。①

① 王凡：《公共财政支持文化产业发展研究》，《预算管理与会计》2010年3月5日。

表1　文化产品的公共性差异

一级分类	二级分类	特征与范例	财政金融政策着力点
公共文化产品（具有公共需求，又存在市场失灵的文化产品）	意识形态文化产品	基于国家政府或政党治理需要的文化公共品，比如党报等	财政扶持，由党政相关部门管理运营
	大众公益文化产品	体现国家民族历史与文化记忆的文物、满足人民群众基本文化权益的文化产品，如国家博物馆、图书馆等	财政资助，由非营利性文化机构管理运营
	社团公共文化产品	属于某些特定人群公共需求的文化产品，比如社区文化设施等	国家财政引导，以地方或社团资助为主，可实行市场化运营
非公共文化产品（可以通过市场机制有效生产运营的文化产品，更多地体现个人偏好和个性化的文化产品）	企业组织生产的文化产品	这是当代文化产品市场活动的主体，但其部分内容具有一定的公共品性质，价格弹性大，受政治文化因素影响大，比如电影等	国家财政可通过直接的产业投融资或间接的财税政策培育和引导文化产品市场，促进文化产品市场的成熟和繁荣
	个人生产的文化产品	通过个体化的创作活动可以独立完成的文化产品，生产者高度关注自己的产品，比如工艺品等	国家财政可通过国家文化发展基金或其他灵活多样的方式进行资助

（二）外部性理论

若单个消费者或生产者的经济行为会影响社会上其他人的福利，就称为外部性。当私人利益小于社会利益，称为正外部性，反之则称为负外部性。外部性又分为生产的外部性和消费的外部性。就文化产业而言，生产的正外部性表现为促进地区经济发展、增加就业等，消费的正外部性表现为提供精神动力，形成民族凝聚力和民族尊严感等。生产和消费的负外部性则表现为对社会造成不好的负面影响。

优效性文化产品通常被认为是一种可以带来较大收益（主要是潜在收益）的产品，具有意识形态特征和正外部性特征，其供需机制不同于一般的商品。主要体现在以下三个方面：一是具有极强的渗透性和持久性。文化产品与服务在给人们提供精神文化满足的同时，又通过其内在的文化观念、价值判断和思想倾向来潜移默化地影响、引导人们的生活习惯、文化心态、知识结构以及世界观、人生观、价值观的形成。

文化产品和文化服务传递的是思想观念、精神追求和价值取向，影响的是人们的思想道德和行为规范，对凝聚社会力量起着重要作用。当今时代，文化与整个社会发展融为一体，影响比以往任何时候都更加广泛而深刻。只有不断加强对文化产品创作生产的引导，才能确保文化发展的正确方向。二是从社会全面进步看，优效性文化产品既是推动社会发展的重要手段，也是社会发展的重要目标，一个文明进步的社会必然是物质财富和精神财富共同进步的社会，一个现代化的强国必然是经济、政治、文化、社会协同发展的国家。三是从人的全面发展看，优效性文化产品是教育引导人的重要载体，是人的基本需求的重要内容，特别是在物质生活水平达到一定程度之后，解决“文化饥渴”、满足文化需求、体现人文关怀，越来越成为提升人的素质、促进人的全面发展的必然要求，并且成为幸福指数、生活质量的重要衡量指标。

优效性文化产品主要由政府提供，也可以由自由市场供给，但是，如果仅仅由私人供给会存在缺陷。主要表现在消费者拥有完备的知识和消费能力，但会出现消费不足；或者是自由市场不能提供充分的数量。因此，优效性文化产品一般不是通过价格机制进行分配的。

在图 1 中，横轴表示优效性文化产品供给的数量，纵轴表示价格。PMB 为该类文化产品的个人边际收益线，SMB 为社会边际收益线，对于该类文化产品，其社会边际收益大于个人边际收益。该类文化产品如由市场提供，在市场机制下人们按照满足自身需求的原则购买量为 q_1，在社会效率准则下，根据个人边际收益等于社会边际收益的原则，最佳供给量为 q_0，这样市场提供的产量小于社会最优供应量。因此，由于供给不足将造成福利损失，如图 1 阴影部分 ABC。[①]

总之，优效性文化产品具有外部性是政府介入文化产业发展的一个重要理论依据。由于具有正外部性，如政府不干预，其供给量即低于均

① 左惠：《文化产品供给论》，经济科学出版社，2009，第 80 页。

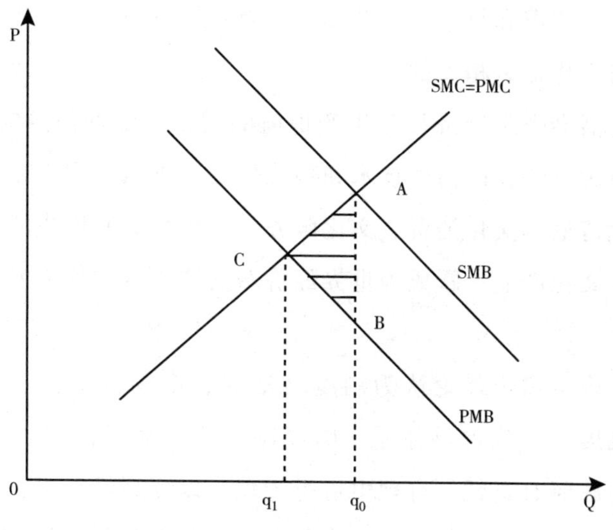

图 1　优效性文化产品供给

衡配置量，需要政府对优效性文化产品的生产提供矫正性补贴，包括针对生产者的价格补贴和针对消费者的收入补贴，两者的效果相同。通过财政补贴的形式，实际补贴的份额等于优效性文化产品的外部收益，进而使供给量在一定的价格下得到扩大。为了达到资源的最优配置，矫正性补贴在数量上应该等于外部边际收益，即社会边际收益与私人边际收益的差额，从而使资源配置达到最有效率的水平。

（三）内生增长理论

内生增长理论是诞生于 20 世纪 80 年代中期的一个西方宏观经济理论分支，西方学者通常以 1986 年保罗·罗默发表的《递增收益与长期增长》一文作为该理论产生的标志。该理论强调经济增长不是外部力量（如外生技术变化），而是经济体系的内部力量（如内生技术变化）作用的产物，重视对知识外溢、人力资本投资、研究和开发、收益递增、劳动分工和专业化、边干边学、开放经济和垄断化等新问题的研究，重新阐述了经济增长率和人均收入的跨国差异。按照该增长理论，文化的发展、知识和技术的扩散具有正外部性特征，在恰当的产权制度安排下，与文化知识相关的技术进步、工艺改良、经营管理、制度创新的产生与传播会带来经济社会生产价值的增长。随着信息时代的到来，以文化价值为灵魂，以科学技术和现代传播为支撑，由文化创意、文化创造、文化传播、文化消费、文化服务、文化交流所构成的新兴产业链已经形成。文化产业一跃成为世界经济新的增长点和许多发达国家的支柱产业。

同时，内生增长理论认为制度（法律、市场机制、公平、社会冲突、政治制度、医疗保健体系、财经制度等）对经济增长有着非常重要的影响，政府有责任、有理由进行干预，以提高经济增长率。制度对经济效率的影响与技术对经济效率的影响有很多相似之处，不好的制度会降低投资（物质资本、人力资本、技术）、劳动和生产的动机，使社会以更多的投入生产出同样的产出。[①] 因此，政府通过建立和完善相关制度以及出台并实施相关扶持政策促进文化产品的生产，对经济增长具有非常重要的意义。

二　现实依据

（一）政治原因——政治多极化

随着中国国际地位的不断提升，我国与世界各国在政治、经济、文化方面的交流日益密切，国际社会对中国的关注度空前，对其倚重程度也逐渐增加。但是，一些国家对中国的迅速崛起准备不足，在与中国合作和对中国牵制与打压这两种态度之间摇摆不定，不时出现对中国不利的言论与行为。从政治方面看，国外政界、媒体和各种势力干涉我国核

① 戴维·罗默：《高级宏观经济学》，吴化斌、龚关译，上海财经大学出版社，2009。

心利益的事件时有发生；从经济方面看，国际贸易摩擦不断，限制我国产品和劳务出口；从民众基础看，民众对中华文化存在误解，舆论环境不够友好。在这种情况下，充分的文化交流是一种润滑剂，将有利于减少中国与这些国家之间的摩擦，创造国内国际良好的发展环境。

因此，通过国家的财政金融政策支持文化产业发展，可以向世界展示中华民族在五千年的历史发展进程中，对世界文明做出的巨大贡献，形成以爱国主义为核心的团结统一、爱好和平、勤劳勇敢、自强不息的伟大民族精神。可以向世界展示我国改革开放的崭新形象和我国人民昂扬向上的精神风貌，不断增强中华文化的国际影响力。

（二）经济原因——经济全球化

当今的中国正处于加快转变经济发展方式的攻坚时期和全面建设小康社会的关键时期，文化产品越来越成为民族凝聚力和创造力的重要源泉，成为综合国力竞争的重要因素，成为经济社会发展的重要支撑。另外，居民对文化的消费需求不断增加。因此全面建成更高水平的小康社会，意味着既要让人民过上殷实富足的物质生活，又要让人民享有健康丰富的文化生活。从消费者角度讲，文化产品承载着消费者的某种信任感、亲切感和依赖感。从生产者角度讲，文化产业具有辐射效应，能够向其他制造业和服务业提供丰富的文化附加值，带动其他相关行业的发展。

与此同时，在经济社会的发展中，文化不仅有着鼓舞人、塑造人、服务人的“软”功能，还有着可生产、可消费、可产生经济效益的“硬”功能。20 世纪 90 年代以来，越来越多的国家将文化产业视为一种战略性产业和支柱产业，我国虽然有着 5000 年的深厚历史文化底蕴，但是我国的文化产业却经历了从无到有、从小到大的过程，而今正是处于从弱到强的发展阶段。总的说来，我国文化产业组织大多数是脱胎于计划经济体制，脱胎于事业单位，促进文化体制改革，支持文化大发展、大繁荣势必要充分发挥政府的引导作用，而财税金融政策是最有力的经济调节手段。

（三）文化原因——文化多样化

文化多样化，又称文化多元化，是指一个国家或者民族在全球化浪潮中，在继承本国优秀传统文化的同时，吸收和借鉴其他国家或民族的优秀文化，进而形成以本国文化为主、外来文化为辅的多种文化共同存在、相互影响的局面。文化多样化是从法国最先提出的"文化例外"原则演变而来的，并且在世界范围内获得了广泛的认同。与此同时，对本国民族文化进行有意识的保护在世界范围内也达成共识。联合国教科文组织于2001年11月通过了《世界文化多样性宣言》，提出尊重文化多样性、宽容、对话及合作是国际和平与安全的最佳保障之一。

在文化多样化的背景下，必然存在着文化冲突。文化冲突的表现形式有两种：一是文化的价值观冲突。不同的文化具有各自不同的内涵和外延，具有某些时间和空间上的特殊性，因此价值观冲突不可避免也非常正常。二是全球化话语权中的文化霸权与反霸权。文化霸权强调世界的同质性，排斥世界的多元性。目前普遍存在的现象是以西方文化价值衡量并规范世界其他文化，认为西方文明具有普适性，是世界发展的文化模板。西方国家往往打着"民主""自由""人权""宗教"等旗号，迫使其他国家按照西方民主和人权模式改革国内体制，要求其他国家遵照其文化价值标准改变行为理念、生活方式，最终达到意识形态的同化，并以此为理由对违背其文化价值观的国家施加政治压力和经济制裁。特别是随着信息技术的发展，西方国家使用新媒体手段有意识地传播其价值观念和意识形态，滥用话语权，企图在全世界范围内推行西方价值观。

中国所走的道路是与西方世界差异较大的社会主义道路，在东欧剧变后国际共产主义处于低潮的背景下，以美国为首的西方国家从未放弃对我国的颠覆活动。西方国家通过各种途径对我国进行渗透和"和平演变"，特别是在文化、思想、传媒、教育、宗教等意识形态领域进行舆论宣传，推行文化霸权主义，极力宣扬西方普世的价值理念和分裂主义思想，并不断制造舆论争端，干扰和破坏我国国内经济发展、社会稳定、民族团结的良好局面，损害我国的国际形象，遏制我国和平发展的进程。这使中国在全球化浪潮中处于被冲击、被裹挟的状态，面临着国家文化安全的严峻挑战。另外，加入WTO后，我国承诺在音像、电影、书刊发行、广告等行业有条件开放。面对西方文化产品的不断冲击和挤压，加之本土文化产业竞争力不强，中国的文化话语权被严重削弱。为了抵制西方国家的文化霸权主义，维护我国的文化主权和文化安全，政府必须通过以我国主流价值体系为核心的各种文化体制、机制、秩序来抵制文化霸权势力的干扰、妨碍、侵蚀和破坏，需要财政金融政策为反文化霸权主义提供坚实的物质基础。

三　财政金融支持文化产业发展的必要性和可行性

由于推进国家治理体系和治理能力的现代化必须提高国家软实力，而提高国家软实力必须加快文化产业的发展步伐，而财政是国家治理的基础和重要支柱。因此，公共财政建设与文化改革发展具有内在统一性，支持文化产业发展改革、推动文化产业发展是公共财政的重要职能之一。然而，财政资源毕竟有限，如果能够通过财政杠杆撬动更大规模的金融资金投入，则会更大程度地推动文化产业发展，从而发挥出财政与金融的合力。

（一）必要性

我国文化产业领域存在市场残缺和主体能力不足等缺陷。作为一个在经济体制改革和文化体制改革过程中逐渐形成的后发产业，中国文化产业普遍存在资本积累不足、市场运行乏力的问题。主要表现在公共技术平台、公共信息平台以及人才建设等方面，特别是文化产业的投资，无论是用于形成固定资产的文化基本建设投资，还是用于形成流动资产的文化知识产权投资和用于培育文化战略后备资源的投资均不足。其原因是文化产业建设、创作、培养周期和成型期都比较长，失败风险较大，因而常常存在市场失灵的情况。另外，文化产业大多小本经营，即使有良好的技术和创意，如果制作资金不足，也很难做出高水平的产品。在产业化初期，公共财政要介入文化产业的发展，以弥补市场缺陷。目前我国对于文化体制改革过程中转制的文化企业单位的基本财政扶持政策是"扶上马送一程"。

由于我国对于文化产业资本运营的政策性限制较为严格，资本市场对于发展壮大我国文化产业的作用未得到充分发挥。要实现资金来源的多元化，需要建立可靠、稳定的文化融资渠道，尤其需要财政资金支持构建完善的文化产业投资资本市场和投融资体制。通过财政资金的投入和财政政策的引导，金融资本对文化产业的投资增加，并进一步通过多种金融政策以及多层次资本市场为文化产业注入新鲜血液和活力。

在此基础上，财政金融支持文化产业的目标应进一步提升，即通过财政金融投入的示范和杠杆作用，在培育规范的市场主体与市场环境的前提下，撬动更多的社会资本投入文化产业领域，最终建立完善的文化产业发展市场机制。

从具体操作层面来说，一方面，财政资金支持文化产业可以采取配套投入、贷款贴息、保险费用补贴、奖励等方式，有效带动银行、金融机构、社会资本投入文化产业；另一方面，可设立相关投资基金，借鉴成熟资本市场的多种模式，调动金融机构和大型国有企业等社会资金投入，搭建文化产业投融资平台。

（二）可行性

1. 不断增长的经济实力为财政支持提供了经济基础

改革开放以来，我国经济高速发展，国家财政收入大幅度增加，为支持文化产业发展提供了良好的财力保障。“十一五”时期，中国经济总量跃居世界第2位，全国财政收入累计30.3万亿元，年均增长21.3%，全国财政支出31.9万亿元。“十一五”时期，全国财政文化体育与传媒累计支出5615.14亿元，占全国财政收入的1.85%，占全国财政支出的1.76%。因此，财政部门对文化事业以及文化产业的扶持，不会存在财政负担能力不足的问题。

2. 其他国家的文化政策为财政金融支持提供了经验借鉴

无论是强调政府干预的法国、韩国，还是强调市场机制的美国、英国和日本，政府的财政金融政策在文化产业发展过程中都发挥着不可取代的作用。正是由于政府对于文化产业的财政金融支持，才使这些国家的文化产业蓬勃发展、文化影响力强大。就文化基金而言，美国、加拿大等国家的文化基金会成立较早，运行和管理模式较为成熟，在政府支持文化产业发展的过程中占据着不可替代的核心地位。建议政府借鉴这些国家支持文化产业发展的经验，结合我国现阶段文化产业发展的特征，出台支持文化产业的相关政策。

财政政策支持我国文化产业发展的实证分析

本章着重利用财政统计数据分析财政支持政策对文化产业发展的影响。在此之前，需做几点说明：第一，遵循重要性原则选取实证分析指标。由于涉及文化产业的财政、金融统计数据具有较大局限性，统计口径保持一致且多年连续统计的数据很少，文化产业投融资只能运用上市公司公布的数据分析，而且得出的结果并不能用来说明宏观的金融政策影响，在这种情况下，实证分析面临着相当大的阻碍。但是可以选择财政投入作为实证分析的主要指标，这是基于如下考虑：在支持文化产业发展方面，财政支持是主导，发挥着启动、撬动和引导作用，而在实践过程中，发挥作用最大的财政支持便是财政投入。第二，遵循合理替代原则对实证分析指标进行替换。本项实证分析用财政对文化事业投入代替财政对文化产业的投入，这是因为直到 2012 年我国才明确将文化产业部门从文化事业部门划分出来，而在此之前并没有明确地对文化产业数据进行统计。中央的文化产业专项资金是从 2008 年开始设立的，主要用于对重大项目和一般项目的支持，且规模较小。第三，遵循数据最新原则进行面板数据回归。2009 年以前，统计年鉴均包含各省市财政对文化事业投入的统计，而这一面板数据统计项只更新到了 2009 年，因此，在面板回归中运用的便是更新到 2009 年的数据。

一　我国文化产业财政支持发展沿革及现状

目前，在我国，对于文化产业的公共财政投入主要包括三个方面：文化事业费、财政专项拨款以及财政转移支付。其中以文化事业费为主。一般来说，文化事业是依靠政府来进行投资的，而文化产业应该向市场寻求效益。但是，目前由于我国在公共文化服务中的供求缺口依然很大，并且文化产业组织自身还比较弱小，所以，无论是公共文化的发展还是经营性文化的发展，都需要依靠国家通过公共财政来进行调节。

自从改革开放以来，我国的文化事业费一直保持着较快的增长。表1和图1显示了从1978年到2012年我国文化事业费的投入情况。

表1　1978～2012年我国文化事业费及占比

单位：亿元，%

时间	文化事业费	国家财政总支出	文化事业费占国家财政总支出比重
1978年	4.44	1122.09	0.40
1979年	5.84	1281.79	0.46
1980年	5.61	1228.83	0.46
“六五”时期	36.03	7483.18	0.48
1985年	9.32	2004.25	0.47
“七五”时期	62.45	12865.67	0.49
1986年	10.74	2204.91	0.49
1987年	10.77	2262.18	0.48
1988年	12.18	2491.21	0.49
1989年	13.57	2823.78	0.48
1990年	15.19	3083.59	0.49
“八五”时期	121.33	24387.47	0.50
1991年	17.28	3386.62	0.51
1992年	19.46	3742.20	0.52
1993年	22.37	4642.30	0.48
1994年	28.83	5792.62	0.50
1995年	33.39	6823.72	0.49

续表

时间	文化事业费	国家财政总支出	文化事业费占国家财政总支出比重
“九五”时期	254.51	57043.46	0.45
1996 年	38.77	7937.55	0.49
1997 年	46.16	9233.56	0.50
1998 年	50.78	10798.18	0.47
1999 年	55.61	13187.67	0.42
2000 年	63.16	15886.50	0.40
“十五”时期	496.13	128022.85	0.39
2001 年	70.99	18902.58	0.38
2002 年	93.66	22053.15	0.42
2003 年	94.03	24649.95	0.38
2004 年	113.63	28486.89	0.40
2005 年	133.82	33930.28	0.39
“十一五”时期	1220.40	318672.05	0.38
2006 年	158.03	40422.73	0.39
2007 年	198.96	49781.35	0.40
2008 年	248.04	62592.66	0.40
2009 年	292.31	76299.93	0.38
2010 年	323.06	89575.38	0.36
“十二五”时期	—	—	—
2011 年	392.62	108929.67	0.36
2012 年	480.10	125712.25	0.38

资料来源：中国文化文物统计年鉴。

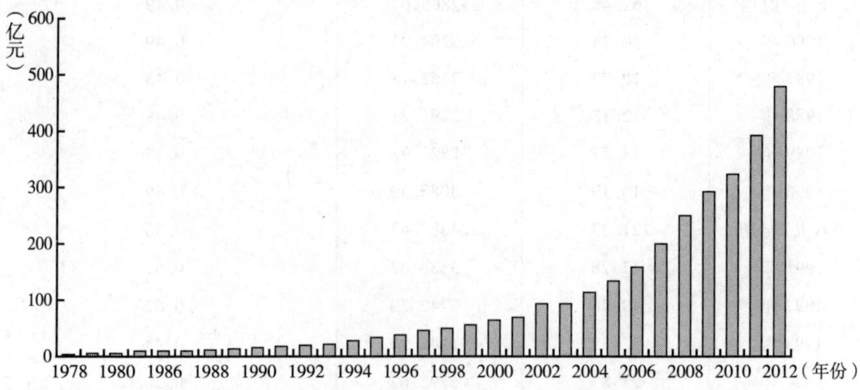

图 1　1978～2012 年我国文化事业费投入增长情况

但是，进一步考察我国近年来文化产业的财政投入支出会发现，虽然总体上财政对文化产业的投入逐年增加，但文化产业投入占财政总支出的比重却是呈现递减之势。不仅如此，财政支出中存在着预算不科学的现象，具体活动的经费占比较多，但对于文化产业全局性、战略性的投入相对较少一些。同时，由于文化产业管理机构的设置较为分散，这可能会影响财政对文化产业投入的边际效益，无法做到合理的配比。

表 2 显示了我国文化事业建设的基本情况，其中每年的计划投资量呈现出逐年上涨的趋势，国家投入占总投入的比例稳步增长，从 1983 年的不足 33% 增长到 2012 年的 52%，说明国家对文化发展的重视程度有所提升。

表 2　全国文化事业建设基本情况

时间	本年计划投资（万元）	国家投资（万元）	本年完成投资（万元）	竣工使用	
				项目(个)	面积(万平方米)
1982 年	46244		37090	1187	—
1983 年	53170	18063	42381	1292	—
1984 年	58589	22517	48479	1024	—
1985 年	73267	32150	64460	986	—
“七五”时期	320139	152369	288287	2961	520.6
1986 年	69939	32864	63179	740	117.6
1987 年	69692	34951	61383	622	121.0
1988 年	69918	31594	64186	581	97.0
1989 年	51964	24680	48124	542	97.9
1990 年	58626	28280	53968	476	87.1
“八五”时期	627173	180715	531208	1540	299.3
1991 年	67112	23214	57781	352	62.8
1992 年	89707	28348	78488	358	65.6
1993 年	110843	28170	91766	314	56.3
1994 年	154649	48912	142171	268	48.1
1995 年	204862	52071	161004	275	66.5
“九五”时期	1255378	497573	988048	1174	413.2

续表

时间	本年计划投资（万元）	国家投资（万元）	本年完成投资（万元）	竣工使用	
				项目(个)	面积(万平方米)
1996 年	187692	58225	144433	287	94.1
1997 年	223963	98845	204774	285	74.1
1998 年	230649	119561	170079	176	73.0
1999 年	280005	112130	239269	217	78.4
2000 年	333069	108812	229493	209	93.6
“十五”时期	1678383	918246	1363909	1087	338.8
2001 年	251075	171729	198397	160	77.2
2002 年	346381	159999	240023	150	73.9
2003 年	335434	180416	255359	217	115.0
2004 年	395208	207739	371204	286	44.4
2005 年	350285	198363	298926	274	28.3
“十一五”时期	4179930	2320025	2785294	12313	1001.5
2006 年	451099	317046	371736	253	139.0
2007 年	578655	355023	400798	783	137.3
2008 年	665375	297124	444627	1175	125.6
2009 年	1208917	692040	816741	4842	284.1
2010 年	1275884	658792	751392	5260	315.5
“十二五”时期	—	—	—	—	—
2011 年	1083654	59990	777189	4954	296.6
2012 年	1360223	710584	784726	982	170.7

资料来源：中国文化文物统计年鉴。

近年来，国家高度重视基层公共文化设施建设，通过转移支付等手段大力支持地方文化设施建设，也带动了地方资金的大量投入，基本上实现了全国范围内的“县有图书馆、文化馆，乡有综合文化站”的建设目标，公用文化设施条件大为改善。表 3 反映了 2012 年我国 31 个省区市的主要文化机构建设情况，其中公共图书馆总计 3075 个，群众艺术馆 382 个，文化馆 2919 个，文化站 40575 个，博物馆 3063 个，艺术表演团体 7304 个，艺术表演场馆 2357 个。公共服务条件进一步改善，公共文化服务水平显著提高。

表 3　2012 年 31 个省份主要文化机构数汇总

单位：个

省份	公共图书馆	群众艺术馆	文化馆	文化站	博物馆	艺术表演团体	艺术表演场馆
总　计	3075	382	2919	40575	3063	7304	2357
北　京	24	1	19	323	41	324	96
天　津	31	1	18	264	20	48	35
河　北	172	13	168	2212	75	448	138
山　西	126	12	119	1407	92	301	129
内蒙古	114	13	103	1016	65	137	20
辽　宁	129	24	99	1427	62	155	111
吉　林	66	14	63	888	68	41	37
黑龙江	106	17	131	1493	104	85	43
上　海	25	1	26	213	90	147	117
江　苏	112	14	105	1300	266	434	217
浙　江	97	12	90	1345	166	609	271
安　徽	102	14	107	1433	141	1015	72
福　建	87	10	85	1104	94	341	53
江　西	114	13	102	1835	109	187	73
山　东	150	18	140	1821	178	303	103
河　南	156	19	186	2309	180	364	145
湖　北	111	13	105	1261	161	226	66
湖　南	136	15	127	2475	95	157	83
广　东	137	22	123	1599	168	337	93
广　西	112	15	108	1167	79	68	20
海　南	20	3	18	212	19	61	13
重　庆	43	1	40	997	39	244	31
四　川	188	22	183	4595	152	469	130
贵　州	93	10	87	1564	66	79	10
云　南	152	17	131	1378	85	220	60
西　藏	77	8	73	239	2	92	22
陕　西	112	11	111	1650	194	116	98
甘　肃	103	17	86	1320	149	103	25
青　海	49	9	46	358	22	40	23
宁　夏	26	7	20	227	9	16	7
新　疆	105	16	100	1143	72	137	16

资料来源：中国文化文物统计年鉴。

表4反映了近年来我国各省份的人均文化事业费投入情况，从中可以看出，以北京、上海为代表的东部发达省份以及以青海、西藏为代表的西部省份人均文化事业费一直处于全国领先水平，而中部省份的人均事业费水平相对落后。这一点似乎不难理解，东部发达省份由于具备良好的经济发展条件以及雄厚的财政基础，人均文化事业费也相应处于较高水平，而西部省份由于拥有较少的人口，加上中央的转移支付较多，使得其文化事业费的平均水平被提高，因此也处于较高水平。中部一些欠发达省份由于经济发展水平相对落后，再加之人口基数大，使得人均文化事业费处于相对较低的水平。

表4　2010～2012年31个省份人均文化事业费情况

单位：元

地区	2010年		2011年		2012年	
	人均经费	位次	人均经费	位次	人均经费	位次
全　国	24.11	—	29.14	—	35.46	—
北　京	82.44	1	88.71	2	110.55	2
天　津	43.55	7	55.05	6	56.11	9
河　北	9.78	31	12.85	31	15.74	30
山　西	21.84	17	31.13	16	36.34	14
内蒙古	45.73	5	51.45	8	65.12	7
辽　宁	25.93	14	24.93	21	33.53	20
吉　林	32.89	9	33.85	11	34.53	17
黑龙江	19.48	21	22.94	22	24.4	24
上　海	80.92	2	103.01	1	120.65	1
江　苏	20.74	19	28.88	18	37.59	13
浙　江	44.46	6	52.83	7	65.2	6
安　徽	12.91	29	15.31	28	15.08	31
福　建	27.61	12	28.94	17	33.9	19
江　西	16.47	25	15.52	27	17.71	28
山　东	14.50	27	18.20	25	21.36	26
河　南	10.12	30	13.04	30	15.99	29
湖　北	19.98	20	18.77	24	24	25
湖　南	13.11	28	14.98	29	19.12	27
广　东	25.88	15	32.12	14	36.3	15

续表

地区	2010 年		2011 年		2012 年	
	人均经费	位次	人均经费	位次	人均经费	位次
广　西	17.40	24	17.81	26	25	23
海　南	31.55	11	42.53	9	64.5	8
重　庆	26.81	13	32.13	13	41	11
四　川	17.89	23	25.56	20	34.04	18
贵　州	15.45	26	21.56	23	27.81	22
云　南	18.90	22	26.26	19	28.07	21
西　藏	70.12	4	63.50	3	88.09	4
陕　西	23.97	16	31.85	15	40.87	12
甘　肃	21.73	18	32.52	12	35.38	16
青　海	73.07	3	60.06	4	89.8	3
宁　夏	38.85	8	55.62	5	68.84	5
新　疆	32.67	10	39.82	10	56.01	10

资料来源：中国文化文物统计年鉴。

总的来说，自改革开放以来，我国文化产业的财政投入呈现出了快速发展的趋势，地方政府对财政建设的投入力度也在不断加大，整个文化建设的环境越来越好，发展空间也越来越大。文化消费作为文化产业链的终端环节，既是文化发展的现实基础，也是文化发展的目的。近年来，随着人民收入水平的不断提升以及物质生活质量的逐步改善，我国居民文化消费水平和能力也在不断提升，文化消费需求的持续旺盛也成为文化事业投入不断增多的强大推动力。

综上所述，虽然近些年我国国民经济快速发展，财政收入快速增加，但对文化的投入总量依旧很小，文化发展的整体水平还不高，能够提供给人民群众的文化产品和文化服务与文化建设的实际需要和群众的文化需求还有很大的差距。一是文化事业费占财政总支出的比重依旧很低，2001 年以来一直在 0.4% 左右徘徊，2010 年和 2011 年达到了改革开放以来的最低点。二是我国文化事业投入存在着区域结构不平衡的问题。东部发达地区由于具备良好的经济发展条件以及雄厚的财政基础，人均文化事业费也相应处于较高水平。西部省份由于拥有较少的人口，加上中央的转移支付较多，使得文化事业费的平均水平被提高，因此也处于较高水平。中部一些欠发达省份由于经济发展水平相对落后再加之人口基数大，使得人均文化事业费处于相对落后的局面。

二　基于固定影响变截距模型的实证分析

变截距模型是面板数据模型中较为常见的一种，该模型允许截面成员上存在个体影响，并用截距项的差别来进行说明，具体的回归方程式如下：

$$y_i = \alpha_i + x_i\beta + \mu_i, \quad i = 1,2,\cdots,N$$

其中，y_i 是被解释变量向量，x_i 是解释变量矩阵，β 是系数向量，截距项 α_i 不同，用来说明个体影响的差异，即反映模型中忽略的反映截面差异的变量的影响；随机误差项 μ_i 反映模型中忽略的随截面成员和时期变化的因素的影响，个体影响又可以分为固定影响和随机影响两种情形。

上述基本模型可以推广为包含时期个体衡量的形式，即模型的形式为：

$$y_{it} = m + x'_{it}\beta + \alpha_i^* + \gamma_t + \mu_{it}, \quad i = 1,2,\cdots,N, t = 1,2,\cdots,T$$

式中，γ_t 为时期个体衡量，反映时期特有的影响。类似的，通过引进相应的截面成员和时期虚拟变量，利用普通最小二乘法可以得到该形式下的各参数的最小二乘估计，即：

$$\hat{\beta}_{FE} = [\sum_{i=1}^{N}\sum_{t=1}^{T}(x_{it} - \bar{x}_i\bar{x}_t + \bar{x})(x_{it} - \bar{x}_i\bar{x}_t + \bar{x})']^{-1}[\sum_{i=1}^{N}\sum_{t=1}^{T}(x_{it} - \bar{x}_i\bar{x}_t + \bar{x})(y_{it} - \bar{y}_i\bar{y}_t + \bar{y})],$$

$$m = \bar{y} - \bar{x}'\beta_{FE},$$

$$\hat{\alpha}_i^* = (\bar{y}_i - \bar{y}) - \hat{m} - (\bar{x}_i - \bar{x})'\hat{\beta}_{FE},$$

$$\hat{\gamma}_t = (\bar{y}_i - \bar{y}) - (\bar{x}_i - \bar{x})'\hat{\beta}_{FE}$$

为了进一步研究财政对文化产业产值增长的作用，本文采用31个省区市的文化产业增加值、各地区 GDP 增加值以及财政对文化产业的投入值来构建固定影响变截距模型，对各省区市的文化产业增长进行对比分析。其中，模型中的被解释变量 CULY 为 31 个省区市的文化产业增加值，解释变量包括各省区市的国内生产总值 GDP 以及各省区市的文化事业费 FINANCE。模型中的变量均为年度数据，由于数据的局限性和可得性，这里设定的样本区间为 2000～2009 年。模型采用变截距形式，由于要在各省区市之间进行对比分析，本研究最终选取含有时期影响的文化产业增长的固定影响变截距模型，设定模型如下：

$$CULY_{it} = \alpha + \alpha_i^* + \beta_1 GDP_{it} + \beta_2 FINANCE_{it} + \gamma_t + \mu_{it}, i = 1,2,\cdots,31, t = 1,2,\cdots,10$$

其中，α 为 31 个省区市的平均文化产业增加值，α_i^* 为 i 地区的文化产业增加值对平均文化产业增加值的偏离，用来反映各省区市文化产业增长之间的结构差异，γ_t 为反映时期影响的个体恒量，反映时期变化所带来的文化产业增加值结构的变化。在对模型进行最小二乘 LS 估计后，得到估计的结果如下：

$$CULY_{it} = -22828.130 + \alpha_i^* + 0.003GDP_{it} + 2.916FINANCE_{it} + \gamma_t$$

下文对模型中的个体固定影响、时期固定影响进行显著性检验，及对个体固定影响和时期固定影响进行联合显著性检验，计算得到的 3 个 F 统计量（N = 31，T = 10，P = 41）分别为：

$$F_{个体} = 4.15 \qquad F_{时期} = 3.35 \qquad F_{联合} = 4.04$$

查 F 分布表，在给定 5% 的显著性水平下，得到相应的临界值为：

$$F_{个体}(30,268) = 1.15 \qquad F_{时期}(9,268) = 1.97 \qquad F_{联合}(39,268) = 1.15$$

可见，模型中的个体固定影响和时期固定影响以及联合检验的 F 统计量值均大于相应的临界值，说明均显著，模型的设立形式是正确的。

反映各地区文化产业增加值差异的 α_i^* 的估计结果由表 5 给出，反映时期差异的 γ_t 的估计结果由表 6 给出。

表 5　各省区市文化产业增加值对平均值偏离的估计结果

地区 i	α_i^* 估计值	地区 i	α_i^* 估计值
北　京	-1367038.	湖　北	-65157.64
天　津	-416505.8	湖　南	586838.2
河　北	-270275.0	广　东	-753458.2
山　西	-47029.89	广　西	111636.4
内蒙古	-523143.5	海　南	14468.71
辽　宁	-418603.8	重　庆	349101.1
吉　林	-193855.5	四　川	234600.4
黑龙江	-237736.5	贵　州	-81462.67
上　海	1411136.	云　南	-132102.8
江　苏	39818.65	西　藏	19242.22
浙　江	402190.8	陕　西	263557.8
安　徽	959341.0	甘　肃	-150200.5
福　建	208319.0	青　海	-117903.7
江　西	350882.1	宁　夏	-57239.75
山　东	84853.35	新　疆	-218740.6
河　南	14468.71		

表 6　全国各年份文化产业增加值对平均值偏离的估计结果

年份	γ_t 估计值	年份	γ_t 估计值
2000	42307.31	2005	-152412.1
2001	-15858.69	2006	-206432.0
2002	-17268.68	2007	457275.5
2003	32810.34	2008	-152828.8
2004	-432910.4	2009	445317.5

笔者选取 2000～2009 年我国 31 个省区市文化产业发展的有关经济数据所形成的面板数据，建立模型，估计了我国文化事业费、GDP 与

文化产业增加值的关系。根据本文实证得出的结果，笔者发现文化事业费和 GDP 均对文化产业的增加值具有显著的正向影响作用，但相对于 GDP，文化事业费的影响更加显著，效果也更加明显。

三　基于 VAR 模型的实证分析

向量自回归是基于数据的统计性质来构建模型的，VAR 模型将系统中的每一个内生变量作为系统中所有内生变量的滞后值的函数来构造模型，从而将单变量自回归模型推广到由多元时间序列变量所组成的“向量”自回归模型。VAR 模型常常用于预测相互联系的时间序列系统以及分析随机扰动对整个变量系统的动态冲击，从而解释各种经济冲击对经济变量形成的影响。

VAR（P）模型的数学表达式为：

$$y_t = \varphi_1 y_{t-1} + \cdots + \varphi_p y_{t-p} + Hx_t + \varepsilon_t \text{ , } t = 1,2,\cdots,T$$

其中，y_t 是内生变量项向量，x_t 是外生变量项向量，p 是滞后阶数，T 是样本个数，φ_1，$\cdots$，φ_p 以及 H 是待估计的系数矩阵，ε_t 是扰动项向量，它们相互之间可以同期相关，但不能与自己的滞后值相关并且不能与等式右边的变量相关。将表达式展开后，我们可以得到：

$$\begin{pmatrix} y_{1t} \\ y_{2t} \\ \vdots \\ y_{kt} \end{pmatrix} = \varphi_1 \begin{pmatrix} y_{1t-1} \\ y_{2t-1} \\ \vdots \\ y_{kt-1} \end{pmatrix} + \cdots + \varphi_p \begin{pmatrix} y_{1t-p} \\ y_{2t-p} \\ \vdots \\ y_{kt-p} \end{pmatrix} + H \begin{pmatrix} x_{1t} \\ x_{2t} \\ \vdots \\ x_{kt} \end{pmatrix} + \begin{pmatrix} \varepsilon_{1t} \\ \varepsilon_{2t} \\ \vdots \\ \varepsilon_{kt} \end{pmatrix}, \quad t = 1,2,\cdots,T$$

本文主要采用文化产业增加值以及财政对文化事业的投入作为主要分析数据，通过构建 VAR 模型来分析财政对文化事业投入的变化（LOG（FINANCE））的波动对文化产业增加值的变动（LOG（CULY））的影响，数据采用了年度数据，时间段为 2004 ~ 2012 年，数据来源于统计局网站，计量软件选取 Eviews 6.0。

用来检验时间序列数据平稳性的重要步骤就是单整检验。因为在现实中，随着时间的推移，时间序列会产生一定的不稳定性。显然这些根据时间排列的数字序列之间存在某种很强的相关性，但表面来看这些序列之间并没有任何因果关系，即“伪回归”。为避免出现这一现象，在对问题进行预测之前先要对数据的平稳性进行检验，如果结果显示各个变量是非平稳的变量，就要进行差分处理，在对模型进行单证检验后笔者发现这两个指标都是不平稳的，LOG（FINANCE）这个指标在进行一次差分后平稳，LOG（CULY）在进行两次差分后平稳，利用D（LOG（FINANCE））和D（LOG（CULY））这两个指标构建 VAR 模型进行回归，得到结果如下：

$$y_t = \begin{bmatrix} -0.987 & -0.831 \\ 0.431 & 0.371 \end{bmatrix} y_{t-1} + \begin{bmatrix} 0.165 \\ 0.120 \end{bmatrix}, \quad y_t = \begin{bmatrix} D(LOG(CULY)) \\ D(LOG(FINANCE)) \end{bmatrix}$$

其中，滞后阶数根据 AIC 和 SC 准则等进行确定。接下来对模型进行平稳性检验，得到的检验结果如图 2 所示。

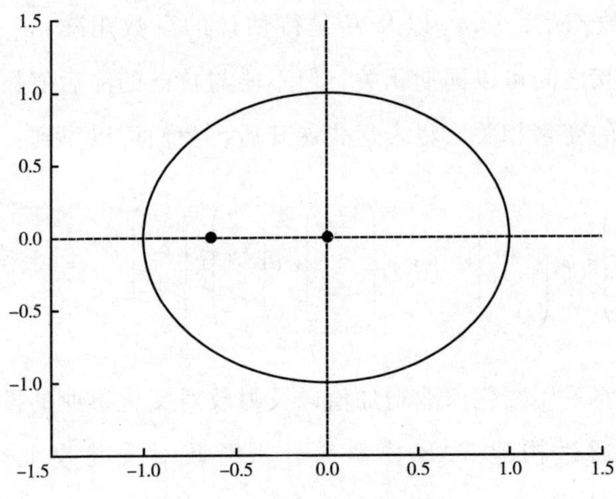

图 2　模型平稳性检验结果

根据图 2 的检验结果，单位根均在单位圆内，表明整个模型平稳。

利用 D（LOG（FINANCE））对 D（LOG（CULY））进行一个单位的扰动，得到脉冲响应结果，如图 3 所示。

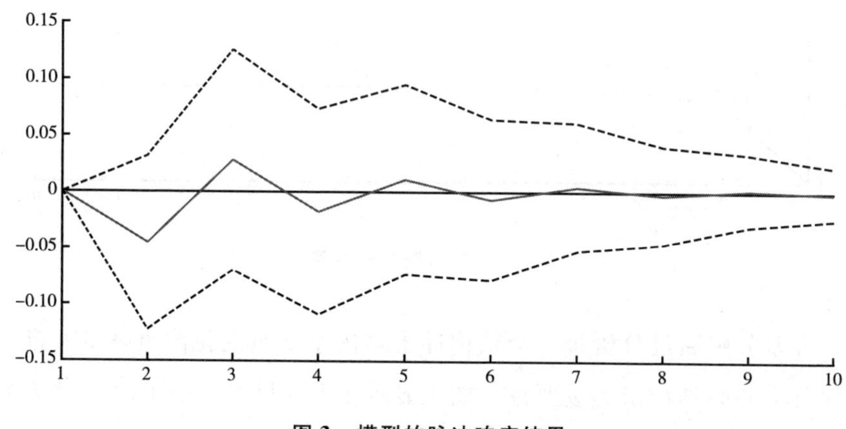

图 3　模型的脉冲响应结果

脉冲响应函数描述的是 VAR 模型中的一个内生变量的冲击给其他内生变量所带来的影响。根据图 3 的脉冲响应结果，笔者发现，文化产业增加值的变动在受到财政对文化产业支出变动的扰动后，先是出现了较大的波动，在第 2 期有最大的负的影响，在第 3 期有最大的正的影响，随后波动逐渐变缓，并在第 6 期恢复平稳。

本研究对 D（LOG（CULY））进行方差分解后，得到结果如图 4 所示。

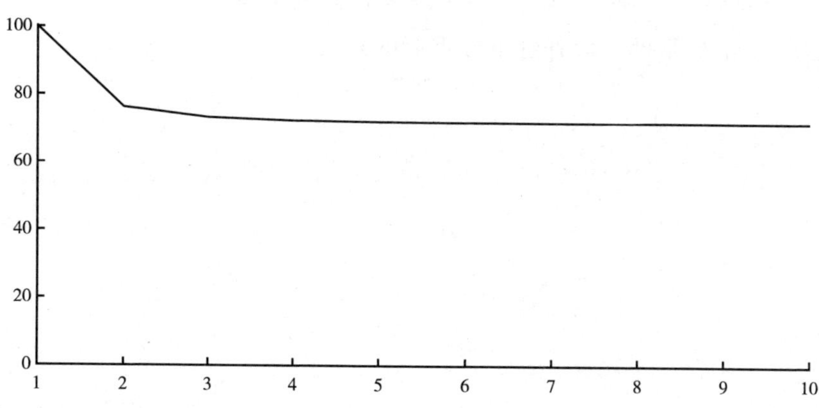

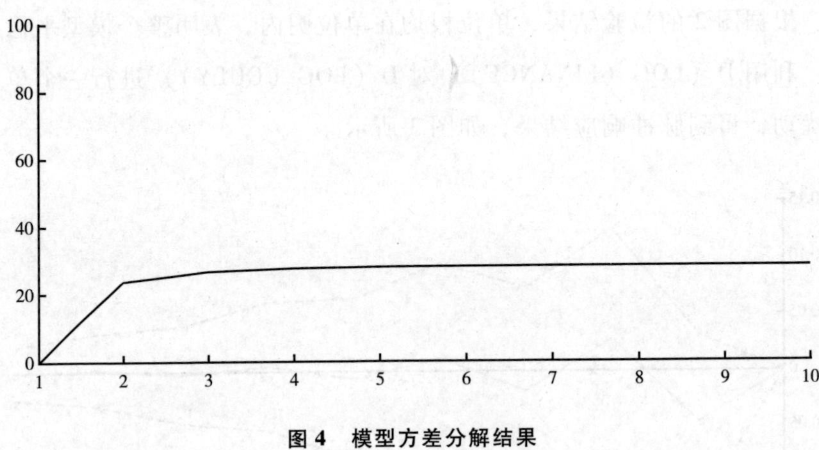

图4　模型方差分解结果

方差分解通过分析每一个结构冲击对内生变量变化的贡献度，进一步评价不同结构冲击的重要性。图4显示了D（LOG（CULY））的方差分解结果，笔者发现D（LOG（CULY））自身的冲击占到了80%，D（LOG（FINANCE））对D（LOG（CULY））的冲击占到了20%。

总的来说，笔者通过实证分析发现，财政对文化的投入对文化产业的发展有着十分重要的正面影响，并且财政投入的变化会对文化产业增加值的波动产生一定程度的影响。我们可以看到，随着我国经济的不断发展，财政收入快速增加，但对文化的投入总量依旧很小，与文化建设的实际需要还有很大的差距。同时，我国文化事业投入存在着区域结构不平衡的问题。因此，进一步提升财政对文化的投入比例，兼顾平衡各地区的文化产业投入量有着十分重要的意义。

支持文化产业发展财政政策的国际经验

通过对国外文化产业的发展与演进的研究，本文总结国外文化产业发展的基本经验以及分析文化产业政策的利弊，对于解决我国文化产业理论与实践发展问题，加强我国文化产业政策的制定和执行的科学性和合理性，有效推进我国文化产业发展具有重要的现实意义。另外，它还有助于我国政府思考自身在文化产业发展中的定位，维护我国文化安全，推动我国在文化产业发展领域的国际交流与合作，增强我国在国际上的文化竞争力，以及培育国内文化产业的消费市场、扩大文化产业消费群体、提高文化产业消费层次等。

一 美国经验

美国文化产业不仅是其国民经济的支柱产业，更是美国经济主导全球的关键，并成为美国左右国际军事、政治的重要软实力。美国文化产业的繁荣不仅与其完善的市场机制、多元化的投资渠道、巨大的消费市场密切相关，还与其鼓励文化创新的政策环境及先进科技融合有关。美国的市场体系发育完全，崇尚市场自由竞争，美国政府对文化产业的财政金融支持是在坚持自由竞争的市场原则下有选择地进行的。

（一）美国文化产业现状

美国文化产业主要包括图书报刊业、影视业、音乐唱片业、文化艺术业、网络文化业、广告业等。

从国内来看，根据美国人艺术协会（Americans For the Art）的统计，2009 年，美国全国范围内非营利性的艺术和文化产业对美国经济的年均贡献达到 1662 亿美元，提供了 570 万个就业机会，而营利性的文化产业每年产值占美国 GDP 的比重达 20%，为美国提供了近 2000 万个就业机会。

从国际来看，美国文化以其独特的魅力、巨大的市场价值，在世界经济体系中占据着重要的地位。目前，美国是全球文化产业头号强国，拥有全世界 56% 的广播和有线电视收入，85% 的收费电视收入，55% 的票房收入。支撑美国经济大厦的顶梁柱不是传统的农业，也不是传统的工业，而是以知识经济和文化产业为核心的第三产业。美国拥有 1500 多家日报社，8000 多家周报社，1.22 万种杂志，1965 家电台，1440 家电视台。文化产业产值约占全国 GDP 的 10%。

从政府管理层面来看，美国未设立文化部，联邦政府依靠总统人文艺术委员会、国家艺术基金会、国家人文基金会、图书馆博物馆事业机构四大部门，主要通过拨款、评奖、协调等手段为美国国内文化事业服务。国家艺术基金会的主要人事任命采取总统与国会双重任命方式。基金会的主席和部门首席执行官均由总统提名，经国会批准总统任命，任期 4 年。美国政府注重从法制层面构建市场体系，更注重利用其文化产品和艺术活动向全世界推行美国价值观。

1948 年，美国制定了《史密斯—曼特法案》，即《信息与教育交流法》，授权美国政府在全球范围内开展公共外交。通过广播等传播媒介、出版文字印刷品、教育文化和技术交流以及面对面接触等方式，向境外的受众传播美国文化及其价值观，以对抗苏联和国际共产主义组织的宣传。本法案还规定，用于对外宣传的内容不得在美国国内使用，后来修改为美国外宣材料在使用12年之后允许在美国国内传播。

1953年，政府专门设立美国新闻署，负责对外宣传的统筹管理。该机构直属白宫管辖，署长由总统任命，下辖美国之音广播电台、自由欧洲电台、自由亚洲电台、拉美自由广播电台等单位，雇员最多时达到1万多人，活跃在世界各个角落，每年开支达20亿美元，全部由美国国会拨款。根据20世纪80年代的统计，美国新闻署在128个国家设立了211个新闻处和2000个宣传活动点，在83个国家建立了图书馆，控制着世界75%的电视节目和60%以上的广播节目的生产与制作，每年向外国发行的电视节目总量达到30万小时。美国新闻署开通了全球电视网，以扩大美国对外宣传力度，在美国驻各国使馆内建立的卫星电视接收站达150多个，由于采用了全球通信卫星技术手段，这个网络可供美国政府领导人直接向其他国家发表讲话，通过直播美国政府领导人的电视讲话等形式，宣传美国的正面形象，对世界舆论施加影响。美国之音一直是美国联邦政府最为重要的外宣机构之一，其与世界范围内1200家电台和电视台签署了协议，每天向美国境外进行44种语言的电台、电视和网络广播，每周播出的新闻时长达1500个小时，全球听众约有1.23亿。美国新闻署还制定了美国文化“走出去”战略，如1993年推出的“艺术大使”项目，组织美国钢琴家到国外举办音乐会，扩大美国影响力；还实施了“外国领袖计划”（后更名为“国际访问者计划”），根据该计划的安排，来自其他国家的10万名精英访问了美国，其中200多人后来成为各国的元首或政府首脑。

根据1998年出台的《外交改革与重组法案》，美国新闻署于1999年被撤销，其信息和对外交流部门并入美国国务院，设立教育文化事务局和国际信息项目局，专门负责美国对外教育交流和文化艺术交流活动；其广播系统划归美国广播理事会管理，2011 年，美国广播理事会的财政预算为 7.47 亿美元。

近年来，美国文化产业更加重视网络文化产业发展和品牌延伸。美国文化产业长期在世界范围内保持“龙头老大”地位的一个重要原因是其把文化产业与信息技术、网络技术的发展有机地联系起来。美国是世界上最早建立和使用计算机网络的国家，随着国家信息高速公路、全球信息基础设施等工程相继建成，其作为世界头号超级大国的强势地位进一步巩固并继续对其他国家施加文化影响。20 世纪 90 年代初，克林顿总统提出“信息高速公路”战略，计划用 20 年投资 4000 亿 ~ 5000 亿美元建成由通信网络、数据库及电子产品组成的网络，为用户提供大量的、统一标准的信息服务。2003 年，布什政府拿出 600 亿美元作为推动宽带网发展和应用的引导资金，直接带动了电子商务及企业信息化工程。网络文化产业是文化产业中最具发展潜力的部门，目前，美国的数字文化产业年产值高达 7000 亿美元，网络文化产品的出口额占出口总额的 13% 以上。迄今为止，美国的网络游戏、动漫产品以及其他新兴文化业态等依然是全球的风向标。在品牌延伸方面，以创刊于 1923 年 3 月的《时代》杂志为例，该杂志时至今日仍是美国乃至全球最具影响力的新闻时政类杂志之一，其年度新闻人物评选已经成为美国文化的重要组成部分。

（二）美国支持文化产业发展的财政税收政策

美国文化产业的巨大影响力与联邦政府和各州政府在政策、资金上的支持是密不可分的。美国的文化艺术团体可根据自愿原则，选择登记为营利性或非营利性文化机构，但是，非营利性文化艺术团体也必须走市场化道路，需要通过高水平的文化艺术产品和服务占领市场。美国对文化产业发展的财政支持主要表现在对非营利性机构和文化基础设施提供资金直接支持，对营利性机构进行间接支持，如提供优惠的财税政策，引导和鼓励私人企业对文化产业进行投资等。总体而言，美国政府支持文化产业发展的特征是“有所为有所不为”。能够完全交给市场进行优胜劣汰的，政府既不参与经营也不分享其收益，这是政府“不作为”的领域。对于提供许多不可或缺的文化产品却无法完全依靠自己的力量生存和发展的，政府通过财政资助或税收优惠等对其进行支持，这是政府“有所作为”的领域。

1. 财政投入政策

从联邦政府资金支持情况看，联邦政府对主要的文化机构，包括总统人文艺术委员会、国家艺术基金会、国家人文基金会、图书馆博物馆事业机构，每年直接资助2.5亿美元左右。20世纪80～90年代，国会每年向国家艺术基金会拨款1.6亿～1.8亿美元，1996年以后减少到1亿美元，2004年开始增加拨款，2008年达到1.4亿美元，2009年以后每年的拨款达到1.5亿美元以上。联邦政府对其他单位，如史密斯学会、肯尼迪中心、公共广播有限公司等每年的财政资金支持在8亿美元左右。美国之音经费每年在2亿美元左右，2010年的财政预算超过2亿美元。另外，联邦政府还对国防部下属的军乐队、军事基地的艺术设施以及驻外使馆文化事务支出给予资助。总体而言，美国联邦政府每年对文化发展的直接财政资金支持保守估计超过20亿美元[①]。

从地方政府财政支持情况看，美国联邦政府通过国家艺术与人文基金会每年向地方政府的文化艺术理事会提供拨款的同时，要求地方政府拿出相应配套资金支持各地文化艺术事业的发展。一是州文化机构支持情况。除了联邦政府的资金支持，美国50个州和6个行政区都设有州级文化艺术机构，负责对非营利性文化机构进行财政支持。州级文化拨款的资助对象与国家艺术基金的资助对象存在互补性，州级资助项目倾向于规模较小的地方组织和名不见经传的年轻艺术家，同

① 陈志楣、冯梅、郭毅：《中国文化产业发展的财政支持研究》，经济科学出版社，2008。

时向社区团体进行资金倾斜。州级文化拨款尽管具有灵活性的特点，但是拨款来源于州财政收入，与各州的税收收入联系密切。如果经济不景气，州政府就存在降低艺术预算的可能。二是地方艺术机构支持情况。地方文化部门的主要任务是组织和支持文化艺术活动、管理艺术作品、向社区市民展示文化的多样性等。美国估计有4000个规模不同的社区地方文化艺术机构，服务于美国80%的社区，每年行政经费超过7亿美元。地方直接拨款、地方经营特许权税[①]和建筑投资基金每年为地方文化艺术提供大量的资助。与联邦政府事业性拨款资助不同的是，州政府及地方政府是通过资助非营利性文化机构的正常运营费用如管理费等形式进行补助的。

2. 税收优惠政策

美国联邦税收法规定，对非营利性美国文化艺术团体和机构以及公共电视台、广播电台免征所得税，并对以促进文化、教育、科学、宗教、慈善事业发展为目的的非营利性社会团体和文化机构免征赋税。按照税法规定，非营利性文化机构的宗旨是为社会公益事业服务，除基本运营费用外，其收入不得为个人所有，只能用于与自身宗旨有关的业务，否则取消非营利性机构的资格。对于基金会而言，要享受税收优惠，每年用于符合其宗旨的捐赠款项则不得低于其当年收入的5%。

具体的税收优惠政策有三种：一是捐赠免税政策。美国税收法规鼓励捐赠行为，凡是向非营利性文化艺术团体机构捐赠的公司、企业和个人，其赞助款可抵免所得税，以鼓励社会力量支持美国文化艺术事业的发展。美国政府在20世纪70年代推出了著名的“501－C－3”条款，通过减免财产税和销售税的优惠政策，为文化艺术的发展汇聚了源源不断的资金。据测算，每向非营利性机构捐赠1美元，可减少28～40美分的税。反过来看，捐赠的“价格弹性”为－0.9～－1.4，也就是说，

① 地方经营特许权税，主要包括旅馆经营税、财产税、营业税、文化娱乐税等。

美国财政部每减少 1 美元的税收收入，私营部门的非营利机构便得到 90 美分至 1.4 美元的捐赠。同时，美国征收遗产税激发了富人对文化机构的捐赠动机。根据当前美国的法律，不超过 70 万美元的遗产是不用纳税的，如果遗产超过了这个数额，就要征收 37% 的遗产税，如果超过 300 万美元，税率将达到 55%。因此，美国有大量的慈善机构和基金会，以及公司、团体和个人都积极资助文化艺术项目。

二是流转税优惠政策。首先，美国联邦政府对出版物不征收商品销售税，对出口图书免征增值税和营业税（先征后返）；对进口图书免征进口税。其次，美国政府对出版物的邮寄费用给予 60% 的减免。再次，为扶持知识产权行业的发展，美国政府对美国的软件企业实行“永久性研发税优惠”政策。按照有关规定，美国文化公司根据研究性支出可享受高达 20% 的税收优惠。另外，政府为国家级艺术项目建立“信托基金”，即每年从联邦政府征收的烟、酒等消费品税中抽出一部分存入“信托基金”；从旅馆经营税、财产税、营业税和文化娱乐税等地方经营特许权税中抽取一定比例支持文化事业发展。最后，文化艺术机构可以城市改造更新名义获得地方税收优惠，如将旧的建筑物改建为艺术室等。

三是对营利性文化产业的税收优惠政策。美国政府对参与市场竞争的产业领域很少给予特殊的税收优惠或财政资金支持，但是一些地方政府却根据各地实际情况实行了一些有差别的优惠政策。以纽约市为例，文化企业可以通过市经济发展公司获得低息或无息贷款。1997 年，纽约市通过法律对百老汇营利性剧目生产和演出过程中发生的有形物质和服务消费免除约 4% 的消费税；1999 年，纽约州政府又通过法律免除上述消费约 4.25% 的消费税，总计免除 8.25% 的消费税。

当然，非营利性文化艺术团体和机构在享受税收减免优惠的同时，也为财政收入做出了相当大的贡献，以 2009 年为例，其给联邦政府、州政府和地方政府分别带来了 126 亿美元、91 亿美元和 79 亿美元的税收收入。

二 法国经验

几百年来，法国一直都是欧洲乃至全世界的文化艺术中心之一，其在文学、绘画、戏剧、建筑、电影等方面的艺术成就蜚声世界。法国是世界上最早进行文化立法的国家，尤其注重弘扬其民族文化，维护民族文化安全。长期以来，法国历任执政者遵循“文化是立国之本”的原则，形成了一系列独具特色的文化政策，进一步推动了法国文化事业的蓬勃发展。

（一）法国文化产业现状

为加强对全国文化事业的管理，法国政府在1959年颁布法令，将原设于教育部和工业部内的文化和电影主管部门抽出，合并组成新的文化部，以促进艺术创新和戏剧、音乐及文化遗产保护等事业的发展。从1969年起，法国文化部开始在各大区设立文化事务局，以监督地方政府落实国家文化政策法令，促进地方各项文化事业的发展。1982年，法国议会通过了有关地方分权的法律，要求中央政府采取相应的文化分散政策，将兴办文化事业的权利和义务下放到地方政府，以促进全国文化设施的合理布局和财政资金的合理配置，扩大地方政府在文化事业方面的参与，增强其兴办文化事业的积极性并由此带动地方政府增加对文化事业的投入。

截至2010年，全国设有各类博物馆1212家，年接待观众5600万人次；设有各类纪念馆100余家（由国家纪念馆中心负责管理），年接待参观者近900万人次；著名的埃菲尔铁塔2009年接待观光者650万人次；此外，全国还有列入历史和古迹保护范围的建筑物和遗迹43455座，其中史前遗迹2172处。截至2009年，全国设有各类档案馆890家，其中国家级3家，大区级26家，省级101家，市级760家，2009

年接待读者22万人次。截至2008年，全国共设有公共图书馆4398家，其中市级公共图书馆4293家，拥有各类藏品1.12亿册（件），拥有注册读者590万人；另设有省级外借图书馆97家，服务的小城镇达17155个（见表1）。

表1　法国文化产业发展概况

文化项目	现有数量	年参观人数	备注
博物馆	1212家	5600万人次	—
纪念馆	100余家	近900万人次	—
历史古迹和建筑遗迹	43455座	—	其中史前遗迹2172处;埃菲尔铁塔2009年接待观光者650万人次
档案馆	890家	22万人次	国家级3家、大区级26家、省级101家、市级760家
图书馆	4398家	注册读者590万人次	市级图书馆4293家,省级外借图书馆97家
国家级剧院和剧场	74家	观众266.8万人次	—
国家和地区戏剧中心	39家	演出8184场,观众120.8万人次	—
音像音乐制品	1.41亿张	—	零售收入14亿欧元,音乐作品版权费7.62亿欧元
电影院	2068家,座位107.8万个	2亿人次	电影投资额11亿欧元,票房收入12亿欧元
出版社	224家	—	出版图书74788种,销售图书4.65亿册,销售金额28亿欧元
艺术和文化高等教育	124所	在校生34176人	由文化部主管的教育机构

注：根据国家图书馆《图书馆决策参考》2011年第15期数据分类整理。

总体而言，法国政府在支持本国文化产业方面主要有以下特点。

1. 利用“文化例外”原则维护本国文化产业利益，支持本国文化产业

20世纪90年代，以法国为代表的欧盟同美国针对开放欧洲文化产品市场（尤其是影视市场）进行了艰苦的乌拉圭回合贸易谈判。法国于1993年提出了“文化例外”原则，这项决议主张文化产品与服务不能等同于其他工业产品和服务产品，所有属于精神文化的产品应当置于世界贸易谈判范围之外。时任法国总统希拉克在2001年教科文组织大会上将“文化例外”的提法改为“文化多样性”原则。他认为，“应对文化全球化，就是要提倡文化多样性。这种多样性是建立在每个民族都应在世界上发出自己独特声音的基础之上的，即每个民族能够以它自身的魅力和真理充实人类的财富”。

文化多样性是法国文化外交的核心，法国反对将文化产品等同于一般自由流通的商品，对本国文化产品实行补贴，对外来文化产品加以限制，从而有效保护本国文化安全。法国对本土文化的保护和支持，为保持和弘扬法兰西民族历史悠久的文化创造了良好的环境，使法国在国际上一直保持文化大国的地位。

2. 通过文化立法保护本国文化安全

法国历届政府非常重视通过文化立法保护本国文化安全。1985年，政府出台了相关政策，硬性规定各电视台必须按比例出资拍摄并播放国产电视。另外，法国文化部2001年颁布了扶持法语原创剧本的政策，各级政府将大幅度增加对创作法语剧本的年轻作家的扶持力度。《视听产品保护法》规定，全法国1300多家电台在每天早上6：30至晚上10：30之间的音乐节目时段所播放的音乐歌曲中的法语节目不得低于40%，所有的广播电视节目中有关欧洲的内容不得低于60%，各电视台每年播放法语影片的比重不低于40%。违反者将处以巨额罚款，所罚款项用于资助民族文化作品的创作。《电影工业法》对影视作品登记制度、电影票房税制度、电影出口国家担保制度、对接受补贴机构的监督制度等做出了详细的规定。

3. 维护法语地位

法国政府十分重视捍卫法语的纯洁性并竭力维护法语在国际上的地位。《杜蓬法》规定，在法国境内举行的各种会议上，法国代表必须使用法语作大会发言，国际会议上必须有法语的同声翻译等。并且，早在1884年，法国就成立了以在海外教授法语为使命的“法语联盟”，目前在全球170个国家建立了教学机构，拥有90万名法语教师，8000万名学员。“法语联盟”不仅推广了法语教学，而且扩大了法兰西文化在全世界的影响，这在很大程度上提升了法国在国际舞台上的政治文化软实力。

（二）法国支持文化产业发展的财政税收政策

1. 财政投入政策

从财政投入规模看，近年来，法国中央政府加大了对文化领域的财政投入（见表2、图1）。1981～1993年，时任总统的密特朗先后批准了一系列重要文化设施建设，如新凯旋门、巴士底歌剧院、大卢浮宫和国家图书馆等。文化事业预算额从1981年的26亿法郎增加到1993年138亿法郎，2006年达到28.86亿欧元，约占国家预算总额的1%。根据议会通过的2011年政府预算法案，文化部获得财政拨款42.5亿欧元。由于法国非常注重政策的延续性和一贯性，欧洲主权债务危机也没有使其减少对文化产业的支持，尽管对文化领域的财政投入年度增幅有所趋窄，但总体保持稳中有升的趋势，这也充分体现了法国政府对本国文化发展的重视。

表2　法国文化部年度预算比较

单位：万欧元

年份	1961	1970	1980	1985	1990
预算	3900	8900	40500	130600	159800
年份	1995	2000	2004	2006	2011
预算	206700	245200	263900	288600	425000

资料来源：http：//www. institutfrancais－pekin. com/fr。

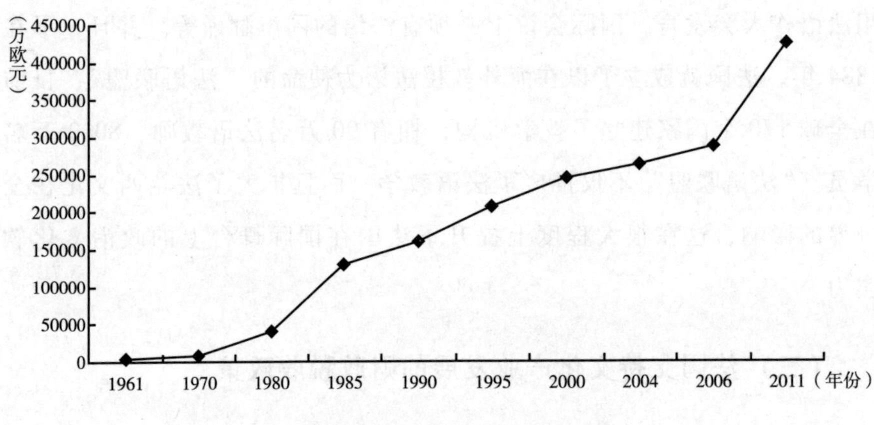

图 1　法国文化部年度预算增长趋势

从财政投入结构看，文化预算向艺术创作、遗产保护、艺术教育等重点领域倾斜（见图 2）。当前，法国政府对文化事业的支持主要有：一是加大对艺术创作的支持，如创建巴黎交响乐团等；二是划拨专项资金用于文化遗产的保护和利用；三是加入欧洲艺术教育计划，重视高等艺术教育；四是开展文化艺术的普及教育和文化设施的免费开放；五是加快出版行业改革；六是调整对电视机构的征税额度，加快数字影院建设。1983 年，法国政府出资 2800 万法郎成立了电影及文化工业投资委员会，以支持文化和电影事业的发展。创建于 1946 年的戛纳国际电影节是法国重要的文化活动之一，戛纳电影节得到法国文化部、外交部和所在地政府的财政支持。法国对电影的补贴是建立在一定点数之上的。获得点数的依据包括：拍摄项目与法国或欧洲主题有关；由法国导演执导；由法国编剧提供剧本；拍摄地点在法国；在法国进行后期制作，等等。每部电影获得的点数，作为获得财政补贴的依据。平均来看，法国政府每年拨款近 10 亿欧元支持文学、艺术、音乐、影视和媒体产业发展。

从财政投入体制看，法国财政部门对文化发展的支持体现在以下两个层面：一是在国家层面，中央政府通过对文化部的财政拨款，对位于

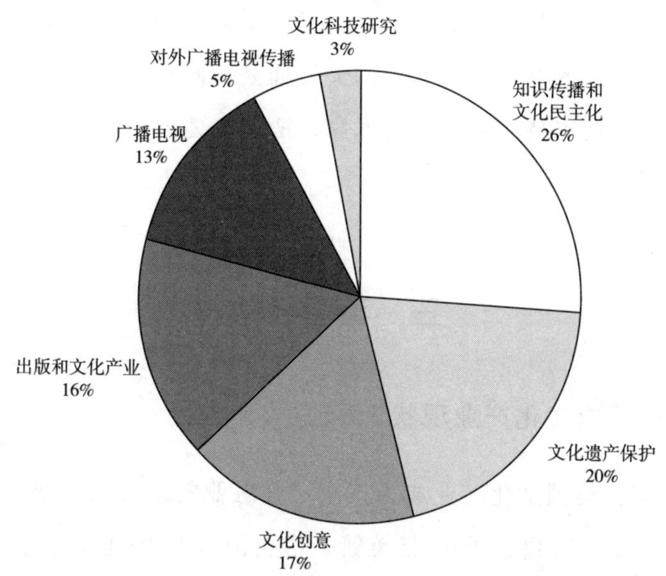

图 2　法国文化部 2011 年资金投入领域比例

首都和其他大城市的重要文化设施和重要的文化活动给予资助。二是在地方政府层面，各大区、省和市镇政府通过文化事业专项预算，对本地区一些重要的文化设施和文化活动提供财政支持。

2. 税收优惠政策

一是税率优惠政策。从 20 世纪 80 年代开始，法国政府对图书报刊只征收 7% 的增值税。在较低的税率基础之上，政府又采取降低计税基数的方法，给予一定的折扣。实际报纸只缴纳 2% 的增值税，期刊缴纳 4% 的增值税。从 90 年代开始，法国政府又对图书的税率下调至 5.5%，并且对出口的图书免征增值税。

二是鼓励文化赞助的税收优惠政策。通过制定减税等政策鼓励企业对文化发展的赞助。凡是提供文化赞助的企业可享受税收优惠，不仅可以冲抵企业税收（最多可获 60% 的税收优惠），还可以提高企业的知名度，相当于企业的隐形广告。因此，法国企业提供文化赞助的积极性较高，甚至多年来一直高于对环保事业的赞助。许多法国大公司设有文化资助委员会，委员会由专业人才组成并负责审定资助项目，每个公司侧重点各有不同，如埃尔夫石油公司侧重音乐和造型艺术，法国航空公司重视支持有才华的艺术家，法国电力公司侧重于文化保护和考古工作等。

三 英国经验

（一）英国文化产业现状

2003 年，英国文化产业成为仅次于金融业的第二大产业。2010 年，其文化创意业产值超过 2000 亿英镑，占英国 GDP 的比重超过 10%。

英国政府对文化产业的支持有两方面特点：一是鼓励文化企业之间的自由竞争，只有在利益驱动不能保证服务质量的情况下才予以干预，且遵循最低限度干预原则。二是对文化产业的管理实行“一臂之距”政策，以法律为主，政策为辅。英国文化政策不是由政府制定，而是由依法创立的独立管理机构或者非政府机构制定。在政府和文化企业之间设立“半官方”的部门和中介机构，由这些机构负责向政府提供政策建议和决策咨询，并接受政府授权，对文化项目做出评估、制订方案并全程监督项目实施①。英国先后出台了《关于刺激企业赞助艺术的计划（1984）》《文化赞助税制》《共同赞助法》《国家彩票法（1994）》。另外，英国还制定了一系列的行业法规，如 1985 年的《电影法》，1998 年颁布的《英国创意产业路径文件》，由英国文化、媒体和体育部门成立专门小组，由前首相布莱尔挂帅，提出把文化创意产业作为英国振兴经济的突破点。由英国电影理事会（UKFC）主导制定《2007～2010 年出口发展策略》等，支持英国电影“走出去”。

① 方彦福：《文化管理引论》，福建教育出版社，2010。

电影产业对英国经济的发展具有重要的意义。第一，电影产业刺激经济发展。电影的票房收入对英国经济产生了重要的影响。研究结果表明，每向电影业投资 1 英镑，可带动经济发展获益 2.5 英镑。第二，电影产业提供了更多的就业岗位。2009 年，英国电影产业直接提供了电影制作、演员、编剧、后期制作以及电影相关产业近十万个就业岗位。第三，带动了海外旅游发展。统计数据显示，英国电影每年带动海外旅游收入约为 19 亿英镑。一些著名影片的拍摄地成为外国游客的旅游胜地。第四，电影产业带动了音像、图书服装等相关商品的销售和产业链发展。可以看出，英国电影产业的发展对英国的经济产生了直接、间接以及乘数效应的影响。而其快速的发展以及产生的重要影响和英国政府的扶持密不可分。虽然从 20 世纪 80 年代开始，英国电影补贴急剧减少，但是英国电影企业每年还可以得到 300 万 ~ 500 万英镑的补助以及税收优惠。

（二）英国支持文化产业发展的财政税收政策

英国政府为了鼓励和支持文化产业的发展，主要采取财政投入和税收优惠相结合的财政政策。由于英国政府对文化产业的支持遵循最低限度干预原则，因此，财政的直接投入比较少，更多的支持体现在税收优惠方面。同时，根据文化产业的不同特点采取不同的发展措施，表现在政府通过直接拨款的方式支持公共性文化事业，通过税收优惠政策间接地支持营利性文化产业发展。在英国政府的授权下，英格兰艺术委员会代表政府扶持本国文化产业发展，其根据英国政府年度预算要求，制定出艺术机构和项目的预算并给予支持。

首先，英国实行“政府配套资助”的机制。“政府配套资助”的政策内涵是：如果企业对某个文化项目进行投资，政府也将提供配套支持，与企业共同资助这一项目。进行第一次投资时，政府配套的比例为 1∶1，第二次投资时，政府配套的比例为 1∶2。该政策为文化产业发展提供了双保险。实践证明，这一政策显著提升了英国企业对文化产业投资的积极性。如前文所述，虽然英国政府每年将大量的拨款投入文化产业中，但是并不直接干预市场的具体运作，资助主要是通过政府委托的非政府文化机构（英格兰艺术委员会）实现。

其次，英国政府对出版物实行零税政策已经有一百多年的历史，即对出版物实行零增值税政策。这使得英国的出版行业得到长期稳定的发展，并使得英国成为出版行业的世界级大国。虽然在近年来，英国政府也试图对出版行业征税却没能成功。其原因除了出版社、作家、书商等既得利益者的阻碍之外，主要还是政府对出版物所具有的特殊性的认识。在英国，一般商品共同执行厂家价格是非法的，但图书却必须执行出版社的统一价格，这无疑也是承认图书行业的特殊地位。

再次，英国政府实施电影减税政策。2005 年，英国前首相布朗签署法令，出台了英国支持电影行业发展的税收制度，将小成本制作电影的税收减免额度提高到 20%，并为预算超过 2000 万英镑的高成本制作电影提供 16% 的税收减免。2006 ~ 2007 年，英国电影产业减税约为 408 亿英镑，对电影产业的发展产生了非常重要的影响。这些税收优惠政策降低了投资电影的风险，有利于促进英国本土电影的制作以及吸引海外投资。在税收优惠政策的激励下，英国迎来了投资拍摄电影的高潮。2007 年，英国参与拍摄的电影达到 134 部，独立制作的影片达到 50 部，其中包括哈利波特系列第 5 季《哈利波特与凤凰社》以及《谍影重重 3》等。

四　日本经验

日本称文化产业为“内容产业”。“内容”是指在各种不同媒介中流通的影像、音乐、游戏、书籍等，并通过动画、静止画、声音、文字、程序等表现要素构成的信息。日本的文化产业包括四大类：一是影像产业，包括电影、电视和动画等；二是音乐产业；三是游戏产业；四是出版产业，包括图书、报纸、绘画和教材等。“二战”失败后，日本政府开始认同自由开展文化艺术活动的体制，减少政府主观干预行为，并最终确定了政府对文化艺术活动进行间接援助、对具体事务不加干涉的“内容不干预”原则。

（一）日本文化产业现状

目前，日本的文化产业发展仅次于美国，居世界第二位。日本文化产业的总量为80万亿～90万亿日元，是日本国民经济的重要产业支柱。日本大型文化交流活动多依赖于企业、公司参与和资金赞助，而一些文化体育活动则依赖于大型媒体主办或协办。日本文化产业的国际影响力很大，尤其是漫画、动画和游戏产业。举例说明，日本游戏机软件《布袋怪兽》在全世界售出1.2亿个，改编的动画片在68个国家和地区的电视台播出，改编的电影在48个国家和地区放映，单是电影一项就收入2.8亿美元。据统计，目前，日本动漫产品占世界动漫市场的比例已超过60%，全球的日本动漫迷在电影和视频上的消费超过50亿美元，动漫衍生品市场高达180亿美元。日本国内主流观点甚至认为，漫画、动画和游戏是由日本创造出来的产业。但目前日本文化产业发展也面临着一系列的挑战。据经济产业省的统计和预测，日本文化产业的国内市场接近饱和，国际市场有待继续开发。产业主体中96%为中小企业，且多聚集在产业下游。

日本主管文化产业的部门有文部科学省及其文化厅、经济产业省、总务省、国土交通省以及地方政府相关部门。文化厅的职责定位为，“在鼓励和推动国民自发开展文化活动的同时，创造一切便利条件，以使所有国民都能享受到各种文化娱乐；此外，努力改进文化艺术活动中的不合理之处，采取一切必要措施振兴本国文化”。日本文化厅委托相关领域的专家或学者组成第三方独立评审机构，由其对政府支持的文化艺术活动做出分析和判断，供政府部门参考。

日本政府对文化产业的支持也有两方面特点：一是将文化发展提升为国家战略，二是通过立法维护本国文化产业利益。日本政府决策层认为，文化产业是一个高关联性产业，不仅关系国民生活的幸福，还有利于增进外国对日本文化的理解，有利于塑造和传播日本的国家品牌，还可以带动其他产业的发展。1995 年 7 月，文化政策促进会在《新的文化立国目标——当前振兴文化的重点和对策》中提出了“文化立国”战略。该报告明确提出将动漫产业作为日本对外输出的重要文化产品，并给予财政资金支持。从此，日本的动漫产品遍布世界，影响力巨大。1996 年，日本政府正式提出了《21 世纪文化立国方案》，将发展文化经济提升为国家战略。1998 年 3 月，文化政策促进会在《文化振兴基本设想——为了实现文化立国》报告中提出了振兴日本文化的六大课题，分别是搞活艺术创造活动、继承和发展传统文化、振兴地域文化与生活文化、培育和保护文化传承人才建设、加强国际文化传播能力、加强有利于文化传播的基础设施建设。在日本财政的大力支持下，日本建立起大型的公益文化基地，实施了文化街区建设计划，构筑了文化信息综合系统等。2003 年 1 月，日本动画片《千与千寻》在国际影坛取得了巨大的成功，日本政府提出要善于发现本国文化产品的潜在力量。同年 3 月，日本政府成立了“知识财产战略本部”，首相任部长。随后在战略本部下设“文化产业专业调查会”，其成员来自广播、电视、电影、音乐、漫画等文化产业界的创作人员，他们从不同的专业角度，及时发现问题，为研究修订相关文化发展策略、制定切实可行的文化政策提供多种依据。日本文化产业专业调查会指出，一要扩大海外商务活动，加强反盗版工作；二要提高日本品牌的地位，制定开拓海外市场的战略；三要为树立“卓越的日本”形象而努力等。文化产业专业调查会认为“文化立国”战略的实施，必将带动相关产业的极大发展和国民间的相互理解。同时强调，积极开展国际文化产业交流，必将获得海外对日本文化的尊重，提高日本的国际地位。

日本政府提出“文化立国”战略后，先后制定了《振兴文化艺术基本法》《内容产业促进法》《文化产业振兴法》《创造新产业战略》《信息技术基本法》《知识产权基本法》《著作权中介业务法》等一系列文化法律法规。2004 年 5 月，日本国会批准通过了《关于促进创造、保护及应用文化产业的法律案》（统称《文化产业促进法》），这是一部既包括《信息技术基本法》和《文化艺术振兴法》内容，又包括规范发展振兴电影、音乐、戏剧、诗歌、小说、戏曲、漫画、游戏产业的集大成的法律文献。同时，该法案规定，政府要积极向海外其他国家介绍日本的文化产业，向国内介绍海外市场，保护日本文化产业的知识产权。

此外，日本政府提供政策支持，政府咨询机构和研究机构负责市场研究，联合提供专业的咨询报告，形成了良好的“官、产、学”相结合的文化产业发展模式。在这种模式的带动下，从 20 世纪 90 年代至今短短的二十年内，日本文化产业发展迅速，文化产品出口贸易仅次于汽车工业，切实提高了日本的国际影响力。

（二）日本支持文化产业发展的财政税收政策

日本政府把发展文化产业作为经济社会发展战略的重要组成部分，紧扣文化产品项目发展的实际情况，通过财政资金和税收优惠的支持形成日本特有的拳头文化产品。

2001 年 11 月，东京发布了《东京观光产业振兴计划》，并出资 1.5 亿日元举办了“新世纪东京国际动漫展览会”，旨在让日本动漫走向世界，加深其他国家对日本文化的了解。2005 年，日本外务省利用政府开发援助项目中 24 亿日元的“文化无偿援助”资金，从动漫制作商手中购买了播放版权，无偿提供给发展中国家的电视台播放。这种行为不仅向海外推广了日本的动漫文化，还通过动漫这一载体大大提高了日本的国际地位。另外，日本经产省与文部省联手建立了民间的“文化产品海外流通促进机构”，并建立专项财政资金支持该机构在海外市场开展文化贸易与维权活动。

日本对于高收入的个人和高盈利的企业课税很重，但对日本文化产业而言，却给予“研究投资和科学技术投资”相关的优惠政策。另外，为鼓励社会资金投资于文化领域，日本政府对于赞助文化事业的企业和个人采取减免税收等优惠政策，有效地引导了社会资金对本国文化发展的支持。

五 韩国经验

韩国《文化产业振兴基本法》将文化产业定义为“对文化产品的计划、开发、制作、生产、流通、消费等以及与之相关的服务的产业”，对文化产品的界定是“包括文化要素，并在经济上创造出高附加值的有形、无形的商品（包括与文化相关的内容以及数字文化内容）和服务及其复合体”。亚洲金融危机后，韩国将文化产业列为21世纪国家经济战略性支柱产业，提出了“韩国文化世界化”的口号。

（一）韩国文化产业现状

2008～2011年，韩国文化产业出口规模以每年22.5%的速度快速增长，2012年出口规模达到43.2亿美元，同比增长34.9%。在国家的大力扶持下，韩国文化产业迅速崛起，已经成为仅次于汽车产业的第二大出口创汇产业，跻身世界文化产业强国之列。韩国文化产业2013年业绩结算报告显示，2013年，韩国文化产业的销售额为915300亿韩元，比2012年增长约4.9%。同年，文化内容产业的出口额为51亿美元，比2012年增长约10.6%。近年，韩国游戏产业异军突起，据韩国文化产业振兴院在2014年韩国游戏产业的前景预测中估计，网络游戏

2014年销售总额可望比2013年增长11.2%，达到12兆1028亿韩元；另外，出口总额可望比2013年增长15.6%，超过34.4亿美元，并占文化产业出口总额的60%。

韩国文化产业的迅速发展与韩国政府的大力扶持是分不开的。

1. 设立相关机构，将发展文化产业作为立国战略

在韩国，文化观光部是支持本国文化产业发展的中枢机构，使文化政策和文化产业政策、观光政策之间产生了协同效应，形成了真正的文化产业政策促进体系，使产业部门之间能够最大地发挥关联作用，也为集中各方优势力量促进文化产业发展提供了保证。

1993年，韩国前总统金泳三任职后，在文化观光部设置了主管文化产业的文化产业局，并将文化部和体育青少年部并入文化观光部。1997年，亚洲金融风暴重创了韩国经济，韩国政府于1998年正式提出"文化立国"战略，政府的大力支持使韩国的文化产业出现了跳跃式发展，文化产业从此也成为韩国经济的强力引擎。1999年，文化观光部、产业资源部、信息通讯部建立了各自下属的"游戏综合支援中心""游戏技术开发支援中心""游戏技术开发中心"。2000年，韩国文化产业振兴委员会成立，具体负责制定国家文化产业政策方向、发展计划及文化产业振兴基金运营方案，检查政策执行情况，开展有关调查研究及其他相关工作。2001年，韩国成立文化产业振兴院，全面负责文化产业具体扶持工作。同年，韩国文化观光部出台的《韩国文化产业化白皮书》，提出要实施"先占战略"进入中国和日本市场，并以此为契机走进国际市场。基本思想是通过国内市场收回制作成本，通过海外市场赢利，最终目标是把韩国建设成为世界五大文化强国之一。2002年7月，文化观光部决定整合下属的文化产业振兴院、广播影像振兴院、电影振兴委员会、游戏产业开发院、国际广播交流财团等5个部门组建"文化产业支援机构协议会"，加强文化产业信息交流，对原来分散组织的活动进行协调、统筹管理，有效地避免了业务重复，提高了文化产业工作的整体效果。2004 年，文化产业局又细分为文化产业局和文化媒体局两部分，在文化产业局细分以后，以韩剧、网络游戏等为主打的“韩流”文化产品席卷整个亚洲。2013 年，韩国文化观光部强调韩国文化发展应当将韩流发展为韩国文化国际化，引导观众从对韩剧、韩国流行音乐、网络游戏的喜爱到对韩国文化产生广泛的兴趣。作为载体的韩国文化节不仅包括演唱会，还包含美容、流行时尚、美食、汽车、信息产业等内容，通过举办丰富多彩的文化活动，将韩国文化介绍到世界各个国家，同时通过文化产品的输出，实现本国经济效益。

此外，韩国政府在加大财政支持的同时，还非常注重对人才的培养。为做好人才储备，政府设立了“文化产业人才培养委员会”，负责文化产业人才培养计划的制定、协调等，重点培养文化产业复合型人才和电影、卡通、游戏、广播、影像等产业的高级人才，并在韩国文化振兴院建立了文化产业专门人才库。政府还设立了“教育机构认证委员会”，对文化产业教育机构实行认证制，对优秀者给予奖励和提供资金支持等。

2. 通过立法维护本国文化产业利益，支持本国文化产业发展

1999 年 5 月 21 日，韩国政府颁布了《文化产业振兴基本法》，旨在对文化产业进行支持和培育，完善文化产业的发展基础，增强其竞争力，从而为提高国民文化生活的质量、促进国家经济的发展做出贡献。7 月 20 日，韩国政府制定了实施细则，由总则、创业、制作、流通、文化产业基础设施、韩国文化产业振兴委员会、文化产业振兴基金、补充细则、罚则共 9 章 43 条构成。2003 年，韩国政府对《文化产业振兴基本法》进行了修订，对文化产业基金委托韩国文化产业振兴院的事务范围，以及基金会机构设置与管理体制做出了规定；2007 年又进行了一次修订，形成了文化产业振兴机构制度。另外，1999 ~ 2001 年韩国相关政府部门先后制定《文化产业发展 5 年计划》《文化产业前景》和《文化产业发展推进计划》，明确了文化产业发展战略和中长期发展计划，其最终目标是把韩国建设成为21世纪文化大国和知识经济强国。在此期间，韩国有关部门又陆续对《影像振兴基本法》《著作权法》《电影振兴法》《演出法》《广播法》《唱片录像带暨游戏制品法》等做了部分或全面修订，为文化产业的发展提供了法律体系保障。另外，韩国的《海关法》《附加价值税法》等法律及相关法规包含了大量的有利于韩国电影"走出去"的条款。

韩国法律对地面广播电视的内容和对外资准入及国外文化产品的进入都有一系列的限制。法律明确规定：韩国电影所占比例为所有电影广播电视时间的20%以上40%以下，韩国动画片所占比例为所有动画片广播电视时间的50%以上70%以下。对非地面广播电视业务的要求是：韩国电影比例为30%以上50%以下，韩国动画比例为40%以上60%以下，流行音乐比例为50%以上80%以下。另外，法律规定韩国文化机构仅在韩国广播电视业委员会授权的情况下，才可以接受来自具有教育、体育、宗教、慈善以及其他形式的国际友好目的的外国机构的捐赠。

（二）韩国支持文化产业发展的财政税收政策

为支持本国文化产业的发展，韩国出台了一系列税收优惠政策，主要体现在对文化的捐赠作为应纳税所得额的抵减项处理上，从而给予所得税优惠的政策（见表3）。

表3　韩国文化税收优惠政策

税收法规	对象	优惠政策	颁布时间
租税特例制限法施行令第70条第1项第2款	"艺术殿堂"	将"艺术殿堂"列入固有目的事业准备金（费用）处理办法的范围	1995年12月30日
地方税法施行令第101条第1项第16款	剧场	根据大城市法人设立时的登记税、重课税例外对象中包括演艺剧场	1996年12月31日
附加价值税法第12条第1项第14款	演员（包括剧场）	附加价值税免税对象扩大为包括大众艺术演艺在内的所有非营利性的艺术活动	1999年12月7日

续表

税收法规	对象	优惠政策	颁布时间
工资税第34条第1项	演员、剧场	对艺术团体等捐赠的所得提成限度从原来的当年所得金额的5%扩大到10%	2000年10月23日
租税特例制限法施行规则第29条第2款	专门艺术法人	通过财政经济部部长和文化观光部部长的协议，被指定为专门艺术法人可以将当年事业年度所得金额的100%作为固有目的事业准备金，享受捐款税前扣除优惠政策	2001年3月28日
租税特例制限法施行令第23条	演出事业者	临时投资税额的提成（10%），对适用对象进行演艺产业追加	2001年9月29日
法人税法施行令第36条第1项第1款工资税施行令第80条第1款	专门艺术法人、团体	在年度个人所得的10%，法人收入的5%的限度内，个人以及企业对专门艺术法人、团体给予捐赠的，对于这些捐赠者捐款的相应金额予以扣税	2001年12月31日
法人税法施行令第56条第1项第1款和第4款	专门艺术法人	当年作为固有目的事业准备金的事业所得金额50%部分，作为捐款在税前扣除	2001年12月31日
继承税及赠送税法施行令第12条第9款	专门艺术法人、团体	对向专门艺术法人、团体的捐助资产款免继承税和赠予税	2001年12月31日
租税特例制限法施行令第2条第1项	演出事业者	演艺事业列入中小企业投资准备金捐款税前扣除优惠（第4条），中小企业投资税额提成（第5条）等作为租税特例对象的范围	2001年12月31日
租税特例制限法第73条，第104条第9款	演出事业者	对于创业的中小企业，减免其所得税（法人税）的50%，对文化艺术基金进行捐赠的捐款算入的限度也予以扩大（从当年年度所得的50%扩大到100%）；对文化艺术团体进行捐赠的捐款算入的限度也予以扩大（从当年年度所得的5%扩大到8%）；在所得金额的30%的范围内，以核计文化事业准备金的方式作为捐款在税前扣除	2004年10月5日

资料来源：韩国2004年文化产业白皮书。

六　其他国家经验

（一）加拿大经验

加拿大强调文化市场的特殊性，需要采取各种措施进行保护。在其《服务贸易总协定》第 14 条中加拿大对文化多样性原则做出规定：为了保护公共安全、公共卫生、环境、文化、资源等，世界贸易组织成员可以采取一些与《服务贸易总协定》不相一致的措施，并不强求完全对等。在加拿大，电视台至少有 78% 的股份由加拿大掌握，国外居民不得收购加拿大的电影发行公司，外国人拥有加拿大报纸的股份比例不得超过 25%；在各类电台和电视台的节目中，与加拿大有关的内容不得低于 60%。在加拿大运营的所有电视台必须给加拿大内容以 45% 的节目配额，在广播电视中播出的本国音乐产品的比例不得少于 30%。1997 年，加拿大提出开拓国际文化市场的“贸易之路计划”，主要包括“贸易之路贡献计划”“文化贸易顾问服务”“战略市场信息服务”三个部分，并由 22 个联邦政府组成跨部门团队，共同为加拿大开拓文化国际市场提供服务，对文化机构和文化产业提供财政支持。

为支持本国文化企业“走出去”，政府长期对加拿大广播公司给予大额财政补贴；政府还设立了“加拿大电视基金”，对加拿大电视节目产品予以补贴。近年来，加拿大每年文化事业支出占联邦财政总支出的 1.8% 左右，还通过税收减免等措施支持文化产品出口。另外，政府支持成立了电视电影发展公司，资助国内影视业发展。

（二）印度经验

为了加强与其他国家和地区的文化交流，印度专门成立了印度文化关系委员会（ICCR），这是一个权力很大的机构，除了进行官方和非营利性文化活动外，该委员会还十分重视将印度的文化产品推向世界。目前，印度在全球有 20 个文化中心和 2 个次中心，并在国外知名大学设有 24 个从事印度研究的客座教授席位。印度政府每年向印度文化关系委员会拨款，用于对外宣传和推广印度的音乐、文学、舞蹈、美术、饮食文化以及电影，并组织印度艺术团体到国外进行演出，举行民间手工艺品的展销等。据统计，2008 年，印度文化关系委员会的预算拨款达到 15.2 亿比索（约合 2.8 亿元人民币）。

（三）德国经验

德国政府很少直接干预文化事务，注重对文化的间接引导，主要体现在以下几个方面：一是提供良好的基础设施与发展环境。二是通过法律、经济、行政等手段加大政策引导力度。三是建立公共服务体系，对公共文化进行财政资助。德国文化“走出去”的经典范例是歌德学院。为在全世界范围内推广德语，德国在多个国家设立歌德学院，其口号是“德语－德国文化－德国”。四是引导文化产业与其他产业形式协调发展，提高文化产业的财政拨款。德国联邦议院审议通过，将 2014 年度德国文化产业预算增加 9000 万欧元，主要用于文化遗产保护项目；注资德国联邦文化基金，用来支持弱势地区流行文化产品的开发；支持“柏林联邦文化活动”相关工作；支持电影遗产的数字化项目和电影院的数字化改造以及设立一项鼓励创意或文化类独立书店的全新奖项。这使得德国文化产业预算总额增加到了 12.9 亿欧元。

七　国际经验对我国的启示

鉴于各国意识形态和文化价值观存在差异，其文化政策不尽相同，但总结国外发展文化产业的基本经验之后，笔者发现，政府主导、法律制度完善、对人才的培养以及灵活的财政税收政策支持等，都是值得我国在文化产业发展方面学习的重要经验，尤其是财政税收支持，具有较高的借鉴价值，具体有如下几个方面。

（一）政府有所为有所不为，对不同市场特征的文化产业制定不同类型的支持政策

通过对国际经验的梳理，笔者总结出各国对文化产业的支持政策，

按照政府与市场参与程度的不同大致分为三类。

一是强调政府作用的干预型政策。这种政策强调政府在文化产业发展中的积极作用，比较注重本国文化保护，对文化产品的进口管理严格，支持本国文化产品“走出去”。具有代表性的国家有法国和加拿大。加拿大的文化立法和相关政策在保护本国文化、实现文化多元化方面取得了明显成效，成为许多国家研究和效仿的典型。法国文化政策的政府干预色彩更加浓厚，法国政府对文化提出了“文化例外”原则，一定程度上阻止了文化的过度商业化、低俗化，保护了法国传统文化。

二是强调市场机制的自由型政策。这种政策强调市场机制的重要作用，注重文化市场的自由竞争和平等交易，主张国际文化产品市场的非歧视性准入，反对文化领域的贸易保护。美国和日本是这种政策的代表。美国没有文化部，也没有完整的文化政策，甚至认为不应制定系统的文化政策。不过，文化自由主义并不是绝对的自由，文化市场的自由恰恰建立在完善的法律基础之上。美国政府对文化的干预在不同历史时期各有特点。冷战时期，美国采取直接或间接方式对文化产业施加影响和干预，文化方面支出较大。冷战结束后，其文化支出预算大幅削减，强调市场调节和贸易自由，更加重视经济效益而非社会效益。

三是折中性的支持政策。在处理国家干预和市场竞争的关系上，以培育合格文化市场主体、规范市场监管为目标。同时，反对完全的、绝对的市场自由主义，避免文化的过度商业化、低俗化。在保护本国文化安全方面，倾向于适度的、在某些情况下甚至是较多的国家干预手段。

（二）尊重本国文化产业发展特点，加强立法支持本国文化产业发展

目前，有影响力的世界文化强国都是通过立法规范本国财政文化政策，按投入方式不同可以分为以下三类。

一是直接资助类，如俄罗斯《俄罗斯联邦文学艺术领域国家资金的规定》，日本《文化功臣养老基金法施行令》，芬兰《芬兰共和国艺术教授职位和国家对艺术家补贴法》。

二是基金会类，如美国《国家艺术和人文基金法》，瑞士《基金会法》，匈牙利的《匈牙利共和国关于文化基金的使用和交纳文化捐款办法的法令》。

三是间接资助类（税收、彩票、捐赠、赞助），如美国《联邦税收法案（C501 款）》《非相关营业收入法案》；英国的《关于刺激企业赞助艺术的计划（1984）》《文化赞助税制》《共同赞助法》《国家彩票法（1994）》。

（三）注重政策的延续性和一贯性，财政文化预算稳中有升

以法国为例，政府非常注重支持政策的衔接和延续性，强调财政投入的科学性、透明性以及效率，不断加大对文化领域的财政投入，从2000 年的 24.5 亿欧元，增长到 2011 年的 42.5 亿欧元，尽管年度增幅有所趋窄，但总体维持稳中有升的趋势，充分体现了法国对本国文化发展的重视。

（四）对文化发展进行有选择、有限度地扶持，更加注重发挥财政投入的杠杆作用

20 世纪末以来，西方发达国家的文化目标选择呈现出一个共同的趋势，即愈发强调文化的经济功能以及文化产业的发展，与此相适应，发达国家文化直接投入的重心也发生了转移，即从单纯强调财政投入的补助功能，转向对补助与投资双重功能的强调。美国政府明确地区分了营利性文化产业与非营利性文化组织机构，前者完全交给市场进行优胜劣汰，政府既不参与经营也不分享其收益；后者无法完全依靠自己的力量生存和发展，政府则通过财政资助或税收优惠进行支持。美国国家艺

术基金采取了具有巨大乘数效应的配套拨款制度，联邦政府每向国家艺术基金资助1亿美元，可衍生出约7亿美元的其他资助。美国鼓励向艺术事业捐赠的税收优惠政策，为文化艺术的发展汇聚了源源不断的资金。另外，彩票基金作为国家文化投入的一个重要补充，最近几年获得了长足的发展，芬兰的彩票基金占国家文化投入的比例已经超过了70%。

财政税收政策与支持我国文化产业发展探讨

财政是国家治理的基础和重要支柱，科学、合理地运用财政手段促进文化产业的发展，既符合当前世界各国促进自身文化产业发展的普遍做法，也是针对我国现阶段文化产业发展各方面不足而做出的必然政策选择。

一 总体思路

由于起步晚、基础差等方面原因，与发达国家相比，我国文化产业规模化、集约化、专业化水平较低，企业自我发展能力、可持续发展能力、市场竞争能力不足，统一开放的市场体系尚不健全，市场机制应有的积极作用尚未充分发挥。政府应该积极转变自身职能，从对企业微观干预转变为宏观调控，积极推进国有文化资产管理体制改革，特别是要培育文化市场主体，在此基础上，制定文化产业发展规划，优化投资环境和文化创意人才培养体系，并致力于构建有利于鼓励产品、服务、科技创新的法律和政策环境。在此背景下，财政政策的实施，应从微观和宏观两个层面把握财政支持文化发展的核心内涵，发挥其应有的前瞻性和主动适应性作用。微观上，财政政策依托财政资金的介入，帮助文化企业优化管理、防范风险，打造核心竞争力，提升文化创新力。宏观上，财政政策依据财政资金投向与节奏，引导文化资源的流向、流量、流速与流程，从而在更大范畴、更深层次上优化文化资源配置，优化文化产业产权结构、产品结构、技术结构、市场结构，打通整个文化产业投、研、产、销的渠道，实现经济与文化相互交融、技术与内容相互促进，进而实现解放和发展文化生产力的核心目标。

二　基本原则

（一）明确财政政策支持文化产业发展的重点

利用财政政策支持文化产业发展，目的是在较短时间内培育出一批引导文化产业发展的骨干力量，提升文化产业在社会经济发展结构中的比重，满足人们的精神文化需求，推动文化与文化产业发展机制的建设。但财政的支持是有限度的，普惠制的政策往往起不到鼓励作用。因此，有必要加强财政政策对文化产业领域的针对性。具体而言，利用财政政策支持文化产业发展的重点应为：一是扶持文化产业龙头企业。应通过财税优惠政策支持龙头企业管理创新、技术创新、产品创新，引导龙头企业的资本投入，增强自主创新能力和产业竞争力。二是建设文化产业平台。重点是创造较为宽松的政策环境，推动艺术区、文化中心、产业基地等各类文化产业发展平台的产业孵化能力、创新能力和产业集群聚合效应，增强文化产品的市场竞争力。三是引导文化产业平衡发展。应通过适当的财税政策，调动各类资本的积极性，多渠道增加对文化产业的投入，特别要引导文化产业资本到文化资源产业开发薄弱的地方，推动区域文化经济的平衡发展，更好地实现文化产业的科学发展以及对社会经济的推动作用。

（二）激励措施与约束机制相结合

依据公共财政理论，财税政策体现为正向激励政策、逆向约束政策和惩罚性措施三种性质的政策。正向激励财税政策主要有税收减免、税收抵扣、税前扣除等方式。由于财政补贴容易产生各种寻租腐败行为，降低扶持效率，扭曲市场行为，当今发达国家一般不主张过多采用包括政府补贴等在内的正向财政激励措施，更多地采用逆向约束财政政策和惩罚性的财政措施，其运用于文化产业的主要做法是通过开征某些新税种，提高征收税率等政策措施向纳税人施压，以迫使其淘汰庸俗、不健康、落后的文化产品和服务，优化文化产业结构，提高生产、服务效率和文化资源的利用效率。所以，发展文化产业的财税政策要从鼓励和限制两方面着手，激励与制约并举，更好地体现国家的产业政策导向。对发展初期的文化产业给予财政上的补贴；对于成长期的弱质文化产业，在生产、销售、投资和收益等各方面给予必要的税收减免优惠扶持；对陈旧落后、精神污染的文化产品和文化服务，则采取加成征收、税收附加等方式予以重税，以此促进文化产业向成熟、繁荣健康的方向发展。

（三）全面鼓励促进与多环节引导相结合

发展文化产业是一项长期艰巨的系统工程，包括建立完善的文化产业结构和构建良好的文化产业消费结构。财税政策调整和优化要体现鼓励规范、合理的文化产业结构，引导和激励大众健康消费文化产品和服务。同时，鼓励文化产业发展需要有不同的财税政策手段，以体现不同的政策导向。第一，运用财税政策大力支持文化产品和文化服务的生产与消费；第二，鼓励我国的文化产品和文化服务“走出去”，参与国际市场竞争；第三，通过运用再投资退税、减免税、财政补助、税收抵免、投资抵免、税收饶让等间接和直接财税政策激励境内外企业参与投资我国的文化产业发展。因此，财税政策应根据自身的特点和宏观调控优势，全面着眼，多方引导，通过构建科学、规范的财税政策体系，更好地发挥支持和激励我国文化产业发展的财税政策效应。

三　支持文化产业发展的财政政策

（一）调整和优化财政支出结构，突出财政支持文化产业重点

在进一步加大财政对文化产业投入力度的同时，还要注意调整和优化财政支出结构，突出支持重点。

一是向基本公共文化需求倾斜。在积极做好公益性文化产业发展规划、清晰界定政府与市场的边界、区分基本公共文化需求与非基本公共文化需求的基础上，优先保障广大人民群众享受基本文化的权利。

二是向农村文化建设倾斜。注重将新增的文化经费向农村投放，不断扩大公共财政在农村的覆盖范围，逐步建立起农村公共文化投入机制。同时，大力支持农村公共文化服务网络的建设，巩固基层文化阵地，重点支持实施广播电视“村村通工程”“全国文化信息资源共享工程”“农村电影数字化放映工程”试点、“送书下乡工程”和“流动舞台车工程”等工程，并且不遗余力地支持中西部地区农村开展有地域特色、适合当地风俗的农村文化活动，促进农村普及文化和特色文化协调发展。

三是向中西部和少数民族地区倾斜。开发优秀的、有区域特色的民族文化产业，挖掘民族丰富的传承文化资源，创新文化资源开发利用的方式，促进民族文化资源优势向经济优势、产业优势转化。加大中央对中西部民族地区文化产业的专项转移支付规模，尤其要增加中央财政对中西部困难地区、少数民族地区、边疆地区基层文化设施建设的专项补助。

四是向建立文化产业园区的中小型文化企业提供基础设施倾斜。致力于形成园区内企业的发展合力，推动文化产业全产业链发展，根据文化行业细分特点的不同，还可以进一步建立影视工业园区、网络游戏和动漫工业园区、书画艺术创意园区等不同类型的文化企业聚集区，并可以在这些园区之内建立工商、税务、展览设施、培训基地、知识产权机构等公共管理服务设施，引入资质认证、版权评估和交易、权证查询等中介服务机构为园区提供一揽子服务。文化产业园区还可以引入高等院校和科研机构等，与园区共同建设人才培养和科研项目，为入驻园区的文化企业提供人才来源和科技研发资源。

五是向文化行政管理部门职能倾斜。要理顺文化行政管理部门与所属文化企事业单位的关系，推进政企分开、政事分开、管办分离，强化文化行政管理部门的政策调节、市场监管、社会管理和公共服务职能。财政对文化行政管理部门在转变职能过程中增加的合理支出应该给予必要的保障。

另外，文化产业中的公益性部分、涉及国家安全的文化产业和文化服务基础设施，以及代表国家水准和具有民族特色的艺术院团等，也应该成为财政对文化产业的投资重点。

（二）创新财政支持方式，多渠道助力文化产业发展

财政支持文化产业发展不同于支持公共文化服务体系建设，不能大包大揽、全面覆盖，而要注重引导、以点带面，通过发挥财政政策的杠杆效应，达到财政资金“四两拨千斤”的效果。当前，应研究和制定既符合市场经济发展规律又能扶持文化产业发展的财政政策，在政策的支持方式上可以采取奖励、资助、项目补贴、贷款贴息、股权投资等多种财政支出方式。

一是鼓励非民营资本进入文化产业领域。一方面，政府放宽市场准入要求，支持民间资本以股份制、合伙制及个体私营等多种形式参与兴

办文化企业；鼓励民营企业参与国有文化单位改革，培育一批重点文化龙头企业，引导其向集团化方向发展。另一方面，大力发展外向型文化企业，积极引进国内外资金、技术、人才、管理和经营理念，在节目制作、版权贸易、文艺演出和新兴文化产业等领域，抢占国内市场，拓展国际市场。

二是探索使用 PPP 方式支持文化产业发展。发达国家在文化产业领域对运用政府与社会资本合作（PPP）模式进行了探索，取得了丰硕的成果。我国应充分借鉴其有益经验，结合本国本地区的国情和实际情况，探索运用 PPP 模式支持文化产业发展，选取规划明确、规模较大、需求稳定、长期合同关系清晰，具有平台性、枢纽性、渠道性特点的文化产业公共服务平台建设项目，如文化创业创意园区、出版数字平台和版权交易平台建设等。同时，在试点过程中，应研究制定规范化、标准化的 PPP 模式运作方式和交易流程，建立试点项目库，为项目建设提供技术指导和政策支持，并加强后续的监督管理和绩效评价。

三是运用文化产业财政资金，采取奖励、补助、贴息等方式，扶持既有发展前景又有强大市场竞争力的优势文化产业项目。凡国家没有明令禁止社会力量进入的文化产业领域，政府应允许境内外企业、社会团体和个人投资与兴办文化产业项目。

四是完善文化产业政府采购制度。明确政府采购的资格和范围：凡具备法人资格的各级、各类文化单位或企业提供的优质文化产品和服务都可被列入政府文化产品的采购范围。明确政府采购的方式，采取公开招标、竞争性采购、询价采购、单一来源采购等多种政府采购方式。明确政府采购的重点领域：一是采购群众喜闻乐见、寓教于乐的大众文化产品和服务。二是购买公益性特征明显、具有普及推广价值的文化服务、公益性文化娱乐、文化体育休闲、文化旅游和文化教育培训等服务。三是采购适合社区、农村等基层群众尤其是青少年、老年人和外来务工人员需求的文化产品和服务。

（三）实施重大项目带动战略，加大重大文化产业项目的财政支持力度

发展文化产业，重点在于培育产业主体。实施重大项目带动战略，培育一批有实力、有竞争力的骨干文化企业，重点以文化创意、影视制作、出版发行、印刷复制、广告、演艺娱乐、文化会展、数字内容和动漫等产业为发展重点。

1. 实施重大文化产业项目带动战略

一是支持文化产业重点领域和重点环节，重点支持动漫产业、创意产业和文化体制改革的重点企业。二是支持国家级文化产业基地建设、文化产业重点项目及跨区域整合、国有控股文化企业股份制改造、文化领域新产品新技术的研发、大宗文化产品和服务的出口等。三是推进文化产业结构调整和资源整合，鼓励有实力的文化企业跨地区、跨行业经营和重组，培育骨干文化企业。四是以文化工程投入为重点，推动文化产业蓬勃发展。财政资金重点投入建设国产动漫振兴工程、国家数字电影制作基地建设工程、多媒体数据库和经济信息平台、“中华字库”工程、国家“知识资源数据库”出版工程等重大文化建设项目，以推动文化产业发展。

2. 加大文化产业科技创新的投入

推进文化与科技的融合，运用高新技术改造传统产业，大力发展新兴文化业态，推动文化产业升级。尤其重点支持处于种子期、初创期的文化产业（企业），扶持文化产业技术开发初期的原始创新，财政政策支持的着眼点应放到有利于降低文化企业创业与创新风险的领域，加大对文化产业科技创新的投入力度。

3. 确定具有地方特色的文化产业为地方财政重点支持领域

在符合国家产业政策以及产业发展方向的前提下，各地根据自身发展的优势文化资源和特色文化以及产业规划重点加以财政支持。例如，深圳财政重点扶持发展的文化产业领域是文化产业孵化基地、文化产业

聚集基地和教学培训基地；厦门财政重点投入发展的文化产业领域是优秀动漫产品和创意产业等；南京财政重点投入的文化产业领域是文化产业园区和具有自主知识产权的文化产业，等等。

（四）支持文化产业国际拓展，积极发展和培养具有国际竞争力的文化经济力量

当今世界，经济全球化与文化全球化互为表里，经济较量中的文化因素日益突出，同样，文化较量中的经济作用日益显著，越来越多的国家把提高文化软实力作为重要发展战略。推动中华文化走向世界不仅是建设社会主义文化强国的应有之义，也是维护国家文化安全的客观要求。长期以来，文化“走出去”主要依托政府直接组织，较少关注产业驱动；主要注重产品输出，较少关注资本输出。事实证明，海外投资是推动文化输出、构建强大外层文化力量的有力途径，是文化“走出去”的高级形态。当前，应充分发挥财政政策的积极作用，从文化产品和文化资本两个维度，全面提升我国文化“走出去”水平。一方面，要提高文化产品的原始创新能力，提升文化资源的财富转化能力，推动文化制造向产业链高端发展，加大知识产权保护力度，积极培育民族文化品牌，让更多具有中国风格、中国气派、国际表达的文化产品走向世界。另一方面，要积极推动文化资本“走出去”，依托跨国直接投资、跨国并购等途径，推动文化资本输出，提高海外经营能力，通过产品输出与资本输出双轮驱动，建立起与我国政治经济大国地位相适应的国际文化影响力，引导国际舆论议程设置，彰显我国文化软实力的世界性价值。

（五）进一步创设中央和地方文化产业投资基金，加大财政支持力度

文化产业发展在资金来源上单一的“一靠政府，二靠银行”的投融资体制必须加以改变。应当变“文化资金投入”为“文化资本投

入”，通过创设中央和地方文化产业投资基金，创新市场化资本运作，确立“专业化管理，投资者受益”的基本原则，推动文化产业投融资体制与管理的创新，以政策倾斜和资本引导的双重扶持推进文化产业发展。

在设立中央级文化产业投资基金的同时，省级（自治区、直辖市）地方文化产业投资基金也应积极创设。基于对国家层面文化产业投资基金供给不足的考虑，省级地方政府可以充分利用自身的文化资源禀赋和文化产业优势，设立省级文化产业投资基金。目前已经设立的广东文化产业基金、福建海峡文化产业投资基金、杭州文化产业基金、上海文化产业基金、陕西文化产业投资基金等，对于加快地方文化产业投融资体制改革，增强地方政府对文化产业的扶持、引导和调控作用，推动地方文化产业结构的优化调整，使之成为地方经济的支柱性产业，作用凸显。今后，各地应根据其实际情况，积极设立省级或地市级文化产业投资基金。

四　支持文化产业发展的税收政策

（一）完善现行文化产业税收政策

1. 增值税

结合“营改增”改革，对文化企业购买技术设备、知识产权的进项税额实行增值税抵扣政策，引导企业加大科技研究和开发的投入。同时，考虑到文化产业的特殊性，可设置较低税率。文化服务营业税改征增值税的应税服务范围主要包括文化创意服务、设计服务、商标著作权转让服务、知识产权服务、广告服务、会议展览服务。为保持现行营业税优惠政策的连续性，应根据文化产业的具体性质和作用，实行减免税政策。结合营业税改征增值税改革试点，逐步将文化服务行业纳入改革试点范围，对纳入增值税征收范围的上述文化服务出口实行增值税零税率或免税。

2. 所得税

首先，采取多种间接税收优惠政策方式。在文化产业税收政策激励上，采用加速折旧、投资抵免、亏损弥补、费用扣除、提取技术开发准备金等间接税收优惠方式，鼓励企业更多地投入科技研发设备更新、文化产品（服务）内容创新，实现企业优惠向产业优惠转变。依据文化产业的发展特点，通过产业和项目内容创新的税收优惠政策，扶持具有实质意义的文化产业项目投资。其次，实施文化产业再投资退税政策。对于境内外文化企业和个人在我国境内创办新的文化企业，或加大文化基础设施工程投资建设的，以及增加文化企业注册资本的，给予一定比例的再投资退税优惠。再次，调整对“小型微利企业”的所得税优惠措施。可从两方面实施：一是提高小微企业的标准；二是增加优惠力度。可考虑将小微企业分为两档，年应纳税所得额低于10万元，实行免税，或按5%的税率缴税；年应纳税所得额在10万~30万元的，按10%的税率缴税，从而切实降低文化小型企业的经营成本，以促进文化企业发展规模的扩大与文化产业的繁荣发展。

（二）依据文化产品和服务的性质实施差别税收政策

对属于文化产业核心层的新闻服务，出版发行和版权服务，广播、电视、电影服务和文化艺术服务等从低确定税率；对属于文化产业外围层的网络文化服务、文化休闲娱乐服务和其他文化服务，适中确定税率；对仅属于相关文化产业层的用品、设备及相关文化产品的生产、销售等从高确定税率。在文化艺术服务中对群众文化服务、文化研究与文化社团服务的税率要低于表演及演出场所以及文化保护和文化设施服务，而文艺创作、表演中文艺创作服务的税率设计原则上也应低于文艺表演服务的税率。

（三）实施激励文化产业创新和扩大文化消费的税收政策

现代科技和文化产业融合，推动了文化产业的快速发展，同时带来了文化艺术功能的改变。诸如电影、电视、广播、广告、流行艺术、书刊、卡通动漫等，它们的共同特点是以高科技手段和方法为载体，大规模生产、制造为大众所消费和享受的文化产品。支持文化科技创新的税收政策具体包括以下几个方面。

第一，尽快对文化产业支撑技术等领域的具体范围予以清晰界定。2014 年 4 月，国务院办公厅印发《进一步支持文化企业发展的规定》，以进一步深化文化体制改革，促进文化企业发展。其中关于财政税收的第七条规定："对从事文化产业支撑技术等领域的文化企业，按规定认定为高新技术企业的，按减 15% 的税率征收企业所得税；开发新技术、新产品、新工艺发生的研究开发费用，允许按国家税法规定，在计算应纳税所得额时加计扣除。文化产业支撑技术等领域的具体范围和认定工作由科技部、财政部、税务总局、中央宣传部等部门另行明确。"应尽快对文化产业支撑技术等领域的具体范围予以清晰界定。具体来说，由于技术开发费认定的专业性较强，应由相关部门对其鉴定或在网上公布相关信息，细化新产品、新技术、新工艺的认定标准，防止企业为获取税收优惠政策将生产部门或管理部门分离出研发机构，将生产成本和管理费用作为企业研发费用，虚列费用并加计扣除等现象发生。一般生产企业研发需经历 1 ~ 2 年的时间，其中产品的小批量试生产收入企业往往会计入"其他业务收入"，建议明确冲减研究开发费用。鼓励和支持中小企业采取联合出资、共同委托等方式进行合作研究开发，对加快创新成果转化给予政策扶持，对从事数字广播影视、数据库、电子出版物等研发、生产、传播的文化企业，凡符合国家现行高新技术企业税收优惠政策规定的，可统一享受相应的税收优惠政策。

第二，企业用于技术开发、引进技术以及技术培训的费用支出以及高科技文化企业设立技术开发风险准备金，准予在计征企业所得税时税前列支。

第三，科技文化企业在土地转让时，给予免征耕地占有税、房产税和土地使用税的优惠待遇；高新文化企业受让或投资的无形资产，按不低于 40% 的比例加速缩短摊销年限。

第四，实施有利于扩大文化消费的税收政策。利用税收政策合理调节、引导文化产品的生产及价格，促进文化产品的消费均衡，平衡全国文化消费市场和文化产业的发展。为扩大文化服务消费，培育新的文化消费增长点，建议将电影、电视制作、音乐、报纸、刊物和图书等产业视同高新技术企业适用 15% 的企业所得税税率，对于其固定资产投资可采取加计扣除的优惠政策，或是按投资额的 20% 直接进行税收抵扣。对作家、画家、电影导演、编剧等文化产业从业者取得的收入，比照稿酬收入减征应纳个人所得税额的 30%。对于个人版权、使用权等知识产权转让收入可实施营业税和个人所得税优惠照顾。

（四）运用税收优惠拓宽文化投融资渠道

可考虑进一步降低图书、报纸、杂志、音像制品销售的增值税税率，或比照软件企业按销售收入全额课征 3% 的增值税，适当降低中小文化企业的增值税一般纳税人标准，使更多中小文化企业获得一般纳税人资格；对于创业投资企业，如中小文化企业的创业投资，可以按投资额的一定比例抵扣创业投资企业的应纳税所得额，如遭到损失，可以部分冲抵其一般收入；对中小文化企业研究创新所获得的奖励，免征个人所得税，对中小文化企业技术入股而获得的股权收益，适当免征个人所得税等。在坚持市场化、产业化、社会化改革方向的基础上，应通过税收优惠来鼓励非公有制资本进入文艺表演团体、演出场所、博物馆和展览馆、互联网上网服务营业场所、艺术教育与培训、文化艺术中介、旅游文化服务、文化娱乐、艺术品经营、动漫和网络游戏、广告、电影电视剧制作发行、广播影视技术开发运用、电影院和电影院线、农村电影放映、书报刊分销、音像制品分销、包装装潢、印刷品印刷等领域。

（五）制定有利于文化服务贸易和“走出去”的税收政策

对列入国家文化产品出口扶持计划且具有中国民族特色的文化艺术、演出展览、民族音乐舞蹈、杂技等产品和服务以及进入国际市场的动漫游戏、电子出版物等新兴文化产品，从高设定退税率。对国外文化企业对在中国境内从事文化产品生产活动给予一定的税收减免并将税收减免与其他方式结合，酌情分别采取税收抵免、税收饶让、延期纳税、免税等优惠政策，鼓励文化企业不断扩大对外贸易和海外投资的比例。凡艺术院校、公共图书馆、博物馆、群众艺术馆、文化馆等公益事业机构和艺术表演团体等非营利或微利单位进口必要的设备应列为海关进口免税单位；文化部门进口外文原版书刊和新型文献载体应免征进口外文书刊增值税。专门制定鼓励文化企业“走出去”的税收优惠政策，重点支持一批具有国际竞争力的外向型文化企业，鼓励文化企业在境外兴办文化实体或兼并境外文化企业，扩大我国文化产品和服务在国际市场的份额，推动海外文化阵地的本土化。

支持文化产业发展金融政策的国际经验

一 美国的基金和资本市场融资模式

在当代西方国家，美国是实行国家艺术理事会制的代表性国家，采取单一国家文化基金管理模式。1965 年，《国家艺术及人文事业基金法》在美国通过。美国依法创立了致力于艺术与人文事业发展的机构——国家艺术基金会与国家人文基金会，并依法每年拿出一定比例的资金投入文化产业，从资金方面支持美国文化产业的发展。美国基金会资产约 4000 亿美元，其中最大的 25 家基金会向文化产业资助占资助总额的 40%，其余由许多小型基金会提供，另外还有家族基金和遗产基金等。正因为如此，美国的文化产业发展如虎添翼，进入黄金发展期。

国家艺术基金会是美国文化产业最大的资助者，其采取了具有巨大乘数效应的配套拨款制度。从 1965 年至 2008 年，国家艺术基金会提供的各种资助超过 12. 8 万项，资助总额达到四十多亿美元，其资助的项目涵盖美国的艺术社团、舞蹈、设计、传统艺术、文学、音乐、表演、绘画、视觉艺术等方面，同时鼓励和促进美国文化产品进入国际市场。

美国完善的资本市场为文化产业的发展提供了很好的融资平台。美国文化产业在资本市场的融资形式主要包括：股权融资，即企业出售部分股权，以获得出资方的资金帮助；夹层融资，即介于优先债券和股本融资之间的一种融资方式，一般是采用次级贷款的形式，也可以使用可转换票据、优先股的形式；优先级债务贷款，即将预售发行权合约作为贷款的担保，筹得保底发行金；发行 AAA 级债券，即投资银行作为主体，把未来预期收入和衍生品的销售收入作为基础资产，向投资人提供证券化产品。

此外，美国还有专门针对中小型文化企业的金融政策支持。早在1953 年和 1958 年，美国分别颁布了《国家中小企业法》和《小企业投资法》，这两部法律比较详细地说明了中小型文化企业的投资者可以享受长期低息贷款等优惠政策。美国的进出口银行还专门为中小型文化企业提供信贷担保和风险担保。同时，进出口银行还为外资投资提供各种贷款优惠政策，体现了国际直接融资在为美国文化产业提供资金保障方面也起到重要作用。

二　法国的独立融资机构模式

法国实施政府主导型的文化产业管理，政府负责管理、投资等事务。20 世纪末以来法国政府开始尝试提供一些新的文化产业融资方式，其中最具有代表性的是电影与文化产业融资局（IFCIC）的成立。该机构是由文化部与财政部共同发起的一个独立的融资机构，其目的是通过帮助文化企业获得银行贷款，推动法国文化产业的发展。

电影与文化产业融资局开创阶段的资本金主要由两个部分构成，第一部分资金是来自政府委托的两个集团出资，占到资本金的 49%；第二部分资金来自大约 20 家商业银行或贷款机构，占到资本金的 51%。电影与文化产业融资局的资产只有 1250 万法郎，但是，它旗下掌管着总额为 6000 万法郎的担保基金，其中包括国家电影中心提供的电影以及视听艺术担保基金，文化部提供的文化产业基金以及新闻出版担保基金，这些基金使其能够担保的贷款总额达到2.11亿法郎。电影与文化产业融资局的担保基金只针对贷款银行，其担保的额度一般在贷款总额的50%～70%之间，也就是说，如果担保贷款出现问题，担保基金将承担一半以上的损失。

法国政府还成立了专门的固定经济补贴基金会，对国家的一些文化机构和与国家有共同合同关系的文化团体给予固定补贴。目前已经成立的基金会有演出资助基金会、电影视听资助账户和国家图书基金会。基金会还与相关部门和文化企业签订了各种合同，从而确保投入资金的使用效率、实现政府的管理目标。

除此之外，政府还设立文化产业信贷，把文化产业特别是本国电影、电视产业列为重要产业，鼓励银行等金融机构投资。

三　英国的彩票收益和资本市场支持模式

英国的部分文化产业被认为属于高危行业，大多数金融企业对该行业贷款相对谨慎，严重抑制了文化企业的发展壮大和整个产业的成熟。为了改变这种状态，英国政府加强宣传和支持力度，从而使金融界更多地了解文化产业并投放资金。

英国政府对文化产业发展最具特色的金融支持是彩票收益的投入。作为世界彩票业最具特色和最为发达的国家，英国政府将彩票收益中的一部分投向文化产业，并且以法律的形式予以规范，成为文化产业发展中较为稳固的资金来源，有力地推动了英国文化产业的发展。英国从1994年底开始发售彩票，据统计，从1994年底到1999年4月，彩票业为文化公共领域筹集资金高达63.8亿英镑，大批重大的文化产业项目通过彩票资金得以实现。英国的国家彩票——英国彩票基金由英国议会批准发行，并由《国家彩票法》予以规范，其发行的目的主要是为教育、艺术、慈善、体育、国家遗产、环境等公益文化事业筹集资金。在彩票资金分配方面，政府专门成立了彩票分配基金委员会（NLDF），根据彩票监管部门制定的相关政策，将资金分配给教育、艺术、慈善、体育、社区服务等领域的组织，如各地的体育理事会、艺术理事会、国家彩票慈善会、遗产彩票基金、新机会基金等，再由这些组织确定资金的具体投放。据统计，国家彩票收入的50.7%作为奖金，28%用作文化公益事业的经费，12%上缴经营税，5%作为公司利润，3.3%作为管理开支，1%作为印花税及附加税。从最近几年的数据来看，用于文化公益事业的比例大约为彩票收入总额的16.66%。目前，英国的“国家科学、技术与艺术基金”（NESTA）是西方发达国家彩票基金在文化产业最具有代表性的应用基金。1997年，英国政府意识到创意和创新在国家发展中的重要作用，从彩票基金划拨2亿英镑组成“国家科学、技术与艺术基金”，从源头上扶持创意与创新活动。

作为老牌资本主义国家，英国的资本市场极其发达，商业化竞争使得资金可以在行业内进行合理的分配，同时又可以吸收外部资金以保持资本市场动力。英国文化企业特别注重采用多样性经营策略开拓市场、创造价值，强调资本运作，以资本运作来支撑企业的多元化发展。

此外，为了解决中小文化企业发展的经费问题，英国政府还专门设立了多种资助计划，主要包括创意卓越基金、地区创业资本基金、小型公司贷款保证计划、社区发展财务机构和地区财经论坛等。同时，英国政府也鼓励私人部门投资文化产业，并且在法律和政策上都给予特殊的优惠支持。

四 日本的基金与合作联盟体系模式

在文化产业发展的金融支持方面，日本和美国基本相似，采取的是一种政府间接介入的市场化模式，也采取了建立文化产业发展基金的方式加以支持。为引导社会资金投放文化领域，1990年3月，日本政府设立了艺术文化振兴基金，主要用于鼓励和支持文化相关企业或个人的艺术创作。艺术文化振兴基金最初的运营资金有642亿日元，其中，国家出资530亿日元，民间捐款112亿日元，此后每年筹集14亿日元左右的资金。另外，日本政府利用基金还成立了特殊法人日本艺术文化振兴会以及国立剧场和新国立剧场，对艺术基金进行管理和经营。除中央政府之外，日本一些文化产业部门也联合起来建立国家基金，但是从融资效果来看，这些基金并没能成为日本文化产业融资的主要力量。值得关注的是，日本还成立了证券基金，即由券商发起的文化产业基金，在日本文化产业发展中发挥着重要的作用。基金通过吸收日本民间资本和民间企业的资本满足文化产业发展的资金需求。

合作联盟体系是日本政府对文化产业给予金融支持的重要手段。一是政府和企业的合作联盟。政府和企业共同投资成立了中小企业信用担保公司，并设置了很多分支机构。与这些机构相配套的是中小企业信用保险金库，中小企业可以从保险金库领取贷款资金的70%～80%，并且向这个金库申请保险。日本的这种担保机构数量有很多，系统上也比较完善；保险公司和担保公司事先签订好合同，担保生效等同于保险生效。担保工作在企业融资中的作用非常重要，担保工作做好了就等于直接打通了企业融资的渠道。二是投资者建立起的合作联盟。这种合作联盟体系为金融支持文化产业发展开创了一条全新的道路。譬如，创作一部动画片往往由好多公司共同投资完成，其中包括电视台、电影公司、广告投放公司、玩具用品商、游戏软件商、动画作品的设计出版商，等等。这种联盟投资大大降低了投资的风险，从而使得新产品项目研发免受资金短缺的制约。合作联盟投资的好处还有一点是，参与投资的企业都有各自的经营模式和投资经验，可以集思广益，拓宽融资渠道。三是通过知识产权证券化建立起知识产权使用者与文化企业的合作联盟。知识产权包括名誉权、商标权、专利权，等等，知识产权证券化指的是把知识产权作为一项资本，在知识产权的所有者和使用者之间，通过知识产权证券化，由使用者向这些拥有知识产权的文化企业提供资金支持和帮助。为了方便管理，日本政府专门成立了管理和运作知识产权的公司，这些管理公司将证券形式的文化企业知识产权投入市场供其他企业和投资家买卖以收取专利使用费，并将部分盈利返还给文化企业。

合作联盟对合作双方均有好处。日本有许多著名的大型企业和大的财团通过冠名的方式，对文化产业或者文化节进行支持和赞助，在帮助文化产业发展的同时也提升了自身的企业形象。

五 韩国的投资组合与合作投资模式

韩国在金融支持文化产业发展方面，一种模式是财政资金和民间资本共同参与投资的“文化产业专门投资组合”，其中民间资本是主要组成部分。通过这种方式筹集的资金，按照集中选择的标准，主要用于重点开发的文化产业。比如，韩国的文化产业振兴院在2002年筹集了5000亿韩元的文化产业专项资金。其主要来源是国家财政拨款、专项基金支持和专门投资组合。在2000年，这种投资组合共运作了17个项目，融资额高达2073亿韩元，其中，民间资本占2/3，政府的投入占1/3。

“电影投资专门组合”模式是由中小企业厅与韩国电影振兴委员会（KOFIC）共同合作投资电影。KOFIC是文化观光部下属的独立机构，是电影行业的最高监管组织，在政府及国会的监督下拥有独立制定电影政策的权力。为支持本国电影发展，韩国电影振兴委员会与中小企业厅共同成立了“电影振兴基金”，从2000年起，基金每年筹资100亿韩元用于振兴韩国电影，其中，KOFIC投资20亿韩元、中小企业厅投资30亿韩元，其他资金来自创投（venture company）等小型公司。这一投资组合的功能类似创业投资公司，但是资金规模更大，可以统筹更多资金投资数部影片来分散风险并追求经济效益最大化。政府规定它必须将资金总额60%以上的部分投资文化商品生产，以此确保电影资金的稳定来源。

此外，韩国在支持文化产业相关企业融资方面还设立了其他一些文化产业基金，包括广播发展基金、文艺振兴基金、文化产业振兴基金、信息化促进基金、出版基金等一些促进文化产业发展的专项基金。韩国政府还针对文化产业融资需求，设立了相关配套机制，其中包括文化产品抵押的无息贷款、影视业创办的低利率信贷、对其他文化产业进行的长期低息贷款以及对文化产业实施税收优惠政策，等等。

六　国际经验对我国的启示

在我国，金融支持文化产业的政策基础是2010年中央宣传部、中国人民银行等九部门发布的《关于金融支持文化产业振兴和发展繁荣的指导意见》（银发〔2010〕94号），对涉及文化产业的信贷、资本市场和保险市场发展以及相关配套机制、政策协调和实施效果监测评估等多方面提出了指导意见。中共十八届三中全会进一步提出了“鼓励金融资本、社会资本、文化资源相结合”的要求。2014年文化部、中国人民银行、财政部又出台了《关于深入推进文化金融合作的意见》，明确了创新文化金融体制机制、创新符合文化产业发展需求特点的金融产品与服务的发展思路。

当前的任务是采取切实可行的措施将既定的政策方向与思路落到实处。在具体操作层面，如果有国外成熟经验的支撑，将显著提升政策的落实效率。本文介绍的国际上金融支持文化产业发展的五种模式即可为我国的政策思路提供国际经验借鉴。

（一）将现行具有支持文化产业发展性质的各种基金进行有效整合

通过各种基金支持文化产业发展是国际上采用最多的模式，我国也有中国文化产业发展投资基金、国家艺术基金、中国电影基金、国家出版基金等以及地方政府层面和社会层面的文化产业投资基金，如北京市书院中国文化发展基金、中华社会文化发展基金等。由于这些基金的募集、使用和管理方式多有不同，且以项目支持为主，存在着重复支持和支持缺位的低效率现象，造成同等条件的文化产业主体获得的支持力度不均。

为此，建议对现行各种基金进行有效整合，对政府主导设立的基金划分为国家和地方两个层面提供支持。

国家层面，将相关基金并入中国文化产业发展投资基金。并且，按照国际经验，将其划分为电影发展投资基金、书画发展投资基金、音乐发展投资基金、图书出版发展投资基金等子基金。子基金对符合法定标准的企业、个人以及文化产业项目进行资助。

地方层面，各地设立本地的文化产业发展投资基金，并比照中国文化产业发展投资基金设立各类别的子基金，可以在后者支持的基础上再给予一定力度的支持，也可以在其支持之外，确定有本地特色的企业、个人和文化产业项目进行资助。

（二）支持社会资金设立文化产业风险投资基金

近年来，我国社会资金参与文化产业投资基金的现象越来越多，但现有的文化产业投资基金运作不够市场化、产业风险投资基金的法律制度不完善、缺乏高素质高水平的基金管理人、投资退出渠道不完善、与文化产业投资配套的金融服务体系也不完善。为此，笔者提出如下建议。

首先，对社会层面的各种基金集中分类管理，并通过一定的资金支持或税收优惠给予鼓励，注重与政府主导设立的基金进行优势互补，对其资助对象和力度给予引导，防止对同一资助对象多角度重复投入。

其次，在条件成熟的时候，成立文化产业风险投资基金。结合我国文化企业的实际情况，分析我国的文化产业风险投资基金应实现的功能，在此基础上完善我国文化产业风险投资基金的经营模式，使其发挥机构投资者的力量为文化产业服务。

再次，借鉴日本的经验成立文化产业证券基金，从更多角度吸引民间资本支持文化产业发展。

（三）挖掘我国福利彩票和体育彩票收益对文化产业支持的功能

据统计，2013 年，我国福利彩票和体育彩票累计销量已超过 1.7 万亿元，筹集公益金分别达到 3100 多亿元和 2119 亿元。按照规定，分配到中央和地方的彩票公益金主要应用于社会保障、体育发展以及扶老、助残、救孤、济困、赈灾等专项公益事业。但实际上，彩票公益金的使用效率和透明度较低。

建议借鉴英国的经验，将部分彩票收益用于支持文化产业发展，并辅以科学的管理，例如，将其分配到各层面的文化发展投资基金。相比现在彩票公益金的使用情况，这样做将会显著提高彩票公益金的使用效率。

（四）注重金融对中小微文化企业的支持

由于中小微文化企业在获得金融支持方面处于弱势，因此应特别注重将金融资源更多配置给中小微文化企业。

建议在现有中小微文化企业的金融支持政策的基础上，进一步借鉴国际成熟经验。

首先，借鉴美国经验，以法律的形式确定中小微文化企业的投资者可以享受长期低息贷款等优惠政策，同时，为助其引进外资，由进出口银行专门为中小型文化企业提供信贷担保和风险担保。

其次，借鉴英国经验，针对中小微文化企业的个性化需求，设立多种资助计划。

此外，在地方层面，还可以根据各地的实际情况，选择尝试类似于韩国的投资组合或日本的合作联盟模式，并确定最适合本地文化产业发展的金融支持模式。

金融政策支持我国文化产业发展探讨

资金的融通是金融的核心作用，而金融政策的最大意义就在于为资金从供给者到需求者的转移提供良好的政策环境，最大限度地实现资源的合理配置。我国的文化产业发展面临着需求大与融资难之间的矛盾，金融政策正是解决这一矛盾的关键所在。金融支持文化产业发展有助于推动我国文化体制改革和文化产业结构升级，有助于满足我国的文化需求，还有助于推动中华文化走向世界。

一 金融政策支持文化产业发展的目标

文化企业是文化产业发展的主体，文化产业发展的过程也就是文化企业自身发展的过程。金融支持政策通过扶持文化企业成为自主经营、自负盈亏、风险与收益共担的市场主体，逐渐减少政府在文化产业中的投资，充分发挥市场机制的资源调配作用，形成以文化企业为主体、市场机制为主导的良好运行机制，这是金融政策支持文化产业发展的首要目标，即形成较为完善的支持文化产业发展的金融服务体系，实现文化产业发展的市场化。这个目标主要包含三个要素，一是金融政策的政府导向性；二是金融政策要面向文化产业的市场化；三是金融政策要培养文化企业的竞争性。

（一）金融政策支持文化产业发展要具有政府导向性

文化是社会精神意识和形态意识的产物，文化品位体现了一个国家和民族的价值观和道德观，因此，金融政策支持文化产业发展应当体现科学合理的政策导向性，使社会资金能够得到正确的使用，文化产业和文化企业能够健康发展，最大可能地发挥文化产业发展的经济效益和社会效益。通过金融政策的政策导向引导社会资金对文化产业进行人力、物力和财力等各方面的投资，从整个产业链上引导文化产业的投资模式，使文化产业生产的文化产品满足消费者的需求，满足社会的需要。

（二）金融政策应面向文化产业的市场化

由于历史性的原因，我国的文化产业形成了以财政资金、国有资产为主体的格局，缺乏由市场决定投资方向、投资方式、投资金额的市场化机制。很多大型文化企业由公有化体制转制而来，对市场不熟悉，而市场是连接文化产品生产者和文化产品消费者的桥梁，文化产品需要经过市场的检验才能为文化企业带来效益，体现其市场价值。因此，文化产业的发展需要坚持以市场化为导向，从文化产品的研发、制作到文化产品的市场营销，从管理体制的建设到专业人才的培养，从资金的融通到项目的实施，都需要按照市场规律进行，形成文化产业的内生力量，从市场化入手引导文化产业实现产业升级发展。

（三）金融政策应当培养文化企业的竞争性

市场经济相对于计划经济的一大特征就是市场经济的竞争性。良好的市场竞争机制能够激励文化企业通过竞争合理配置资源，将资源用在最合适的地方。因此，文化产业发展应当避免过多地依靠财政支出，由于金融资源不会流向不能适应市场发展的文化企业，所以，政府应通过制定并实施相应的金融政策引导优胜劣汰的市场竞争机制的形成，激励文化企业努力培养核心竞争力，满足文化市场消费者的消费需求，使得对文化产业的资金投入获得最佳的经济效益。

二 金融支持文化产业发展的策略

目前，我国文化企业的弱点在于大部分文化企业规模偏小，资本金不足，公司实力弱。首先，除了以国有资产为主的各地文化企业外，大部分文化创意企业通常为设立时间不长的中小型企业，资金实力较弱，固定资产投资很少，经营用地（土地和厂房）通常以租赁为主，而文化企业最重要的资产——知识产权，在我国目前的环境下常常难以质押，因此无法作为文化企业向银行贷款的债权担保，其他产业企业最常见的以固定资产向银行担保贷款的做法在文化企业无法推行。其次，文化企业的财务报表很难保持连年盈利。一是文化企业在经营初期往往没有销售产品或服务的收入，财务经营情况经常出现亏损；二是文化企业由于项目周期长、波动性大，因此往往很难保持稳定的盈利增长，因此，文化企业在盈利性和稳定性上，很难达到银行的信贷评审标准。再次，无形资产评价标准无所依循。目前，在我国的银行信贷体系中，无形资产的评估作价是一个难题。例如，一部电影或一部话剧的票房收入究竟会是什么情况有时很难预测，因此，这类文化企业通过商业银行或者政策性银行进行信贷支持的融资行为都面临着银行可能发生坏账或者贷款不能按时偿还的风险。银行是金融市场中最重要的金融机构，是自主经营、自负盈亏的法人主体，其行为归根结底是市场行为，需要符合市场规律，因此，依靠银行的优惠信贷政策来支持文化企业发展是不现实的，也是不符合我国的商业银行走市场化道路的，不利于银行的健康发展。因此，解决文化企业资本金不足的金融政策主要应当立足于股权投资。

首先，可以通过成立专门面向文化企业的文化产业基金，以市场化的方式，对基金甄选的项目进行股权投资，补充企业的资本金，增强企业实力。目前，我国在中央和地方层面均设立了文化产业投资基金，由政府投入一定的财政资金，并通过定向募集的方式发起设立，采取发行股份、基金份额、信托受益凭证等方式募集资金，交给专业机构管理基金资产，主要以股权方式将基金直接投资于文化产业。作为一种集合投资制度，一是政府以部分财政资金投入创建设立基金，并进行启动和引导。二是面向社会开放募集资金，通过采取财税优惠政策加以引导、吸引和激励各种社会资本进入文化产业领域，形成产业资本聚合。三是对设立的文化产业投资基金进行规范的专业管理，将基金交由专业管理机构进行市场化运作，并通过法律和制度对其管理行为进行约束。四是基金管理机构采取股权方式，对仍未上市的文化企业或重大文化产业项目进行投资并提供经营管理服务，提高文化企业、文化产业项目的盈利能力，让文化产业的投资者能够分享投资回报并分担投资风险，从而建立科学合理的文化产业收益与风险的投资分散机制。

其次，还可以通过现有文化企业间的整合和并购，整合资金与项目资源，促进文化产业整体发展。在企业发展到一定阶段以后，经营利润能够稳定增长，企业经营模式健康发展，自有资本金能够达到银行贷款的基本要求，流动性和偿债能力都有所提高，这时，企业就可以充分利用银行的文化产业信贷政策，支持文化企业规模扩张，进一步发展成较为成熟的中小型企业。在企业达到银行放贷标准，并通过银行信贷补充企业必要的发展资金后，企业正常的运营资金需求应当可以得到保障。

最后，配合企业的发展战略，如果文化企业需要进一步扩张到上下游，或者扩大经营规模，就需要股权资本的进一步补充。此时，文化企业可以考虑私募股权投资基金，或者在条件成熟时利用公开资本市场募集资金，发行股票，挂牌上市，还可以考虑通过债权融资。

三　支持文化产业发展的具体金融政策措施

（一）通过文化产业风险投资基金扶持中小微文化企业发展

1. 文化产业风险投资基金的界定

首先，产业风险投资基金融合了产业投资基金与风险投资基金的特点，界定它可以通过以下几个特征。一是产业风险投资基金是股权投资基金。二是产业风险投资基金投资于实业（特定的产业）而非股权类金融产品。三是产业风险投资基金投资于迅速发展的、有巨大竞争潜力的行业，并专注于挖掘有潜力的处于发展早期的企业。其次，对于文化产业风险投资基金来说，它与其他产业风险投资基金最大的不同在于产业之别。文化产业的核心在于文化，而文化具有意识形态的特点，代表着一定的价值取向和社会特征。再次，文化产业风险投资基金是将金融资本投向文化实业的资本平台。通过投资创意、制作、出版、发行、广播、音像、影视等文化实业，实体企业得以获得资金改善或扩大经营，实现企业整体增值，基金投入的资本也相应地实现增值收益。最后，文化产业风险投资基金是基于文化产业经营特点的风险投资平台。文化产业具有专业性强、高增长和高附加值的特点，由人力资本形成的无形资产更是文化产业的特性，因此，文化产业风险投资基金的专家管理特征较其他产业基金或风险投资基金来说更加明显，通过提供专家式的资本经营服务，向文化企业提供行业先进管理经验，从公司治理、组织架构设计、经营发展战略和公司营销策略等多方面对企业产生积极影响，推动文化企业发展。

2. 文化产业风险投资基金促进文化产业发展的路径分析

文化产业风险投资基金以股权融资方式将资金投入文化企业中，获得文化企业的股权，通过改善文化企业的融资结构、规范被投资企业的公司治理、推动企业发展和创新，促进文化企业发展，从而促进文化产业的发展。

首先，文化产业风险投资基金可以通过发挥集合投资的功能支持文化产业发展。通过将分散的资金集中起来，文化产业投资基金可以发挥产业规模化投资的效应和专业化管理分散资金的优势。基金的投资者拥有闲散资金，却不具有投资管理的专业知识，也不具备对文化产业的基础了解，更何况文化产业信息相对复杂，市场情况较难预期，分散的个体资金持有者更难以其自身的力量进入文化产业，而文化产业风险投资基金可以结合资金与产业的优势，发挥资金的规模效应，在了解文化产业信息和项目投资管理经验的基础上，可以使资源得到更合理的配置和更高效的利用，提高资金使用效率，促进文化产业发展。

其次，文化产业风险投资基金可以通过改善文化企业的融资结构促进文化企业发展。文化产业风险投资基金针对的大多是处于建立初期和发展早期的文化企业，这些企业具有高产品附加值、高风险和高发展潜力，投资前景并不清晰，投资回报具有不确定性，因此融资极其困难。文化产业风险投资基金对这些文化企业进行投资，可以改善企业的融资结构，降低资产负债率，增加资本金，提高流动比率和速动比率等流动性财务指标，改善利润率和投资回收期等利润财务指标，帮助企业提高融资吸引力，起到对其他社会资金的示范和引导作用，带动并吸引更多的社会资金投入文化企业当中，为被投资企业降低未来的融资难度，增加未来的融资机会。此外，文化产业风险投资基金还可以利用其自身的社会资源优势，从各方面扶持文化企业发展。

再次，文化产业风险投资基金可以通过改善治理结构促进文化企业成长。文化产业风险投资基金根据被投资企业的情况，可以选择作为财务投资者或战略投资者对文化企业进行投资。无论是财务投资者还是战略投资者，作为文化企业的股东，文化产业风险投资基金都有权利通过公司治理结构对文化企业进行管理。在投资文化企业以后，文化产业风险投资基金与企业的利益是捆绑在一起的，为了保障双方的利益，文化产业风险投资基金有动力去对文化企业进行监督和管理，充分发挥文化产业风险投资基金的投资和专家管理功能，增强文化企业的内在约束机制，使得文化企业的经营活动能够成为与市场经济相适应的市场行为，引导文化企业将资金投向有市场需求和竞争力、符合市场规律的文化项目，抑制短视的投机行为，避免文化企业为追求眼前的利益而生产不利于社会文化建设的文化产品，促进文化企业健康成长。

最后，文化产业风险投资基金可以通过发挥其投资组合的特点推动文化产业发展。一般来说，文化产业风险投资基金管理者会采取投资组合的方式对基金的资金进行配置，以实现基金资产的安全性、流动性和收益性。在考虑投资项目时，基金管理者会根据项目的实际情况，对不同地区、不同细分行业、不同企业规模、不同发展阶段的文化企业进行适当的组合。通过对不同地区的项目进行跨地区投资组合，各地文化产业可以均衡发展，优化资源分配，避免文化资源过度集中在某个或某几个特定地区，造成重复建设或资源浪费。对不同产业细分领域的跨区域组合，可以促进文化产业的产业链整合，发挥文化产业内各环节的协同效应，避免细分行业的不均衡发展，促进文化产业的整体科学发展。

3. 通过设立政策性文化产业风险投资基金引导市场资金投入文化产业

文化产业风险投资基金包括政策性文化产业风险投资基金与社会资金设立的文化产业风险投资基金。政策性文化产业风险投资基金由政府相关部门发起或由国有资产出资成立，为实现支持文化产业发展的政策目的而不以营利为目的，通过对文化产业的政策性投入扶持文化企业快速成长，引导更多社会资本进入文化产业。政策性文化产业风险投资基金的功能在于解决市场投资不足的问题，起到引导社会资金进入文化产业的杠杆作用，同时增加被投资企业的信用。

目前，我国已经初步成立一些政府主导出资的政策性文化产业风险投资基金。例如，上海市委宣传部和浦东新区人民政府于2006年12月出资1亿元成立的上海东方汇金文化产业投资基金。2008年，浙江日报集团、浙江省财务开发公司、中国烟草公司浙江分公司等国有企业共同出资2.5亿元成立了浙江省第一只文化产业投资基金，由浙江新干线传媒投资有限公司担任投资管理人。尽管其仍然在成长的过程当中，但是已经暴露出一些问题和不足，主要包括支持文化企业发展的手段过于单一、产业风险投资基金的法律制度不完善、缺乏高素质高水平的基金管理人、投资退出渠道不完善、与文化产业投资配套的其他金融服务体系不完善等。

因此，当前应继续完善政策性文化产业风险投资基金体系，使其能够发挥引导作用，与其他文化产业投资基金和其他支持文化产业发展的金融政策工具协同发展。首先，除了直接投资文化企业项目以外，政策性文化产业风险投资基金可以以母基金的形式，与社会资金共同出资成立多元化文化产业风险投资基金，与其他市场化投资人互动，通过发挥政策性文化产业风险投资基金的非营利性，引导市场化投资主体共同投资建立早期和成长期的文化企业。其次，政策性文化产业风险投资基金不应当用于市场竞争充分的领域，避免政策性基金与市场化投资人争利的情况发生，注重政策性引导的意义，节约政策资源。再次，应充分发挥政策性文化产业风险投资基金的杠杆作用，通过母基金运营的方式，参与市场化文化产业风险投资基金的出资，出资比例可以控制在20%以内，引导子基金投资于国家和政府支持、鼓励发展的文化产业细分领域或具体文化项目。由于政策性文化产业基金不以盈利为主要目的，同时代表着政府支持与政府信誉，因此可以起到降低子基金资金风险和增强社会资金信心的作用，以出资20%为例，政策性基金的投入将可以带动其自身规模的五倍资金投入文化产业领域。最后，应充分发挥政策性文化产业风险投资基金的信用增进功能。如果仅仅起到为文化企业发展融资的功能，则不能充分发挥政策性基金的功效。政策性基金可以依靠其自身的政府信用，为其子基金或被投资企业提供一定的信用担保额度，增进其信用，使其更容易获得银行融资，最大限度地拓展文化企业的融资渠道。

4. 支持社会资金设立文化产业风险投资基金

社会资金投入文化产业风险投资基金是符合市场经济的行为。政策性文化产业风险投资基金最终也是以政府示范、引导和支持的方式吸引更多的社会资金投入文化产业，实现文化产业资金来源的多元化，充分发挥资源配置的市场机制作用。市场化运作的文化产业风险投资基金可以通过私募股权基金的灵活运作方式和组织架构，最大限度地合理化配置文化企业发展的有效资源，以资本为纽带，将文化产业的专业管理人才和社会资源有机地联系在一起，成为支持文化产业发展的综合性投资平台。近年来，社会资金参与文化产业投资基金的现象越来越多，但现有的文化产业投资基金运作不够市场化、产业风险投资基金的法律制度不完善、缺乏高素质高水平的基金管理人、投资退出渠道不完善、与文化产业投资配套的其他金融服务体系不完善，鉴于文化产业风险投资基金对支持文化企业发展的重要性，我们应当结合我国文化企业的实际情况，分析我国文化产业风险投资基金应实现的功能，在此基础上，完善我国文化产业风险投资基金的经营模式，更好地发展基金使其发挥机构投资者的力量为文化产业服务。

(1) 社会资金设立文化产业风险投资基金的原则

首先，社会资金设立文化产业风险投资基金应当遵循风险控制原则。基金应当充分全面地考虑基金投资的风险，采取多种方式进行风险防控。由于文化产业风险投资基金主要面向成立初期和发展早期的中小型文化企业，本身面临的投资风险高于其他基金。另外，基金管理者在投资文化产业的过程中，也会产生由于文化产业技术、政策、法律环境等因素造成的风险。除此之外，基金本身也面临着管理风险，这些风险都需要引起基金的重视，采取各种方式有效降低风险。其次，社会资金设立文化产业风险投资基金应当遵守流动性原则。由于基金的投资人有着流动性的需求，基金自身也需要保证流动性，而基金资产，也就是被投资企业的股权本身也需要保证流动性，有灵活的退出渠道。只有遵守流动性的原则，基金才能够保障经营的安全和效益。再次，社会资金设立文化产业风险投资基金要注重出资人的利益和社会利益兼顾的原则。文化产业本身具有很大的特殊性，文化产品不仅仅是物质产品，更是精神文明的需求和体现。因此，文化产业风险投资基金不能仅考虑出资人的利润回报，还要考虑到被投资企业和项目的社会利益和公众效应，考虑到文化产品消费者的实际情况。最后，社会资金设立文化产业风险投资基金要注重遵守外部监管、规范经营、循序渐进的原则。在我国文化产业发展的历史背景下，由于文化产业风险投资基金的市场化运作环境还有待进一步完善，我国的文化企业体制还需要进一步深化改革，有关的文化专业管理人才也需要经过一段时间的培养，因此，完全由社会资金设立文化产业风险投资基金需要谨慎，并由政策性基金开始逐渐由试点到推广，稳步推进，不能急于求成。

（2）社会资金设立文化产业风险投资基金的运作方式

由社会资金设立的文化产业风险投资基金应当遵循市场化的运行方式。市场化的产业基金或风险投资基金的运作过程主要包括资金募集、基金治理、项目筛选和项目投资、投后管理和项目退出、风险控制等内容。

①社会设立文化产业风险投资基金的资金募集

基金是指为了某种目的而设立的具有一定数量的资金。因此，资金的募集是文化产业风险投资基金能够成功设立的先决条件。一般而言，基金的管理团队负责进行基金资金的募集。募集资金的对象可以是各种类型的企业和机构，但通常是大型金融机构或者与基金拟投向行业上下游产业链相关的行业领头企业。对于文化产业风险投资基金来说，它们依然可以在大型金融机构中寻求募集对象，大型金融机构在选择不同的基金时通常会考虑在不同的行业之间配置自己的资金。文化产业作为一个新兴的产业，可以向大型金融机构提供一个资产分散化投资的选择，也可以为大型金融机构提供一个分享文化产业发展的机会。除了大型金融机构以外，我国文化产业中现有的国有大型文化企业也可以成为文化产业风险投资基金的募集对象，我国的国有大型文化企业是我国文化产业历史形成的产物，需要在文化产业市场化的过程中进一步改革，文化产业风险投资基金可以满足国有大型文化企业自身发展需求，提供国有大型文化企业产业链上下游整合的机会与选择。此外，还可以考虑综合发展的大型集团化产业向文化产业延伸的需求。改革开放以来，我国涌现出很多大型企业集团，例如中信集团、保利集团等，这些企业在考虑纵向发展的同时，也会随时寻找新的投资机会，以抓住一个产业发展的契机，在早期进入，获得高倍数收益。

②社会设立文化产业风险投资基金的治理

基金可以采取公司制或合伙制两种组织形式。公司制的基金采用股东（大）会、董事会和监事会的公司治理结构，管理层负责基金的投资和运营，基金股东通过公司治理结构对管理层的经营行为进行监督和管理。有限合伙企业实现了企业管理权和出资权的分离，可以结合企业管理方和资金方的优势，因而是国外私募基金的主要组织形式。有限合伙制基金的合伙人分为有限合伙人和普通合伙人，有限合伙人为基金的投资人，以其出资为限对合伙制基金承担有限责任，普通合伙人负责基金的运营和管理，对合伙制基金承担无限责任。普通合伙人通常由基金的管理公司担当。

③社会设立文化产业风险投资基金的投资

投资业务是文化产业风险投资基金的核心。从操作程序上来说，通常基金对投资项目的处理包括获取项目来源、初步筛选项目信息、立项并开展尽职调查、准备法律文件并进行谈判、签约。首先，基金获得项目信息的来源有很多途径，基金管理团队的从业经验和项目储备应当是基金潜在项目的最主要来源，这也正是优秀的基金管理团队应当具备的基础条件之一。基金的有限合伙人也可以成为基金项目的重要来源，此外，还可以通过公开信息、中介机构推荐等途径获取潜在项目来源。在获取项目来源之后，基金管理人应当对项目进行初步筛选，初步筛选应当遵循快速评估的原则，对项目的行业细分、投资规模和发展阶段等特征进行评估。文化产业风险投资基金将文化产业作为投资对象，文化产业又可以进一步细分为广播电视电影、创意设计、新闻出版发行、演艺娱乐、网络游戏、动漫、休闲娱乐、艺术品等行业。基金管理人应当按基金预先设定的投资战略方向选择投资领域，同时，投资领域也应当是基金管理人熟悉和有经验的行业。对于投资规模来说，基金应当根据自身的规模大小和投资战略选择投资项目，在通过组合投资进行风险分散化投资和管理成本之间进行权衡，选择合适的单笔投资限额。文化企业通常会经历创始期、成长期和成熟期等几个阶段，根据风险投资的界定，文化产业风险投资基金通常会选择在前两个阶段的项目进行投资。

在项目初步筛选后，基金管理人应当对项目进行详细的尽职调查。从核心成员、法律、财务等多方面考察潜在投资对象，评估投资对象的核心竞争力、盈利能力、发展潜力和退出机会，等等。文化产业具有体现社会意识形态的特殊性，因此，通常文化产业的政策法规会比其他产业复杂，进行尽职调查时要充分了解相关项目的合法合规性以及是否符合国家的文化产业政策，例如，此前陕西文化产业投资基金曾经投资法门寺文化景区建设开发项目，并拟通过上市进行退出，这个项目吸引了公众注意，并引发了激烈讨论，最终国家宗教事务局和中国证监会等十部委及时发文，明确规定不得将宗教活动场所作为企业资产进行上市。此外，知识产权和商标等无形资产通常是文化产业的核心资产，因此在法律方面要注意被投资企业的知识产权纠纷，拟投资项目是否有自主知识产权，是否存在潜在的侵权行为，企业对自己的知识产权是否有足够的保护意识、采取了保护措施，等等。

对于基金投资项目来说，被投资企业的企业家及其团队是项目成败的关键因素。基金管理人在选择项目时，需要多方面获取信息，以免由于信息不对称处于信息劣势，导致投资失败。而考察企业家的素质是基金管理人尽职调查中的重点，考察企业家的素质主要应当从企业家自身的品德、性格和能力等方面关注，对人的评估是很难定性研究的事项，但是这一点又是至关重要的，因此，基金管理人对企业家的评估和选择也是基金管理人重要的职业素质之一。此外，被投资企业的核心管理团队也是重要的评估对象，除了企业家以外，一个团队还应当有优秀的技术人才、管理人才和营销人员，等等，这些核心人员在某种程度上具有不可替代的作用，一旦失去团队的稳定性，会极大地影响被投资企业的正常经营，因此，基金管理人还应当着重关注企业核心团队的稳定性和企业的激励与考核制度，实现核心团队人员的利益与企业利益捆绑机制，有利于核心团队的稳定，发挥核心人员的积极性和创造性。

基金管理人还应当对拟投资企业的核心竞争力进行评估。判断文化企业的核心竞争力主要应当关注企业是否具有研发核心技术和创意的竞争力，是否具有将核心技术和创意变为具体文化产品的创造力，制造出的文化产品是否具有市场竞争力，是否有能使制造出的文化产品被社会大众所接受的营销竞争力，经过营销后的产品是否能够成为有知名度和信誉的品牌，形成品牌竞争力，等等。此外，从企业内部的管理角度来说，企业是否具有成功所需要的各种资源，并将这些资源整合起来形成优势的整合力，经营层是否有较强的判断能力和决策能力，执行层是否有突出的执行力，公司是否具备完备的制度使得员工各司其职，等等，都是判断企业核心竞争力的考虑因素。

在对拟投资项目进行详尽的尽职调查之后，基金管理人应当就投资项目的各项条款和完成交易所需的各项文件进行初步约定并谈判。一般来说，关键的条款主要包括对拟投资企业的股份认购价格、拟投资总金额、交易结构、时间安排、投资者权益保护条款等内容。这其中最关键的在于对拟投资企业股份认购价格的判断，也就是对拟投资企业的估值，估值直接关系着投资项目的交易价格，是交易双方最关心的问题，往往双方也会在估值的问题上产生较大的分歧。导致双方对交易标的估值差异的原因主要在于估值方法的选择和估值假设与参数的设定。通常对企业进行估值的方法包括现金流贴现法、市盈率和市净率、可比公司法、调整现值法等。由于文化企业风险投资基金通常投资的是发展早期的文化企业，而且文化企业的资产中有很多属于无形资产，因此评估难度很大，通常可以采取现金流折现法和可比公司倍数法相结合的方式，通过预测文化企业的未来收益计算收益现值的折算金额，再与同行业的上市公司市盈率打一定折扣后的倍数进行对比和参照，最终通过谈判得出双方都能够接受的交易价格。

5. 文化产业风险投资基金的投后管理、退出机制与风险控制

（1）文化产业风险投资基金的投后管理

在签署投资协议并按照约定对被投资企业出资后，基金管理人对于项目的职责就转变到了投后管理的阶段。投后管理通常根据投资协议中的约定来进行，一般基金在投资时会根据相应的出资比例持有被投资企业的股权，根据投资协议的约定还可以获得董事会席位或者监事会席位，通过股东（大）会、董事会和监事会的公司治理结构合法取得被投资企业的日常经营信息，参与企业的重大经营管理决策，并监督管理层的工作，对被投资企业的人员流动、资产负债情况、销售情况、收入情况和资金运用、重大投资决策等其他经营信息及时监控。除了对被投资企业的日常监督以外，基金管理人还可以通过其对文化产业专业投资管理的多年积累，向被投资企业提供各方面的资源，提供战略引导方面的服务，协助企业制定发展战略目标，并提供融资方案等财务顾问方面的帮助。文化产业是文化与商业的结合，无论通过何种手段进行投后管理，最终都是为了实现被投资企业的资产增值，实现文化产业风险投资基金的顺利退出，从这个角度来说，投资者与被投资企业的利益是一致的，基金对于被投资企业来说，可以为企业的发展提供非常大的帮助，对于成长阶段的文化企业来说，专业化的文化风险投资基金意义重大。

(2) 文化产业风险投资基金的退出机制

文化产业风险投资基金通常不会以成为企业的长期战略投资者为目的而长期持有被投资企业的股权，社会资金参与文化产业风险投资基金的最重要的目的是分享文化企业成长的红利，通过文化企业发展到一定阶段以后退出获取超额投资收益。基金是否能够顺畅地退出决定着基金投资者能否取得投资回报，也决定着基金资金的流动性是否能够满足再投资的需要，因此基金的退出机制是基金投资流程的重要环节。基金的退出机制包括退出方式和退出时机的选择。通常文化产业风险投资基金可以选择的退出方式包括公开上市、股权转让、被投资企业回购股权和清算退出等。公开上市的地点可以选择境内或者境外，公开上市通常是基金最理想的退出方式，如能成功发行股票并上市，基金可以得到高额回报，并且能够提高基金的专业声誉。由于公开上市退出机制对企业的各种条件和盈利要求较高，因此，通常成长期的文化企业需要多年的培养才能达到上市退出的要求，所以，文化产业风险投资基金也会考虑以股权转让的方式完成退出。风险投资基金通常投资于文化企业发展的早期，因此风险投资基金可以在文化企业培养发展到较成熟的阶段通过股权转让实现退出和投资收益。股权转让的对象可以是专门专注于成熟期企业的私募股权投资基金或者是专门完成上市前融资的 PRE－IPO 基金，也可以是被投资企业的上下游企业，通过基金的股权转让实现被投资企业的产业链整合目标。通过被投资企业回购的方式实现退出通常是基金投资时为了保障一定的投资回报而与被投资企业达成约定，如果基金不能通过上市或向第三方转让股权的方式实现退出，被投资企业应当以事先约定的价格向基金购回其持有的股份。如果被投资企业发生企业经营不善，经营成果与基金投资时的预期发生较大差距，甚至基金的投资已经出现损失，为了减少进一步的投资损失，基金可以通过清算的方式退出。不同的退出方式要结合不同的退出时机来进行选择。当宏观经济环境较好，证券市场活跃的时候，如果企业已经达到上市退出的要求，基金通常会选择通过首次公开发行上市的方式退出；当宏观经济环境比较低迷，证券市场萧条的时候，各个产业会出现并购整合的现象，基金可以抓住这个契机通过股权转让进行退出。

（3）文化产业风险投资基金的风险控制

总体上讲，我国文化产业的发展尚处于早期阶段，退出渠道尚不完善，基金持有的文化企业股权缺乏足够的流动性，这种情况的存在，会给基金经营管理和投资退出造成一定的困难。对此，基金管理人应根据业界的通行做法，针对投资方向和区域的特点，制订出投前、投中及投后风险控制框架，并加以严格实施，确保将投资风险降到最低程度。首先，在制度建设上，基金管理人应当完善投资流程的风险控制体系，为基金制订严格的风险管理制度。在公司成立过程中，即应当考虑制订这方面的制度，力争从制度入手，对风险加以控制，实现制度化管理。其次，在基金实际运作中，综合运用多种风险控制手段，运用组合风险控制技术，建立起资产组合风险管理模型，针对投资国别、市场、行业等风险，做好风险资产的合理配置，以科学的方法，确保基金以尽可能低的风险，获取尽可能高的收益，同时基金还应运用动态收益管理模型，加强对投后风险的动态管理，并结合对项目的退出设计，寻求适时的退出时机，确保基金收益的兑现，降低投资风险。再次，基金管理人应组建专门的风险管理团队，加强基金管理团队自身能力建设，并在国内外招聘拥有相关行业投资背景的风险控制人员直接对项目风险进行监控和管理。如有必要，管理公司可派驻人员在投资项目较集中的区域建立办公室，加强对投资项目的实地管理。另外，管理公司将借助自身的研发团队和从外界掌握的信息，在宏观层面充分关注经济、社会、自然环境的重大变化及发展趋势，并争取对被投资国家、市场、行业可能存在的风险及时制定应对策略。

（二）通过银行信贷政策解决文化企业的资金需求

如果以文化企业的融资模式来划分，可以分为文化产业债权融资模式和文化产业股权融资模式。采用成立文化产业风险投资基金的方式主要是解决文化产业的股权融资问题，增加处于初创期和成长期的文化企业的资本金规模，增强实力，解决银行信贷资金由于文化企业规模小、资金实力不强和欠缺抵押担保方式而无法进入的融资问题。中小型成长初期的文化企业通过文化产业风险投资基金进行股权融资之后，符合银行对一般企业发放贷款资金的要求，可以通过银行信贷政策解决资金需求。

但是，即便是已经经过文化产业风险投资基金融资的文化企业，相对于其他行业来说，由于文化产业的产业特性，其在申请银行贷款的时候也面临着许多难题。因此，商业银行也应当通过开发新的业务模式来支持文化企业发展。首先，鉴于文化企业大部分资产属于无形资产，评估作价比较困难，因此商业银行可以从建立较完善的无形资产评估体系开始，着手开发知识产权质押贷款，合理评估文化企业的知识产权，通过以知识产权等无形资产进行质押使文化企业能够满足银行贷款的要求，为企业提供融资。其次，银行还可以以中小企业融资平台的模式，和地方政府合作开发对中小型文化企业的集合贷款，需要贷款的文化企业向地方政府集合贷款平台提交申请材料，由贷款平台进行初步审核并寻找担保机构，最终由贷款平台向商业银行申请集合贷款。再次，需要创新现有商业银行的贷款方式，更好地为支持文化产业发展提供金融支持。我国银行业对文化产业非常重视，从中国人民银行到银监会都分别或与其他部委联合多次发文要求商业银行加大对文化产业的支持力度，要求银行在加强风险控制的前提下灵活创新，扩大文化企业贷款规模。但在实际开展业务中，商业银行对文化企业的贷款余额占比仍然较低。因此，建议商业银行从创新支持文化产业融资的方式入手，例如，为优质文化企业提供融资出口贷款；创新文化企业信贷评级制度，根据文化产业的特点设定有针对性的评级指标和权重；在贷前调查过程中，对文化企业的经营模式和发展战略进行深入研究，结合产业发展评估项目的价值和风险，对贷款条款进行创新设计，并对贷后管理手段进行创新，对贷款项目跟踪监督，对借款企业对贷款资金的运用和项目的进展等及时掌握，对贷款资金运用严格进行监控。

（三）通过资本市场融资支持文化企业向产业链上下游延伸，打造文化产业集团

在发达国家，资本市场融资是文化企业融资的主要方式。在我国，广义资本市场融资可以粗略分为债券融资和股权融资。债券融资包括企业债、中小企业集合债和公司债等，按期限来分可以分为短期融资券、中期票据和债券，等等。2007 年，中国电影集团公司发行了总额为 5 亿元的企业债券，成为国内首家发行企业债券的文化企业。然而我国目前的企业债券市场仍然以大中型国有和民营企业为主，由于发债资格要求和条件较多、发债门槛高，因此大多数中小型文化企业很难通过发行企业债的方式进行融资。但是通过文化产业风险投资基金对文化企业进行股权融资，并通过银行信贷资金对文化企业进行培养之后，一部分文化企业可以具备一定的经营规模，满足发行企业债券的盈利条件和偿债能力要求，这部分企业可以通过发行企业债券获得充足资金，提高流动性。

在我国，狭义的资本市场通常是指股权融资市场。我国政府提倡建设多层次资本市场，多层次资本市场包括主板市场、创业板市场、全国中小企业股份转让系统（三板市场）和区域性股权交易市场（四板市场）。通过在主板和创业板股票市场首次公开发行股票并上市是文化企业成熟发展的重要标志，也是文化产业风险投资基金和其他股权投资基

金投资文化企业最看重的退出渠道。但在主板和创业板发行股票并上市对文化企业的各方面要求都较高，尤其公司需要有连续并持续增长的利润回报、较完善的公司治理结构，上市以后更是有着一系列信息披露的强制要求，因此文化企业符合主板和创业板上市条件的数量相对于众多文化企业来说只占少数，其中有相当一部分采取借壳上市。全国中小企业股份转让系统是经国务院批准，2012 年在北京成立的全国性证券交易场所，俗称新三板市场。该市场主要组织和安排非上市公司股份的公开转让，为非上市股份公司融资提供服务。由于文化企业以中小企业为主，在其他融资渠道不畅的情况下，新三板市场为中小企业的融资提供了新的选择。在我国经济蓬勃发展的大背景下，我国文化产业的整体发展前景较好，因此在二级市场上的估值较高，在新三板市场挂牌可以提升中小文化企业的知名度，更容易受到投资者的关注，同时可以借助新三板市场寻找并购机会，进行产业整合。区域性股权交易市场是由地方政府监管的区域性股权、债权转让和融资的私募市场，截至 2013 年底，全国已有 26 家获得批准的区域性股权市场，目前该市场还有待进一步的发展。

根据我国文化企业的特点，建议各类型文化企业可以根据自身条件，选择不同的资本市场进行公开融资。大中型文化企业，例如报业集团、传媒集团、大型影视集团等，可以通过在主板和创业板上市获得融资机会，中小型文化企业可以考虑在新三板挂牌。同时，文化企业可以通过在资本市场融资获得产业链上下游的并购机会，寻找上下游延伸的并购对象，通过二级市场的并购交易完成文化企业的集团化发展。例如，在新三板挂牌的中小型文化企业，也可以通过并购的机会实现优势互补，逐渐增加市场份额，扩大经营规模，实现各类资源的有效配置；在主板和创业板上市的文化企业可以在新三板挂牌的中小型文化企业中，根据自身的战略发展需求，寻找合适的收购对象，补充自身力量，打造全方位发展的文化产业集团。

（四）为金融机构支持文化产业发展提供便利条件的其他方面

首先，推动保险业制定支持文化产业发展的政策来满足文化产业对金融保险的需求。例如，根据文化产业的特殊需求，对文化产业进行全面风险评估，研究文化产业的风险控制，制定开发专门针对文化产业的保险产品，设立知识产权险和文化项目出口信用保险等品种，为文化项目基础建设提供完工险等，降低文化产业项目的风险，吸引更多投资者进入文化产业领域，开拓文化产业项目。此外，还应当推动保险业积极发挥其资金融通作用，创新保险金融，鼓励其与银行信贷、信托等金融机构联合开发对文化企业的组合金融服务，允许保险公司对文化产业进行直接投资，最大限度地支持文化产业发展。

其次，为金融机构支持文化产业发展提供政策支持。例如，制定从国家到地方的文化产业发展规划，为文化企业发展方向提供战略性指导；建设文化产业园区和文化基地，为文化企业发展提供集群式孵化服务；完善文化产业相关的法律法规体系，为文化产业发展提供良好的监管环境和市场秩序；牵头并协助成立文化产业行业协会，提供文化产业教育培训、建设文化产业标准，这些政策支持的领域本身具有一定的公共性，需要通过政府行使其公共职能来发展，从而为市场投资主体进入市场领域运作提供良好的公共环境。

基本结论及政策调整建议

一 支持文化产业发展的财政政策的调整原则和调整建议

文化产品具有特殊属性，既能够在全社会形成共同理想和精神支柱，带来巨大的社会效益，也能够通过直接产业化发展和间接推动社会生产力发展，带来巨大的经济效益。因此，党的十八届三中全会要求“加快完善文化管理体制和文化生产经营机制，建立健全现代公共文化服务体系、现代文化市场体系”。而要完成这样的任务，财政的支持必不可少。

党的十八届三中全会将财政提高到“国家治理的基础和重要支柱”的高度，要求财政既要着眼于满足社会公共需要，提供合格而丰富的社会公共物质产品和精神产品，又要着力打造与现代市场经济相适应的现代财政制度。可见，公共财政建设与现代公共文化服务体系、现代文化市场体系的建立健全具有内在统一性，财政能够也应该助力文化产业发展。

（一）我国财政对文化产业发展的支持情况

1. 财政支持文化产业发展的原因：市场失灵和主体能力不足

我国文化产业是在经济体制改革和文化体制改革过程中逐渐形成的

后发产业，在当前还处于初级发展阶段，面临着市场失灵和主体能力不足两大瓶颈，需要借助财政之力予以突破，为未来的平稳、优质发展打下基础。

首先，文化产业市场运行乏力。文化产业的建设、创作、培养周期和成型期都比较长，失败风险较大，常常存在市场失灵的情况。目前，我国在公共技术平台、公共信息平台以及人才建设等方面存在着明显的市场缺陷，文化基本建设投资和文化知识产权投资均不足，不利于文化产业的固定、流动资产的形成和文化战略后备资源的培育。

其次，文化产业资本积累不足。我国对于文化产业资本运行的政策性限制较为严格，资本市场对于发展壮大我国文化产业的作用未得到充分发挥。目前的文化产业大多小本经营，没有稳定的资金来源，致使良好的技术和创意难以形成高质量的产品。

消除我国文化产业发展瓶颈的有效方法是财政政策的引导和支持。通过财政资金的杠杆效应撬动社会资本对文化产业的投资，同时，通过财政对市场运行的矫正，培育规范的市场主体与市场环境，完善文化产业投资的资本市场和投融资体制，建立可靠、稳定的文化融资渠道，实现资金来源多元化。财政政策的工具有多种选择，如配套投入、设立相关投资基金、贷款贴息、保险费用补贴、奖励、搭建文化产业投融资平台，等等。

2. 我国财政对文化产业发展的支持：文化产业发展专项资金和国有资本经营预算资金

目前，我国财政支持文化产业发展，主要通过文化产业发展专项资金和国有资本经营预算资金进行，这两项财政投入正在加速增长。

文化产业发展专项资金面向文化产业类企业法人，采用贷款贴息、项目补助、补充资本金、绩效奖励、保险费补助等形式，主要用于支持文化体制改革和文化产业发展，推动全国文化领域结构调整，合理配置文化资源，优化产业发展整体布局等方面。截至2014年，文化产业发展专项资金已累计安排142亿元，其中，2013年安排48亿元，比2012年增加41.18%。

国有资本经营预算资金适用于财政部代表国务院履行出资人职责的已纳入中央资本预算实施范围的中央文化企业，采用资本性支出和费用性支出方式，主要用于支持中央文化企业兼并重组，推进文化科技和内容创新，推动文化“走出去”。2011~2013年，中央财政累计安排国有资本经营预算资金18.9亿元，其中，2013年安排8.3亿元，比2012年增加66%。

（二）我国支持文化产业发展的财政政策的结构问题和绩效问题

虽然财政对文化产业投入的规模在加速增长，但是存在着结构问题和绩效问题，造成了财政资金的使用效率损失，需要通过政策调整加以解决。

在结构方面，支持文化产业发展的财政政策存在缺位和越位的问题。一方面，财政对公共信息平台、创意人才发展、知识产权等保障环境，文化国际交流、文化“走出去”、小微文化企业未提供支持或支持不足；另一方面，由于机构设置原因，相关主管部门职能交叉，存在分散投入和重复投入现象，难以形成合力，导致财政资金的效益不高。

在绩效方面，存在着重投入、轻绩效的问题。政府对文化产业的支持以财政直接投资为主，未能充分运用多样化的财政支持方式，未能有效引导市场资本进入文化产业领域，未能形成良好的示范效应，无法全面激发文化产业的活力，从而制约了文化产业的发展。同时，由于对财政资金绩效的忽视，财政对文化产业的支持存在一定的盲目性和粗放性，影响了文化产品质量的提高。

（三）支持文化产业发展的财政政策调整原则

我国对文化产业的财政支持应采取符合现代财政制度要求的财政资助方式。这就要求在符合市场规律的基础上，发挥财政“助推器”和“催化剂”的作用。

第一，发挥市场在资源配置中的决定性作用。经营性的文化产业以经济效益为第一目标，因此，支持其发展的财政政策的第一要务就是引导其走上市场化、产业化道路。同时，避免干扰或扭曲市场的运行规律，影响或延缓文化市场的正常发育，造成文化产业发展对财政资金的依赖，甚至引发不正当竞争。尤其对于从事业单位转制过来的中央文化企业，财政政策更要运用各种激励手段，充分发挥财税的杠杆作用，引导企业与行政机构脱钩，提高其市场竞争能力和生存能力，突破发展瓶颈。

第二，发挥财政“助推器”作用。文化产业发展专项资金是政府用于鼓励引导产业发展的资金，其使用应当制定统一的规划，在通盘考虑和整体布局的基础上，推动整个文化产业发展。一是助推具有重要战略意义的优势文化项目或企业发展；二是助推新兴、创新型、与科技相融合的文化产业项目发展；三是助推知名文化品牌和具有领军、先导作用的龙头企业发展；四是助推文化产业园区建设，使文化产业发展形成产业集群。

第三，发挥财政“催化剂”作用。从培育长期文化生产力的角度，充分发挥财政资金的“助推器”作用，即把有限的财政资金用在适当的产业链条、适当的生产环节和适当的时机，并根据文化产品的性质选择财政支持方式，以期产生最大的催化效应。

（四）支持文化产业发展的财政政策调整建议

第一，积极探索基金制管理模式和文化产业投资基金模式。这两种模式可以充分发挥财政资金的杠杆作用。还可以借鉴美国国家艺术基金的配套资金和捐款制度，该基金具有巨大的乘数效应，能够吸引更多的社会资金支持文化产业。同时，在基金运作之外，采取项目补贴、定向资助、出口奖励等政策措施，以鼓励社会组织、机构、个人捐赠。

第二，探索在中央层面和有条件的地方政府设立文化创意产业财政担保资金。依托产业发展的实际需要确定其规模和所要支持的文化企业，并在综合考察、评估、测算的基础上决策，通过公开招标选择优秀担保机构。

第三，突出一次性财政补贴及其配套措施的运用。在文化产业中，一次性财政补贴的意义重大，可以帮助艺术创作者和文化机构在文化企业创立之初获得更大的生存机会。但一次性补贴的利用效率难以得到保证和监控，需要辅以贷款贴息、设立专项财政补贴、补充资本金、保费补贴、债券费用补贴等方式配合。

第四，优化财政投入结构。在信息技术、网络技术不断进步，文化生产边界不断扩张的背景下，财政政策应适时调整支持方向，侧重于支持文化产业业态拓展、支持文化产业区域拓展、支持文化产业国际拓展，从而推动文化产业优化空间布局、挖掘产业潜能。在业态拓展方面，加大对新兴媒体建设、文化新产品新技术研发的财政支持；在区域拓展方面，借助财政力量落实重大文化产业项目园区带动战略和国家级文化产业基地建设；在国际拓展方面，利用财政资金搭建文化产业展览平台和对外贸易平台。

第五，完善文资办的统筹协调职能。通过文资办推动全国文化产业信息和资源的共享与整合，把文化产业与外交、外贸、外援、科技、旅游、体育等工作结合起来。同时，出台文化资产评估、文化产权交易、文化产业投资信息平台、文化贸易统计分析等方面的制度规范，为扩大文化产业发展空间夯实基础。

第六，逐步理顺事权关系，合理界定中央与地方文化事权和支出责任，使事权和支出责任相适应。一是对维护国家文化安全、促进文化产业、加强文化遗产保护等涉及国家和民族全局性利益的事项，由中央财政承担主要的投入责任。二是发展地方特色文化，由地方财政承担主要的投入责任，中央财政可通过以奖代补等方式，对投入力度大、工作取得明显成效的地方予以重点扶持。三是对于跨区域且影响较大的文化产业项目，中央通过转移支付承担一部分地方事权的支出责任。同时，要规范省以下财政文化投入责任划分，强化省级政府文化支出责任。

第七，建立健全财政投入的激励约束和绩效评价机制。支持文化产业发展的财政政策，不应单纯停留在解决文化企业资金需求的层面，更应追求财政投入的绩效，使财政投入与文化产业发展的需求相匹配。加强绩效管理，把文化产业的发展程度作为财政增加投入的重要依据，建立考核评价和激励机制，提高财政资金的使用效益。

通过上述政策调整和安排，文化产业的跨区域整合、国有控股文化企业股份制改造、文化企业及文化产品和服务“走出去”等重大任务将在有效的财政支持下得以实现。

二　支持文化产业发展的金融政策的调整路径和调整建议

近年来，我国文化产业与金融资本的对接进一步深化，金融机构不断创新扶持方式，鼓励文化产业做大做强，并推动文化产品与服务走向国际市场。目前，我国文化产业得到来自政府、政策性银行、商业贷款和证券市场股权融资等的金融支持。但是仍然面临着源自体制机制、市场、金融机构以及文化产业本身的一系列问题，解决这些问题的方法是对相关金融政策进行调整，以提高金融支持的效果。

（一）我国支持文化产业发展的金融政策

从银行信贷来看，金融机构积极开发适合文化产业的信贷产品，加大了信贷投放力度，积极创新文化产业授信模式，打造文化产业全产业链信贷融资体系。2010 年，财政部会同中国人民银行、中宣部、文化部等九部委联合发布了《关于金融支持文化产业振兴和发展繁荣的指导意见》，规定“中央和地方财政可通过文化产业发展专项资金等，对符合条件的文化企业，给予贷款贴息和保费补贴”。目前，财政部门还积极进行文化产业资产托管、投资理财、支付结算等配套金融服务的探索。2013 年，文化部与财政部启动了中央财政文化产业发展专项资金重大项目“文化金融扶持计划”，专项资金对全国的 92 个文化产业信贷项目提供了 4.61 亿元的贴息支持。

从资本市场来看，证监会等金融监管机构鼓励支持文化企业在国家政策允许的条件下，充分利用上市融资、引进境内外战略投资等多种渠道融资。通过利用多层次的资本市场，文化产业直接融资规模得以扩大。同时，中央支持文化企业进行债券市场融资，引导文化企业综合利用期权、期货等多种形式的金融衍生品，通过文化创业私募、风投、信托融资、融资租赁等方式支持企业获得更多资金。

此外，文化产业与保险的融合日益密切，多家保险公司创新文化产业保险产品和服务方式。文化类无形资产确权、评估、质押、流转体系正在完善，为保险公司为文化企业提供专业化、综合性的投融资服务创造了条件。不断探索创新文化产业担保方式，建立多层次文化企业投融资风险分担和补偿机制。

（二）支持文化产业发展的金融政策存在调整的空间

由于文化产品和服务大多是无形的，往往存在资产评估难度大、投资风险不易控制、文化企业还款来源不明晰等问题，这是文化产业融资的难点，需要有针对性地调整相关金融政策。

第一，文化产业投融资机制亟须完善。文化产业投融资机制包括文化产业投融资资产评估机制、风险控制机制以及信息传递机制，等等。

第二，金融服务创新产品亟须扩充。文化产业融资渠道相对单一，直接融资较少，而银行提供的文化产业金融服务主要还是担保、有形资产抵押等形式，亟须扩充信贷、股票、债券、私募基金、信托、融资租赁等金融服务，尤其是在无形资产质押贷款以及其他配套金融服务方面可以多做文章。

第三，文化企业自身的局限性亟待突破。在银行方面，我国文化企业多是中小型企业，没有全面建立规范的财务核算和监督体系，盈利模式不固定，不良贷款率较高，银行放款的积极性不高。在资本市场方面，文化企业受到企业规模、盈利状况的限制以及审批周期和结果不确定的影响，难以通过上市获得发展所需资金。

此外，文化金融的地理分布结构亟待优化。由于地域位置原因，知名的证券中介机构以及投资机构落户西部的还比较少，客观上制约了西部文化金融的发展。

（三）支持文化产业发展的金融政策调整路径

2014 年文化部、中国人民银行、财政部联合印发了《关于深入推进文化金融合作的意见》（文产发〔2014〕14 号），从认识推进文化金融合作重要意义、创新文化金融体制机制、创新文化金融产品及服务、加强组织实施与配套保障四个方面提出了深入推进文化金融合作的要求。在这一要求下，相关金融政策的着力点可放在加大金融保障力度上，创新文化企业信贷模式，鼓励和引导条件成熟的文化企业通过债券市场、股票市场融资，让更多社会资本以多种形式投资文化产业。

对文化产业的金融支持，不仅仅体现在政府引导金融机构对其进行直接投资，更重要的是充分调动社会资本发展文化产业的积极性。为了支持社会资本以多种形式投资文化产业，需要一环扣一环地进行路线设计。

一是建立健全文化产业投融资体系。构建多元化的融资渠道和机制，例如贷款贴息、保费补贴以及设立产业投资基金等，可对文化产业的高新技术开发、文化基础设施建设、文化产业人才培养等不同用途安排适合的融资方式。

二是完善文化产业投融资市场。鼓励引导文化企业面向资本市场融资，扩大文化企业的直接融资规模，促进金融资本、社会资本和文化资源的有机对接。须确立市场在整个投资结构形成中的作用，尤其是市场对投资主体产生的内在约束作用。

三是正确引导非公有资本进入文化产业。根据国家发改委公布的《关于非公有资本进入文化产业的若干决定》，文化产业大幅度向民间资本开放，降低投融资市场准入门槛，同时，探索积极、合理地利用外资来发展文化产业的路径。

四是加强政策落实和衔接。目前，文化产业的金融支持政策包括《关于金融支持文化产业振兴和发展繁荣的指导意见》《关于推进文化创意和设计服务与相关产业融合发展的若干意见》《关于加快发展对外文化贸易的意见》《关于深入推进文化金融合作的意见》，等等，这些政策需要进一步深化落实和衔接。同时，继续完善文化部、中国人民银行、财政部建立的文化金融合作部际会商机制，共同推动文化产业政策与金融政策、财政政策的制定和实施。

（四）支持文化产业发展的金融政策调整建议

第一，着重突出文化产业的特点和重点。一是开发适合文化产业特点的金融产品，合理确定贷款期限和利率，充分利用低息、无息、贴息贷款等优惠政策，给予文化产业项目、文化企业信贷支持；二是编制文化产业重点融资项目目录，完善融资项目的推荐机制，制定文化产业投融资领域负面清单，支持各地建立文化企业融资项目库，发挥重点项目的示范引导作用；三是将部分文化产业项目列入国家向世界银行、亚洲银行申请贷款项目并给予支持；四是鼓励建设文化金融服务专营机构和特色支行，实行差异化的监管措施和有效的激励手段，提高文化金融服务专业化水平。

第二，注重发挥规模效应和杠杆效应。一是设立中国文化产业投资基金，由中央财政注资，引导国有骨干文化企业、大型国有企业和金融机构认购，通过股权投资等方式，推动资源重组和结构调整；二是鼓励银行、保险、投资基金等机构联合采取投资企业股权、债券、资产支持计划等多种形式为文化企业提供综合性金融服务；三是支持商业银行、信贷银团贷款，综合运用统贷平台、集合授信等方式，形成规模化的风险分担机制；四是鼓励资本与产业的整合，即鼓励优势文化企业以资本为纽带，进行跨地区、跨行业、跨所有制兼并重组，来提高产业集中度，促进整个产业链的整合。

第三，重点加强基础性保障和技术条件。一是建立和完善文化资产评估体系，重视文化企业无形资产的价值评估，为银行评估处理文化企业的文化类无形资产，探索开展无形资产抵质押贷款业务，拓宽文化企业贷款抵质押物的范围，提供制度层面上的保障，并使文化产权交易所的作用得到充分发挥。二是加强文化企业信用体系建设，依托人民银行征信系统、文化市场监管与服务平台等，推动银行信用信息基础数据互联互通，促进文化企业与金融机构之间的信息联通。三是鼓励金融机构积极培育文化产业消费信贷市场，开发文化消费信贷产品，通过消费信贷产品创新，不断满足文化产业多层次信贷消费的需求。为与之配套，建议推广网上银行业务，提供软件、网络及计算机服务，开发设计服务和休闲娱乐等行业的网络支付结算系统，鼓励第三方支付机构充分利用贴近市场、支付便利的特点，提升互联网文化消费的便利程度。同时，发挥人民银行支付清算和征信系统的作用，加快完善银行卡刷卡环境，推动文化产品的刷卡消费，促进文化市场与互联网金融相结合的繁荣发展。

第四，积极培育和发展文化产业保险市场。一是加快培育和完善文化产业保险市场，扩大与提高保险在文化产业中的覆盖面和渗透度，有效分散文化产业的项目运作风险。二是根据文化产业的特点，积极开发适合文化企业需要的保险产品，例如，知识产权侵权险、文化产品完工险、损失险，等等，并按照收益覆盖风险的原则合理确定保险费率，对于信誉好、风险低的文化企业和文化产业项目，可适当降低费率。三是进一步加强和完善针对文化出口企业的保险服务，对于符合《文化产品和服务出口指导目录》条件，特别是列入《国家文化出口重点企业目录》和《国家文化出口重点项目目录》的文化出口企业和项目，积极提供出口信用保险服务。

第五，发展多层次资本市场。一是推进资本市场建设，进一步完善市场准入制度。二是对于大中型文化企业，能够更多通过短期融资券、中期票据、资产支持票据等方式进行融资。对于具备高成长性的中小文化企业，能够更多地采取集合债券、区域集优债券、行业集优债券、中小企业私募债等方式融资。三是对于符合条件的文化企业，能够通过发行企业债、集合债和公司债等方式进行融资。四是支持文化企业通过全国中小企业股份转让系统和区域性股权交易市场实现股权融资，在符合国家政策规定的中小文化企业进行融资时，中介可适当降低收费，减轻其融资成本负担。五是加强对文化企业上市的辅导培育，探索建立文化企业上市资源储备库，研究分类指导不同类型文化企业与资本市场对接。

此外，建议将风险投资引入文化产业，建议探索开展文化产业项目的资产证券化试点，但需注意总量控制。

图书在版编目(CIP)数据

文化产业专题研究报告. 2015 / 张晓明，闫坤编
. --北京：社会科学文献出版社，2017. 12
（文化发展智库报告系列）
ISBN 978 -7 -5201 -0949 -9

Ⅰ. ①文… Ⅱ. ①张… ②闫… Ⅲ. ①文化产业 - 研究报告 - 中国 Ⅳ. ①G124

中国版本图书馆 CIP 数据核字（2017）第 136229 号

· 文化发展智库报告系列 ·
文化产业专题研究报告（2015）

编　　者 / 张晓明　闫　坤

出 版 人 / 谢寿光
项目统筹 / 邓泳红　桂　芳
责任编辑 / 张　媛

出　　版 / 社会科学文献出版社 · 皮书出版分社（010）59367127
地址：北京市北三环中路甲 29 号院华龙大厦　邮编：100029
网址：www. ssap. com. cn
发　　行 / 市场营销中心（010）59367081　59367018
印　　装 / 北京季蜂印刷有限公司

规　　格 / 开　本：787mm × 1092mm　1/16
印　张：17　字　数：230 千字
版　　次 / 2017 年 12 月第 1 版　2017 年 12 月第 1 次印刷
书　　号 / ISBN 978 -7 -5201 -0949 -9
定　　价 / 79. 00 元